《复旦网络空间治理评论》第四辑

辑刊主编：沈 逸

规制第九艺术

数智时代的游戏产业创新与治理探索

胡冯彬⊙主 编

时 事 出 版 社

北 京

图书在版编目（CIP）数据

规制第九艺术：数智时代的游戏产业创新与治理探索／胡冯彬主编. --北京：时事出版社，2025. 9.
ISBN 978-7-5195-0673-5

Ⅰ. G898. 3

中国国家版本馆 CIP 数据核字第 20256U6N32 号

出版发行：时事出版社
地　　址：北京市海淀区彰化路 138 号西荣阁 B 座 G2 层
邮　　编：100097
发行热线：（010）88869831　88869832
传　　真：（010）88869875
电子邮箱：shishichubanshe@sina. com
印　　刷：北京良义印刷科技有限公司

开本：787×1092　1/16　印张：17　字数：213 千字
2025 年 9 月第 1 版　2025 年 9 月第 1 次印刷
定价：156. 00 元
（如有印装质量问题，请与本社发行部联系调换）

本书是上海市哲学社会科学规划年度课题《超越游戏：数字游戏、游戏劳动及游戏平台研究》（项目编号：2021ZXW004），复旦大学亚洲研究中心项目《东亚怪物房：中日韩电子游戏文化的思想谱系》阶段性成果。

编辑委员会

行所长，研究员

鲁传颖　同济大学政治与国际关系学院教授

惠志斌　上海社会科学院互联网研究中心主任，研究员

蔡翠红　复旦大学美国研究中心教授

汪晓风　复旦大学美国研究中心副教授

黄　晟　网络安全领域资深专家

Bruce McConnell　美国史汀生中心杰出研究员

Luca Belli　巴西瓦加斯基金会法学院教授

序

电子游戏，作为“第九艺术”，不仅是娱乐媒介，更是深刻塑造文化与产业格局的社会现象。在数智时代，游戏已经超越传统意义上的休闲活动，成为连接资本、技术、文化与社会关系的重要载体。本书正是基于这一现实，围绕电子游戏的思想脉络、产业演进、数智化治理与社会影响展开研究，力图揭示游戏如何在资本逻辑与技术变革的双重作用下，构建新的生产关系、社会秩序及文化表达。

本书的第一部分“电子游戏的数智化与研究图景”，立足思想史与哲学维度，梳理电子游戏在中国的发展路径，探讨资本市场如何塑造游戏内容与形式，并剖析西方游戏理论对本土研究的影响。中国电子游戏产业的兴起并非线性发展，而是受到现代化进程、政策导向、资本运作及玩家文化等多重因素的交织影响。这一部分的《中国视频游戏史的思想谱系：从本土现代化到资本的逻辑》一文回顾了中国游戏产业的发展路径，揭示本土现代化进程如何影响游戏内容的本土化表达。《当代电子游戏“国潮”的四十年流变》一文进一步分析“国潮”文化如何重塑游戏叙事，并成为一种市场策略。《韩国电子游戏的引进与新自由主义的兴起》一文则分析东亚游戏产业的不同发展路径，揭示制度、政策与文化生产的互动关系。

在哲学层面，电子游戏不仅是沉浸式体验的媒介，还是主体性塑造的实验场。《从“逍遥游”到数字主体：当代数字游戏哲学的主体批判》一文探讨了游戏如何构建数字主体，展现出游戏中的能动性、身份塑造与社会交互的复杂性。《作为思想的“国产3A”：中国游戏史视域中的〈黑神话：悟空〉》一文则通过对“国产3A”游戏的案例研究，剖析游戏如何承载文化记忆与意识形态诉求。《“逆写”的神话与“退行”的心灵：作为时代症候的〈黑神话：悟空〉》一文通过文本分析揭示游戏在当代社会情境下的心理象征意义，展现其作为文化生产物的复杂面向。

本书的第二部分“数智化游戏产业的演化与治理迭代”，重点关注数智技术如何重塑游戏产业生态，涵盖手机游戏、人工智能驱动的生产机制、电竞经济与数据劳动等议题。这一部分的《恐慌的消逝：从“电子海洛因”到电子竞技》一文回顾了中国社会对电子游戏的认知变迁，呈现游戏如何从“文化危机”演变为“产业机遇”。《中国手机游戏产业的崛起：政策扶持、商业模式与玩家生态的互动机制》一文分析了政策如何推动手机游戏行业的迅猛发展，并构建出独特的产业生态。《生成式人工智能与电子游戏的生产机制革新》一文则聚焦AI技术对游戏开发流程的深远影响，探讨创意生产如何在算法主导的环境下被重新定义。

平台经济与数据劳动是当代游戏产业中不可忽视的议题。《移动游戏产业：监控式资本与数字“玩工”》一文揭示了“玩工”如何在平台经济中被资本剥削，反映游戏行业对玩家劳动价值的重新定义。《平台经济中的数据劳动：现状、困境与破局》一文则探讨数据在游戏产业中的商品化过程，反思游戏玩家如何在无意识中成为资本积累的一部分。《创造、生产与被征用：数字游戏玩家的劳动》一文进一步分析UGC（用户生成内容）在平台资本主义逻辑下的边界，揭示玩家创作如何在市场化过程中被企业重新利用。

游戏的社会性不仅体现在生产关系，更深刻塑造了玩家的行为模式。《“为了部落”：多人在线游戏玩家的结盟合作行为研究》一文探讨 MMO（大型多人在线）游戏中的社会组织模式，揭示虚拟世界如何重现甚至强化现实世界中的社群关系。《互动电影：电影与游戏的跨媒介融合》一文分析了互动叙事如何模糊传统媒介边界，使游戏成为一种新的影像艺术形式。

最后，《游戏作为社会实验：互动规则如何塑造社会关系与价值观》一文回归本书的核心论点，即游戏不仅是娱乐形式，更是一种社会实验。游戏规则的设定决定了玩家的互动模式，而这些互动模式反过来塑造了玩家对社会结构与价值体系的理解。从竞技游戏的道德转化到合作游戏的信任机制，再到策略游戏的社会关系模拟，电子游戏提供了一种独特的社会性体验，使玩家得以在其中探索不同的社会形态、治理模式与价值观念。

整体而言，本书不仅梳理了中国游戏文化的思想谱系，还分析了数智时代游戏产业的关键变革，并对其治理模式展开深度探讨。在全球化背景下，中国游戏产业的创新与挑战已超越本土市场，成为全球游戏生态的重要组成部分。通过学术视角的介入，我们希望为政策制定者、产业研究者与游戏开发者提供更全面的分析框架，同时拓展游戏研究的边界，使其不再局限于技术与市场，而能进一步介入社会、文化与治理层面，为未来的游戏产业创新与社会责任探索提供有力参考。

胡冯彬

2025 年 3 月

于光华楼

目　　录

第一部分　电子游戏的数智化与研究图景

第二部分　数智化游戏产业的演化与治理迭代

第一部分
电子游戏的数智化与研究图景

中国视频游戏史的思想谱系：从本土现代化到资本的逻辑*

邓　剑**

视频游戏①（以下简称“游戏”），已是这个时代最重要的媒介之一，包括学界、业界、艺术界、舆论界、监管部门等在内的各方力量均已正视游戏的社会影响力。中国的游戏或言游戏在中国，恰是全球瞩目的对象，世界各国密切关注着中国游戏业的动向。如今站在全球游戏史的潮头，回望四十年的中国游戏史，可以认为，中国游戏的“成功”就是中国崛起的表征与结果，它以由边缘至中心、从隐形书写到“锋芒毕露”的方式，展示了“一穷二白”的中国是如何在游戏领域实现从追赶到领路的范式转型。不过，尽管中国游戏史的跨度已不算短，但关于它的讨论仍然不足，尤其欠缺从社会思想的层面系统把握中国游戏史的研究。已有文字要么局限于爱好者式的清单罗列，要么缺乏准确的史料梳理与系统性的学术架构，总之未达到一定的人文深度。日本游戏研究者中川大地曾参照社会

---

* 本文修改版发表于《探索与争鸣》2022 年第 2 期。

** 邓剑，苏州大学传媒学院副教授。

① 本文仅在中国大陆语境下讨论视频游戏。如无特别说明，文中的游戏专指利用现代技术的视频游戏，包括但不限于 20 世纪 80 年代以来的主机与街机游戏、20 世纪 90 年代以来的电脑与掌机游戏、21 世纪第一个 10 年以来的网络游戏以及 21 世纪第二个 10 年以来的手机（移动）游戏等。

学家见田宗介与文化学者宇野常宽对该国社会思想史的把握，将20世纪80年代以来的日本游戏史划为虚构的时代（20世纪80年代）、虚拟现实的时代（20世纪90年代至21世纪第一个10年中前期）以及扩张现实的时代（21世纪第一个10年中后期至21世纪第二个10年前期）[①]，打通了日本游戏史与社会思想史的联系。如此划分当然不适用中国，但其方法论值得借鉴。因此，本文并非一篇综述前人研究的文章，而是试图以社会思想史为脉络、以游戏在本土的生产与消费为抓手，深入中国游戏史系统考察游戏文本与社会文本的互动关系，以此理解中国游戏史的过去、现在与未来。尤其是中国游戏史与改革开放的历史实践基本同步，认识中国游戏史，同时也构成认识当代中国的方法与途径。本文不揣谫陋，正是在这样的问题意识下展开论述。

一、现代化憧憬：在“电子游戏”中造就时代新人

中国是全球游戏史的迟到者。但迟到者亦有迟到者的脉络，我们须重返自身的脉络理解自身，否则会让自身的历史沦为远离自身的他者故事。这就涉及游戏认识论的争辩。游戏究竟是一门技术，还是由技术驱动的社会文化？不同回答源自不同的认识。前者将我们导向“美日游戏中心主义”的技术史观，后者允许我们返回本土脉络重识自身。显然对于人文范式的游戏研究而言，后者更可取。

20世纪70年代末80年代初，中国游戏史在改革开放中拉开序幕。标志事件之一是1981年底北京第一轻工业研究所研制出YQ－1

① 中川大地、『現代ゲーム全史—文明の遊戯史観から—』、早川書房2016年、目次。

型电子游戏机，并于次年小批量投放市场。从研制主体的事业单位性质可知，中国游戏业在起步时已与全球游戏史存在异质性。此时，全球主要国家的游戏业已进入较成熟的商业化阶段，其国民正沉浸在由《宇宙侵略者》等游戏从之前游戏史里继承而来的冷战的文化想象力中。反观改革开放伊始的中国，并不具备与全球游戏史同步的技术、市场、制度、观念等诸多前提，仍处在摸索游戏为何物的初级阶段，其历史意识与当时全球游戏史的消费及娱乐立场既有重叠又存在差异，当然，差异是主要的。

中国游戏业在起步阶段与全球游戏史存在异质性的原因，20 世纪 80 年代普遍将游戏称作“电子游戏”。照字面意思，“电子游戏”这一偏正短语至少包含两个理解面向。一是“电子”这一定语依附的是技术面向，二是“游戏”这一中心语指向的是娱乐面向。于考察中国游戏史而言，更应重视“电子”这一起修饰作用的定语，并将其还原至具体的历史语境。这是因为“游戏”代表着一种普适性的认识结构，即它乃是 20 世纪以来全球共通的技术化娱乐方式，只有“电子”才会指在地性的历史语义，构成我国游戏史的特殊性。“电子游戏”这一称谓暗示了全球游戏史在共同技术表象下的不同社会进程，从而为我们走出“美日游戏中心主义”的技术史观提供了可能。正如吉田宽所言，“‘电视游戏’一词仅在日本国内使用”[①] ——尽管事实并非如此——体现了日本游戏社会文化史的特殊性。中国亦然。“电子游戏”主要在中国通行，指向的是 20 世纪 70 年代以来社会主义电子工业建设的历史记忆与精神能量。因此，就中国游戏史的起源而言，不应单纯地将游戏置于与当时发达国家一般的娱乐与消费的立场进行理解，而应回归社会主义现代化建设的

① ［日］吉田宽：《媒体内外：重新认识“电视游戏”时代》，杨佳腾译，澎湃新闻，2019 年 9 月 21 日，https：//www. thepaper. cn/newsDetail_forward_4464335。（上网时间：2021 年 11 月 11 日）

生产性脉络把握其独特性。换言之，中国的游戏生产实践不是在消费社会的历史语境中诞生的，而是社会主义现代化建设必然的附产品，它指向造就符合社会主义现代化建设需要的时代新人。

如此论断可从当时电子电器类杂志对电子游戏机的介绍得以印证。20 世纪 80 年代初，《国外自动化》[①]《科学对社会的影响》[②]《无线电》《家用电器》等少数科技刊物曾陆续刊出介绍电子游戏机的文章/图片。这些文章/图片有一共性，皆是说明游戏设备的原理图、制作方法、电路结构、技术参数等的科普性资料，几无关于游戏内容与销售的描述。换言之，这些文章/图片的目的是向玩家授受电子知识，而非引导他们进行市场消费。在此脉络下，就可理解何以完全原创性的游戏软件设计缺席 20 世纪 80 年代的中国游戏史。一方面，确因中国软件汇编能力不足；另一方面，则为当时中国游戏史的历史意识也非刺激游戏消费，而是在国家现代化的历史语境中探索电子工业的未来可能。故 20 世纪 80 年代的中国游戏史无论从历史实践还是历史意识层面都应被主要概括为游戏硬件史。

从上述论述中可以发现一种二分法的认识论，即游戏软件设计体现消费（社会）的立场，游戏硬件制售指向社会主义的生产脉络。以此二分法为前提，20 世纪 80 年代的游戏（硬件）史表现出“两条腿走路”的中国特色：一条是游戏机，另一条是学习机，二者的不平衡发展及最终汇流是当代中国社会转型的重要表征。

游戏机自不必说，所谓学习机，在当时“通常指的是用于计算机辅助教育的个人计算机（PC）系统”[③]，尽管其他国家也曾出现类似游戏设备，但在中国才成为理解与表述一个时代的社会症候。学

① 1987 年更名为《机器人》。
② 2011 年更名为《科学与社会》。
③ 乌振声、吴文虎：《中华学习机原理和应用（2）》，《无线电》1988 年第 1 期。

习机问世，是中国发展计算机事业的结果。邓小平在 1984 年提出，“计算机的普及要从娃娃抓起”。以此为契机，相关部委在“七五”计划时期组织各方力量于 1986—1987 年研制成功初代学习机——中华学习机。中华学习机作为简化版计算机，被嵌入了旨在培养时代新人的国家现代化历史叙事。20 世纪 80 年代中末期，正值社会流动与阶层重构的黄金年代，无数知识青年通过被恢复的高考重写人生，“知识改变命运”成为时代共识。在此背景下，人们也将学习——尤其是学习服务于国家建设的现代化知识——热情投注给下一代，“望子成龙”的社会意愿与国家现代化的历史意识合流，共同促成中华学习机的规模化产售。

但中华学习机还不算当代意义上的电子游戏机的变体，这也使人们对中华学习机“寓教于乐”功能的想象性建构遭遇技术与市场的双重挑战：相关部委组织研制与产售中华学习机之目的在于将青少年也纳入现代化叙事的轨道，因此以 APPLE Ⅱ 型计算机为原型的中华学习机其制售重点不是与游戏功能实现兼容及其提升。这就构成国家意志与市场原理的矛盾，即青少年使用学习机的实在动机——不同于家长的想象——主要是“打游戏”。学习功能越压抑游戏功能，中华学习机越无法与逐渐流行的国产任天堂 8 位兼容机匹敌。① 在市场反推下，1990 年出现了以任天堂“Family BASIC”为原型可完美兼容 8 位游戏卡②的电脑学习机③，这类学习机因强大的游戏处理能力而收获成功，并与名目繁多的任天堂 8 位兼容机共同促成电子游戏在中国家庭的流行。在此意义上，学习机在使用中被还原为游戏机，成为中国游戏史的重要一环。

---

① 1987 年前后，任天堂红白机（Famicom）行销中国。几乎同时，东南沿海出现大量任天堂兼容机的生产厂家与品牌。

② “小教授”等部分机型可兼容 16 位游戏卡。

③ 即中国电子器件公司深圳公司在 1990 年推出的科特 ECS－90 型电脑学习机。

中华学习机迭代为电脑学习机，表面上是商业事件，但深层意味在于，学习机这一国家现代化的代表性符号由学习①的机器被彻底改造为以游戏功能为核心的多媒体商品。这也构成时代隐喻，即在深化市场改革的浪潮中，中国以对市场与商品赋权的形式，释放了被压抑的社会真实需求，最终完成从20世纪80年代（以中华学习机为代表的）计划经济向20世纪90年代（以电脑学习机为标志的）市场经济的社会逻辑转换。但中国游戏史中培育时代新人的历史意识并未因此完结，而是流入暗处，并在中国走向大众化教育的新语境里被转化为游戏与教育的亲缘关系，每到关键时刻都再度涌向历史前台，表达为游戏背书的意欲。

20世纪90年代国产游戏软件于起步时即征用了上述历史意识，试图在不稳定的舆论与政策环境中②以现代知识传播者的形象自构合法性。这就涉及国产游戏何以通过教育游戏的面目在中国游戏史里正式登场：在电脑端，金盘与欣力量前后推出13款教育游戏③；在8位主机端，外星科技也于1996年发售8款同类游戏④。这些游戏都应置于20世纪80年代的延长线上予以理解：尽管它们内置的教育诉求各有不同，但把“教育”与“游戏”杂糅的做法别无二致，回归了游戏史在起源时的必然性，即比起将游戏作为目的，它更像通向教育目标的手段，其旨在于培养符合社会主义建设要求的时代新人——这种时代新人在20世纪90年代的历史语境中已被叙述为掌握计算机技术的青年。在此意义上，1994年8月《家用电脑与游

---

① “学习”可理解为“生产”的准备阶段。

② 此时对游戏的批评已是常见，一些地方政府文件也加强了对游戏经营场所及出版物的管理。

③ 分别是金盘的国防教育系列游戏《神鹰突击队》《冲锋号》《波黑战争》《城市大攻坚》《未来大核战》《历史大登陆》；学习电脑系列游戏《巧克力abc》《巧克力Word》，表现电脑想象力的《病毒大战》；欣力量的《佳儿成龙记》《神龙少年》《孙悟空》《七巧版》。

④ 分别是《猜生肖智力游戏》《音乐欣赏》《数学CAI》《中学英语题库》《神童魔棒》《数学24》《文字广场》《数学天才》。

戏》总第2期在封面上打出的口号“今天玩游戏明天用电脑：电子游戏是通往电脑世界的捷径”，就是对20世纪80年代的总结与对20世纪90年代的展望。

二、中国的在场：从民族主义情绪到国产游戏实践

20世纪80年代末，东南沿海形成规模化的任天堂兼容机生产方式，电子游戏遂成为社会现象。但截至20世纪90年代，中国游戏业才正式进入繁荣期。此时，中国游戏史的历史意识在深化市场改革的浪潮中发生从造就时代新人到“觉醒”游戏玩家的转变，“打游戏”成为被正视的问题意识。在此背景下，20世纪90年代初接连出现《电子游戏入门》《电视游戏一点通》等一系列游戏攻略书，“第九艺术”[①]的说法不胫而走，玩家的身份意识也以“闯关族”“电玩族”“游族”等名义觉醒[②]，他们认识到游戏内容里的文化意识形态问题，“玩什么游戏”在20世纪90年代中期形成的以游戏杂志群为阵地的游戏文化圈里成为被广泛讨论的话题。在（指向消费的）游戏软件与（指向生产的）游戏硬件这一对辩证法中，前者走向历史前台。[③]

彼时，中国游戏软件市场已被称雄世界的日本游戏支配，即使1988年前后出现了烟山软件（校办企业）这样的涉足游戏软件制售的市场化主体，该企业也仅是翻制日本游戏，欠缺原创性。原创游

---

① 吴冠军：《第九艺术》，《新潮电子》1997年第6期。

② 它们分别是《电子游戏软件》《电玩一族》《游戏新一族》等书刊提倡的身份认同。

③ 游戏硬件也勾连了文化身份，只是未被重视。2021年在上海举办的“游戏与跨文化传播国际论坛”中，吉田宽已提及任天堂红白机的外形设计受到日本家庭文化/空间的影响。

戏缺席本土市场，引来普遍的文化焦虑，并在游戏文化圈持续发酵。这一焦虑，一方面源自20世纪初的东亚地缘历史，即日本侵华战争给国人造成的历史创伤[①]，玩家对作为“日货”的日本游戏爱恨交织，1996年“天津光荣四君子事件”[②]是反对日本游戏中战争意识形态的标志事件；另一方面更紧要的是，跟它勾连的民族主义情绪相关。20世纪90年代中国经济的上升势头接连在全球政治、社会、文化、军事、体育等诸领域碰壁，以“银河号事件”、北京申奥失败等系列事件为引线，中国民族主义情绪抬头，尤其在游戏这个以青年人为主的“战场”，民族主义情绪最为高涨。例如，1995年影响中国游戏史的雄文《乌鸦·乌鸦·叫：该谈大陆电子游戏业了》[③]横空出世，痛斥中国游戏硬件厂商没有自觉挑起创造民族游戏的大梁；1997年《血狮：保卫中国》这款导致国产游戏遭遇市场口碑“雪崩”的劣质品则受《中国可以说不：冷战后时代的政治与情感抉择》一书直接影响，等等。可以认为，民族主义情绪深刻融入20世纪90年代中后期（1994.10—1998.6）中国内地第一代电脑游戏的血液，才使“中国意象”的理想主义风格诞生。所谓“中国意象”，指此时（欲）推出的大部分国产电脑游戏（共计37款，占比第一代国产电脑游戏的64.91%）为表达中国的在场，接受与模仿海外游戏的设计思路、运用隐喻式的程序修辞在视听表层植入中国元素，使游戏散发中国气质，以此试图将玩家召唤为具有爱国意识的精神主体。

---

① 日本游戏也在稍早的韩国激起殖民记忆，该国民间一直存在将其蔑称为“倭色”（왜색）的声音。参见［韩］罗宝拉：《韩国游戏简史：不良娱乐与被耽误的价值》，刘琳译，澎湃新闻，2019年11月30日，https://www.thepaper.cn/newsDetail_forward_5081629。（上网时间：2021年11月14日）该文译者接受笔者建议，将“倭色”改译为“日本游戏”。

② 陈杰：《为了民族的尊严——记天津光荣软件有限公司四青年》，《人民日报》1996年8月18日第1版。

③ 本刊评论员：《乌鸦·乌鸦·叫：该谈大陆电子游戏业了》，《电子游戏软件》1995年第4期。

“中国意象”是当时国产电脑游戏设计的主旋律，却非市场之主流。这主要有两方面原因：一是消费“中国意象”的前提是具备电脑购买能力，故游戏的目标客户只能是少数城市中高收入家庭或机构用户[①]，满足其针对电脑（游戏）消费的私趣；二是“中国意象”是讨巧的商业计策，非精湛的艺术手法，它以表层的中国元素掩饰深层技术的不足，大部分游戏的游戏性不强。尽管未获市场承认，但“中国意象”仍为中国游戏史带来了正反两方面的深远影响。一方面，它继承精讯、大宇、智冠等 20 世纪 80 年代以来的中国台湾电脑游戏企业在游戏中讲述中国故事的本土化策略，以中国人的视角将中国历史、古典名著、侠骨柔情、妖魔鬼怪、社会现实等元素融入游戏的视听表层，不仅冲击了游戏领域长期存在的东方主义偏见，还与民族主义情绪联手形成有力的中国论述，甚至成为时下“国风游戏”的实践之源——当然，其中的精神能量已被商业操作抽空；另一方面，它又很大程度上在游戏深层的计算机层面（computer layer）[②] 沿袭《轩辕剑壹》等早期港台游戏的“换皮”策略[③]，未从底层逻辑探索原创性的游戏玩法，自赋了殖民性格。这一性格贯穿至今，是阻滞中国游戏业实现内容创新的主要障碍。

总之，如前所述，国内市场是被海外游戏占据，以“中国意象”为主流的本土游戏只构成前者的侧面与补充。这表明，彼时中国游戏史的主要面向是（崛起中的）消费文化里的游戏逻辑，而非民族主义的社会情绪，尽管后者确实疑为强大的声量，但它忽略了以青少年为主体的“沉默的大多数”，是在自我激荡中自说自话。20 世纪 90 年代的中国其实是街机游戏与 8 位主机游戏（以下简称“电子

---

① 故此时的电脑游戏是城市精英文化的一部分。

② ［俄］列夫·马诺维奇著：《新媒体的语言》，车琳译，贵阳：贵州出版集团、贵州人民出版社，2020 年版，第 45 页。

③ 不改变游戏的核心玩法，仅修改其视听表象与数值体系等，从而把一款游戏包装成新游戏。

游戏”）的时代[①]，其玩家年龄偏低、单位消费能力有限，他们更在乎游戏激起的亲身体验，而非其中的意识形态书写，仍应在舶来的青少年亚文化的范畴中把握此时中国游戏史的主流。

这些游戏的流行是中国社会深刻转型的结果。改革开放后的中国城市建设加速，城市化率从 1978 年的 17.92% 猛增至 1999 年的 30.89%，2000 年甚至增至 36.22%。[②] 快速增长的数据既表明城市面积急速扩张，也直指城市空间与生活方式的转型：一方面，社会主义的城市公共文化空间向商业消费空间转变[③]，以电子游戏为代表的“三室一厅”（电子游戏室、台球室、录像室、歌舞厅）织构出城市消费文化新景观；另一方面，城市化带来住房结构变化与公共游戏空间紧缩，原本城乡社会中的游戏环境遭到破坏，青少年被挤入由“家庭—游戏厅”联袂张开的虚拟游戏时空。换言之，20 世纪 90 年代的电子游戏属于快速发展的城市文化的一部分，城市化的尽头也是电子游戏的极限，电子游戏构成城乡二元对立之间未言明的分界。

故讨论 20 世纪 90 年代的中国游戏史，城市内景中的电子游戏是绕不开的话题——尽管它因技术“老旧”及使用者的低龄化而被隐形书写。但问题在于如何讨论这些游戏？是在消费市场中关注作为此时中国游戏史主流，却无法从文本内部反映中国特殊性的海外电子游戏，还是放大中国游戏史的支流，于国产电子游戏的产销实践中——主要是国产 8 位主机游戏的产销实践——考察中国问题？就中国游戏史的思想谱系而言，后者是必然选择，因为它将我们带

① 截至 1999 年，中国的电子游艺厅共计 59661 个。参见文化部计划财务司编著：《中国文化文物统计年鉴 2000》，北京：北京图书馆出版社，2000 年版，第 480 页。

② 《中国城市化率（1949—2013 年）统计数据》，国家统计局，2014 年 7 月 7 日，https://wenku.baidu.com/view/3c4db18426fff705cc170ac1.html。(上网时间：2021 年 11 月 17 日)

③ 王洪喆：《不可折叠的时空与不可降维的身体——电子游戏的城市空间社会史》，《中国图书评论》2016 年第 4 期。

入中国游戏史的本土问题意识。

20 世纪 90 年代至少有五家“公司”产售 8 位主机游戏[①]，应予关注的是 1993 年成立的外星科技及其游戏。该公司在 20 世纪 90 年代（1996. 1—1998. 12）至少发售数百款同类游戏，约占市场总量的 77. 52%。这些游戏主要的设计策略包括汉化、移植、换皮与“原创”等。前两种纯属商业目的，并无多少讨论空间。后两种则与国产电脑游戏共享了相同的问题意识，即在游戏中表达中国的在场。但并无资料显示这些游戏与民族主义情绪存在连接，它们更像是本能地采用国人熟悉的文化题材以赚取利益，其中不见超越性的深度。

尽管如此，这些游戏仍与电脑游戏一道书写了 20 世纪 90 年代国产游戏的历史实践。它们共同表明起步时的中国游戏业是如何在软件制造业的架构中“摸着石头过河”，努力探索从中国制造到中国创造的可能。遗憾的是时不待我。国产游戏软件业的出现得益于中国软件行业在 20 世纪 90 年代的起飞，彼时不少软件公司尝试跨界制作电脑游戏，例如金盘公司与清华大学光盘国家工程研究中心的发行与出版关系、西山居的母体金山公司、前导软件制作公司等。但 1997 年一场不合时宜的亚洲金融风暴给软件制作业造成巨大冲击，作为软件业附属设施的第一批电脑游戏公司——除西山居等少数企业——只能接受退出历史舞台的命运。另外，在河南洛阳“2 · 29”特大惨案等负面事件的影响下，2000 年政府部门出台“游戏机禁令”[②]，中国全面停止“面向国内的电子游戏设备及其零附件生产、销售”。游戏硬件制造业基本退出中国游戏史（8 位主机游戏

① 分别是烟山软件（1985—1993 年）发售超过 3 款，外星科技（1993 年至今）发售超过 270 款，成都台晶大东（1994—1995 年）发售超过 6 款，龙（1994—1995 年）发售超过 10 款，火星科技（20 世纪 90 年代中期至 21 世纪第一个 10 年中期）发售超过 10 款。

② 《关于开展电子游戏经营场所专项治理的意见》，中国政府网，2000 年 6 月 12 日，http：//www. gov. cn/gongbao/content/2000/content_60240. htm。（上网时间：2021 年 11 月 18 日）

软件业同样遭受波及），中国从此失去游戏软件产业升级的硬件基础[①]。这就为21世纪第一个10年中国游戏史发生从制作本土游戏软件到代理海外网络游戏（以下简称“网游”）的产业模式转型扫清了道路，中国游戏史快步进入网游新时代。

三、“数字化生存”：网游时代的浪漫主义与政治经济学

如果说20世纪末中国游戏史中的主要问题意识是“打游戏”，那么21世纪初中国游戏史的核心关切，即拓宽“打游戏”的范畴，将其从爱好者的感官式体验“升级”为大众化的日常生活方式。在此过程中，资本、社群、消费等一系列现实社会的要素涌入游戏界面内，导致中国游戏史的历史意识在千禧之交发生根本性的膨胀或曰“大转型”，即从“觉醒”游戏玩家转调为（匹配互联网发展需要的）增量网游用户。如此转变，其现实的“物质性”基础是中国信息化社会建设在此时取得举世瞩目的成效：2000年以来，中国互联网建设提速，可上网计算机数由1997年10月的29.9万台增至2000年7月[②]的650万台，截至2004年7月[③]，可上网计算机数达3630万台[④]。在这激增的数字背后，是资本、互联网、社会意识与游戏深度融合，联袂宣告网游时代的到来。

拉开网游时代序幕的首先是一系列国产网游：2000年中国台湾

---

① 这也变相造成我国在21世纪仍有主营8位主机游戏软件的南晶科技、晶科泰等公司问世的“复古现象”。

② 我国的图形化网游在此时问世。

③ 我国网游在此时向免费模式转型，游戏资本主义进入初级阶段。

④ 数据来源分别为《中国互联网络发展状况统计报告（1997/10）》《中国互联网络发展状况统计报告（2000/07）》《中国互联网络发展状况统计报告（2004/07）》。

地区雷爵公司开发、北京华彩软件代理的《万王之王》商业化运营；同年，广州天夏科技推出《天下》；等等。不过2000年初却非国产游戏“收复失地”的时刻，而是《传奇》等韩国网游借力中国代理商形成横扫中国市场之势。由于可与韩国开发商分享市场利润，此时再无国内游戏商——主要指刚成为游戏史主角的网游代理运营商——就网游中的文化议题提出担忧，只是在竞合关系里抗议中韩利益分配不均，并终于演变为东亚资本之间的对决。在此背景下，处于长期缺席游戏史的中国官方注意到网游的文化价值，于2004年出台“中国民族网络游戏出版工程”等多项政策引导与扶持国产网游发展——尽管其中大部分游戏仍然采取了20世纪90年代以来“中国意象”的讨巧策略。

在网络游戏史逐步取代电子游戏史的过程中，中国游戏产业的中心[①]也由北京移向上海。这一转移的意义不在于地理空间的位移，而在于改变了中国游戏史的内部逻辑：中国游戏产业的商业模式由中国制造转为中国（代理）运营——虽然中村彰宪认为后者体现了中国创新，[②] 但如此创新的意义值得商榷。在这商业模式转换背后，隐匿了新兴的互联网（金融）行业对游戏软件制造业的收编与改造，过热的互联网资本逐渐摧毁游戏与游戏逻辑，将商业逻辑或言资本逻辑编码为网游的中心思想。这样的转变可从游戏商的身份变化得以印证：继起的盛大（后来的盛趣）、第九城市、上海热线等网游代理运营商，多出身于互联网行业，它们的问题不是促进玩家“打游戏”，而是为上网用户提供满意的互联网内容以扩大自身用户规模，最后利用金融操作实现资本增殖。时任盛大公司领导人陈天桥的讲

① “中心”非指上海的游戏企业数量最多，而指我国最主要的网游运营商齐聚上海，它们运营的网游足以定义21世纪第一个10年。

② ［日］中村彰宪：《中国网络游戏产业创新的多样性：以中国MMORPG游戏运营服务为中心》，张宇博译，载孙静、邓剑主编《中国游戏研究：游戏的历史》，上海：华东师范大学出版社，2023年版。

话"《传奇》是个烂游戏，但盛大是个好公司"[①] 已表明这些游戏公司只关注自身的商业表现、对经营的游戏缺乏基本的认同感。

陈天桥作为当时中国首富，其"中国的网络迪士尼"之梦也为我们理解21世纪第一个10年初期的中国游戏史提供了线索。在日本语境中，迪士尼是重要的社会现实表象。大泽真幸认为，1982年建成的东京迪士尼代表了日本人从怀揣"东京塔"（1958年）象征的未来"理想"向沉溺于消费社会里普遍的"虚构"态度的思想转变，[②] 这体现出日本社会由见田宗介所谓"理想与梦的时代"向"虚构的时代"的转型。与之类同，陈天桥在上海建成迪士尼前15年提出将盛大娱乐打造成"中国的网络迪士尼"的构想，也无意识地镌刻了社会思想变貌的印记。改革开放以来，中国进入持续的经济高速成长期[③]，后革命时代的经济理想在政治理想受挫后渐成社会主流思想，并在互联网建设提速的时代条件下，由现实生活顺势滑入虚拟领域，生成"数字化生存"——"中国的网络迪士尼"为其终极形态——这一无关政治宏大叙事的日常化的浪漫主义想象。原本主营网络虚拟社区营造业务的盛大、第九城市等早期网游代理运营商，正是诞生并崛起于这样的历史时刻。虽然它们经营的网络虚拟社区尝试建构"数字化生存"的可能，但由于这两者皆为模糊的商业概念，故未取得预想的成功。反倒是网游可为"数字化生存"提供有效的"行动"框架，于是这些企业转型网游代理运营商，实乃大势所趋。

在此意义上，21世纪第一个10年的主流网游大型多人在线角色扮演游戏（Massive Multiplayer Online Role-Playing Game，MMORPG）是作为网络虚拟社区的超越形态出现的。严格说来，MMORPG并非

① 刘涛：《陈天桥运作"传奇"》，《中国企业家》2002年第8期。

② 大澤真幸、『増補　虚構の時代の果て』、ちくま学芸文庫、2009年。

③ 截至2009年，GDP成长率稳定在7.6%—15.2%，部分特殊年份有大幅下滑。

一种游戏类型，而是可内嵌不同游戏类型的真正意义上的元游戏，或言网络虚拟社区“进化”成的虚拟世界。如果不过分关注打怪、升级这些源自电子游戏的设定，而聚焦人与人交易、交友、结婚、结社等 MMORPG 中的社会构形，即可发现，与其将 MMORPG 视作游戏，不如视它为游戏的表象“实体化”了人们关于“数字化生存”的浪漫想象。如此就能理解以下事实：一是何以是 MMORPG 而非其他形态的网游在此时流行；二是何以大部分 MMORPG 玩家是无游戏经验的新玩家；三是何以 MMORPG 的操作难度普遍不高，且游戏机制以易理解的数值运算为内核；四是何以 MMORPG 能吸引大量女性用户；等等——皆因 MMORPG 为暂缺优质内容的互联网建设提供了“数字化生存”的最佳界面。

在“数字化生存”的认识框架下，MMORPG 开创的“同时在线游戏人数”不仅是商业概念，还有如图书销量、电影上座率、电视剧收视率等，构成我们透视当时社会思想状况的共识性平面。换言之，以《石器时代》（2000 年）、《传奇》（2001 年）、《精灵》（2002 年）、《梦幻西游》（2003 年）、《天堂Ⅱ》（2004 年）、《魔兽世界》（2005 年）等为代表的 21 世纪第一个 10 年前半期里“同时在线游戏人数”较多的网游，无论国产抑或代理运营、采用何种视听涂层风格——例如，《梦幻西游》为东方卡通、《天堂Ⅱ》是西方奇幻——促其流行的社会基础是一致的，即满足人们对市场化改革后应有理想社会的共同想象。玩家在这些游戏中是自视为参与市场竞争的“经济人”，通过打怪、练级、致富等自我投资的方式努力经营企业化的自我，期待在与现实同构的游戏社会中也变成王晓明所谓的“成功人士”。[①] 在此意义上，MMORPG 不是“现实超越性”

① 王晓明：《半张脸的神话》，桂林：广西师范大学出版社，2003 年版。

游戏，而是“现实并行性”游戏。[①] 另外，MMORPG 会通过如公会（活动）等各类组织化形式将现实中原子化的玩家个体重新缝合进虚拟身份与行动的共同体，创造出指向彼岸世界的、集体维度的“游戏乌托邦”想象，因此又作为现实的反面与补充兼具了超越性的终极向度。换言之，MMORPG 是一个双重结构的辩证法装置——既是个人主义的温床，又是集体主义的回炉，正如中国首款网游《万王之王》所诠释的：“团结才不会流浪，我要成为万王之王。”

但“游戏乌托邦”只是暂时的“温柔乡”，它的存在取决于网游的商业模式尚处于初级阶段——此时东亚资本间的对决未分胜负，国内游戏商还无力治理 MMORPG 的内部逻辑。当中国游戏运营商在 21 世纪第一个 10 年中期取得于韩国开发商的竞争优势后，MMORPG 的发展也迈入第二阶段，即 MMORPG2.0 阶段——同时也是游戏资本主义的初级阶段。此阶段的商业标志是，MMORPG 普遍由时间收费变为游戏时间免费、游戏道具收费的新模式（以下简称“免费模式”）。消费主义以此为契机侵入网游世界，并将网游中的支配性逻辑由游戏逻辑偷换为消费逻辑，在异化游戏世界的同时，也极大地拉升游戏公司的商业收入与股票价值。

MMORPG2.0 中的消费主义是崭新的事物。一方面，它具备鲍德里亚所谓符号拜物教的特征，即玩家遵循游戏表层的符号秩序以消费符号的展示价值；另一方面，更重要的是，它指向游戏中深层的算法秩序，构织游戏替身之间——并被等价为玩家之间的——数字权力关系。例如，《征途》玩家付费购买游戏中的材料以增强游戏替身的“数字实力”，从而立即改变自己与他者的力量对比。这表明，玩家可以消费的方式在“游戏社会”中瞬时实现阶层流动或巩

---

① 杨骏骁：《中国游戏文化私论——游戏玩家会做科幻梦吗?》，载邓剑编译《探寻游戏王国里的宝藏——日本游戏批评文选》，上海：上海书店出版社，2020 年版，第 329 页。

固阶层身份。这不仅是游戏的逻辑或朴素的消费主义，还构成游戏政治经济学。在游戏政治经济学中，游戏世界以付费玩家为核心进行搭建，玩家不是平权的游戏主体，而是被商业技术区分与治理的“人口”[①]：免费玩家降维成付费玩家“行乐”的基础设施，当然，所有玩家皆是资本增殖的手段。

21 世纪第一个 10 年中后期，MMORPG2.0 大行其道。例如《征途》（2006 年）、《奇迹世界》（2007 年）、《剑侠世界》（2008 年）、《传奇归来》（2009 年）等端游以及不计其数的页游均采用免费模式，游戏政治经济学成为彼时游戏史的主流思想。何以破坏游戏公平的游戏政治经济学被奉为圭臬？一方面，是经济原因，即免费玩游戏的诱惑；另一方面，更重要的是，它与社会思想转型的互动。改革开放 40 多年后，一切社会资源加速向王晓明所谓的“赢家”倾斜，形成“赢家通吃”[②] 的社会局面及普遍心态。如此心态顺势流入作为现实仿像的“游戏社会”就是自然：一方面，游戏商设计游戏的目的不为“好玩”，只为“赢家”的趣味服务，并从“赢家”处赚取钞票；另一方面，玩家的游戏心态则是让自己成为金字塔形“游戏社会”顶层的“头号赢家”，通吃一切。但与现实社会一样，金字塔形的“游戏社会”也不稳定，时常招致被生产的底层之反对[③]，以至于 MMORPG 因为盛行游戏政治经济学而使“游戏乌托邦”祛魅，并在 21 世纪第二个 10 年失去主流网游的位置。

---

① ［法］米歇尔·福柯著：《安全、领土与人口》，钱翰、陈晓径译，上海：上海人民出版社，2018 年版，第 83—99 页。

② 王晓明：《焦虑来自于“不知道社会往哪里去”》，2011 年 10 月 17 日，https://www.douban.com/group/topic/22949566/#9220320INxaPiK。（上网时间：2021 年 11 月 20 日）

③ 例如《传奇归来》在推出时曾遭万人抵制。

四、两个角斗士：新自由主义与新保守主义

“游戏乌托邦”祛魅，预示新时代将至。一方面，相较 21 世纪第一个 10 年电脑端网游在中国游戏史里一家独大，21 世纪第二个 10 年是多少被注入了一些活力的时代。此时，手机移动游戏在苹果手机入华推动下进入高速增长期①；独立游戏概念已引入中国，并与之前的国产电脑游戏生产实践汇流；女性向游戏与休闲类游戏不断出圈；上海自贸区有条件地解除“游戏机禁令”②；“大直播时代”促成观看游戏直播成为青少年最喜爱的文化娱乐方式之一；等等。总之，中国游戏产业全面开花、一片繁荣。另一方面，网游依然占据中国游戏史的主流位置，但竞技类网游或言电竞游戏已在争议声中取代 21 世纪第一个 10 年以来的 MMORPG 成为最受欢迎的游戏类型。在这类游戏中，游戏商以提供作为 MMORPG2. 0 反面的公平游戏环境为手段将网游改造成集游戏、社交、竞技与生产等诸多要素为一体的综合性平台，游戏资本主义中的“平台”正式取代“数字化生存”里的“世界”成为网游的底层逻辑。中国游戏史的历史意识因此再度变化，即从 21 世纪第一个 10 年的增量互联网游戏用户变为“召唤”游戏/劳动者。

由于电竞游戏同质性的玩法结构，决定某款游戏是否受欢迎的第一要件在很大程度上并非取决于游戏内容，而是传播渠道——这也助推了平台逻辑的兴起。因此，21 世纪第二个 10 年是“渠道为

---

① 胡冯彬、邰子学：《中国手机游戏变迁：产业转型、格局转变、玩家变革》，《新闻爱好者》2017 年第 3 期。

② 《国务院关于在中国（上海）自由贸易试验区内暂时调整有关行政法规和国务院文件规定的行政审批或者准入特别管理措施的决定》，中国政府网，2014 年 1 月 6 日，http：//www. gov. cn/zwgk/2014 -01/06/content_2560455. htm。（上网时间：2021 年 11 月 21 日）

王”的时代。在“渠道为王”的产业环境下，以互联网即时通信软件起家的腾讯取代盛大、第九城市等原本的互联网内容提供商成为21世纪第二个10年具有垄断性质的游戏商。由于该企业旗下的QQ、微信等社交平台天然可作为引流电竞游戏玩家的工具，故21世纪第一个10年终末期以来——除2009年底的端游《三国杀Online》、2013年的手游《炉石传说：魔兽英雄传》等卡牌游戏外——各品类里成功的电竞游戏皆为腾讯代理运营或直接开发。例如，2007年代理运营第一人称射击游戏《穿越火线》、2008年代理运营动作角色扮演游戏《地下城与勇士》、2011年代理运营电脑端多人在线战术竞技游戏（Multiplayer Online Battle Arena，MOBA）游戏《英雄联盟》、2015年运营自研手游MOBA《王者荣耀》、2017年代理运营逃杀游戏《绝地求生》，等等。换言之，21世纪第二个10年既是电竞游戏的时代，也是腾讯的时代。

如将电竞游戏时代与MMORPG2.0时代理解成连续而非断裂的历史过程，前者取代后者，显然是出于网游思想史的自我纠偏。如上所述，21世纪第一个10年中末期以来MMORPG2.0中的游戏政治经济学破坏了游戏世界的公平原则，导致“游戏乌托邦”祛魅以及MMORPG走向网游史的暗处。在此背景下，以MOBA为代表的电竞游戏是以重新倡导“游戏公平”的游戏价值观与商业模式走向主流：尽管电竞游戏仍沿用免费模式，但其“外置”的游戏商城并不出售影响游戏公平的道具，故而遏制了游戏政治经济学及对其不满情绪在游戏程序里的蔓延。不过，电竞游戏并非对网游的“复魅”，而是将“孩子与洗澡水一同倒掉”，即电竞游戏还重写了网游的基本构型，将崇高的“游戏乌托邦”改造为世俗的“游戏梦工厂”。

这是两种截然不同的游戏逻辑。“游戏乌托邦”是“数字化生存”的浪漫化表达，“游戏梦工厂”则为以经济理性为支撑的泰勒制工厂，相较前者渲染“诗与远方”的未来构想，后者只是利用作为游戏/劳动纪律的游戏机制引导玩家在此时此地反复、高效地生产游戏内容。在此意义上，电竞游戏构造的是流水线式的循环时空，而非延伸自我与集体意识的彼岸世界，故玩家的游戏行为中并无超越现实的崇高性，只有拟像现实的琐碎与重复感，其唯一功能即为玩家提供瘾性劳动的快感。当然在“游戏梦工厂”的管理机制下，瘾性劳动的快感不是随意生成，而须服从工业化的效率律令，违背这一律令，不仅无法获取快感，反而会身陷失败、沮丧、孤立等否定性的情绪体验。换言之，游戏本是一种“否定性”媒介①，电竞游戏还以加速的方式将其否定性推向极致，构成以“死亡”为表象的加速否定性生成与循环的“死亡媒介”。玩家为了否定“死亡媒介”中加速主义的否定性，其一切游戏行为都被劝以效率之律，例如他们为赢取对战而主动提速键盘点击率等。这意味着，玩家是自愿且积极地拉伸身心极限以提高游戏/劳动的强度，反复实施自我剥削。之所以是自我剥削，是因为游戏/劳动过程中并无可见的凶恶资本家，只有将自我企业化后完成游戏/劳动任务的愉悦个体户。不过，相比对肉体的规训，此时自我剥削的主要任务是优化自己的思维，即优化大脑的算力，直至与算法合为一体。换言之，在电竞游戏的时代，生命政治已迫近完成时，精神政治的优先级高于生命政治。

以效率为律的游戏/劳动不可避免地被赋予了“竞争”的文化意味，从而勾连当下社会的主流意识形态——新自由主义的竞争性文化认识论。21世纪第二个10年以来，资本逻辑主导的市场社会其竞争压力加剧，“竞争”或言“过剩竞争”已是普遍的社会文化心理，深刻地塑造人们的物质生活与精神生活：从小学到大学的学校教育、从加薪到升职的职场工作、从综艺节目到美女直播的文化娱乐等国

---

① 姜宇辉：《数字仙境或冷酷尽头：重思电子游戏的时间性》，《文艺研究》2021年第8期。

民生活的方方面面无不被灌输着“竞争”思想，呈现“竞争”的文化结构——“内卷”甚至成为依附“竞争”语义而改变原义的网络流行词。以 MOBA 为代表的电竞游戏正是在此背景下获得广泛成功。这些游戏克服了之前格斗游戏、即时战略游戏等同类游戏竞争方式过于困难或复杂的缺陷，将“竞争”聚焦于主要优化大脑算力的数字化比拼——而非身体机能与复杂思维能力的比试——这不仅降低了竞争的门槛，还优化了竞争的效率，使“竞争”被竞争化。由此，电竞游戏取代 21 世纪第一个 10 年 MMORPG 成为 21 世纪第二个 10 年的主流游戏。

最多晚至 2017 年，电竞游戏思想史也出现了新的理解面向：逃杀游戏兴起——“竞争”的场域发生在竞争的“负面”。这同样勾连当代中国的思想与文化状况。在“城堡落成”[①] 的时代环境下，悲观情绪自 21 世纪第二个 10 年中末期以来在社会中蔓延，不少青年人选择相信即使努力参与社会竞争也无法改变命运。在此背景下，“读书无用”“丧文化”“佛系”“躺平”等社会心态渐成当代青年文化研究的关键词。逃杀游戏正是在如此社会意识配合下流行起来。诚如车致新所言，逃杀游戏与一般电竞游戏的区别在于，它“是一种全新的意识形态，即不择手段地尽可能延长个人生存时间的‘绝地求生’伦理”[②]。其竞争模式已由积极的敌/我对抗转为消极的自我保存，这显然是一种新保守主义的意识形态：由于“竞争”已是一种压倒性的社会生存结构，身边的一切都可能突变为反向针对自身的不安因素，因此玩家须无止境地自我投资/武装，却不愿也不能主动将自身暴露于直接冲突之中，而是东躲西藏并伺机行动，以争

---

① 《城堡的落成：上升通道即将关闭的中国社会》，https：//www. douban. com/note/608281210/？from = tag。原文链接已失效，此为补充链接。

② 车致新：《从“王者荣耀”到“绝地求生”：“大逃杀”游戏与内卷社会的伦理学》，《探索与争鸣》2022 年第 3 期，第 170—176 页。

取最长的苟活时间。于是，与其说游戏目标是在玩家间的生存竞争中活下来，不如说是玩家想要逃离无力逃离的竞争性（社会）生存结构本身。在此意义上，玩家不再是向外扩张的有进取心的积极主体，而是龟缩在内心与游戏的双重“安全区”中惶恐自保、心理濒临破产的消极客体。这是一种塞满丧失感的“末世论”的社会想象力，它拟像了21世纪第二个10年中末期以来总体性的社会悲观情绪，恰好构成21世纪第一个10年热情洋溢的MMORPG与21世纪第二个10年以来寻求“直球对决”的MOBA游戏的反面。换言之，在内卷化的市场社会中，我们每个人都是被社会机制——在逃杀游戏中被具体化为“缩圈”机制——筛选的不安个体，即使努力参与竞争也不会有绝对的胜出者：那最后幸存者，仍将加入新一轮的生存竞争。

最后值得注意的是，逃杀游戏戏剧性地以“省略”的方式反向牵出中国游戏史的最新发展。众所周知，逃杀主题是当下很受欢迎的文艺题材，《饥饿游戏》《鱿鱼游戏》等不同形式的影视作品都大获成功。这些作品通过挑明以监视媒介的观看结构而存在，发展了日本小说/电影《大逃杀》塑造的新保守主义文化想象力。在这个观看结构中，观看者里既有纯粹的观众，也有掌控游戏的监控者，游戏者既是相互厮杀的竞技者，也是被权力与资本监控的对象，后者须按照前者的趣味进行杀戮游戏或言残杀表演。逃杀游戏亦然，只是它未设计言明“观看结构”的游戏机制，无意识地隐瞒了逃杀主题的观看结构。但在游戏直播盛行的21世纪第二个10年中末期——2016年被称为“中国网络直播元年”——游戏与直播深度融合已使一种新型“游戏”模式走向历史前台，即“观看”作为方法的降维的“游戏”模式——其“玩家”也被戏称为“云玩家”。在这一“游戏”模式中，玩家与观众的界限已然模糊，“打游戏”被通约为“看游戏”，游戏/劳动被赋予了以数字内容生产为媒介的表演功能。这意味着，观看及其结构已作为一种新的“游戏”模式遍于当下的游戏环境中。但之前所有游戏都无法道出观看或言观看结构如何自我指涉“游戏”模式的变化，直至逃杀游戏的出现。逃杀游戏以“省略”的方式反向牵出逃杀主题中的观看结构，不过这个观看结构早已在新近的产业实践里被推出游戏程序外、存于游戏与现实的连接设施中——观众与权力/资本通过网络直播等再媒介化的形式观赏与“监控”内在于游戏程序的逃杀游戏。由此可以认为，是逃杀游戏暗示了游戏资本主义迈入第二阶段，即后者可模糊游戏与现实的关系，把非游戏的时空重组为游戏时空——并以“电竞冠军”等民族主义叙事为“护身符”自赋合法性——从而将离开游戏程序的玩家重新纳入游戏场域及其背后新一轮的资本增殖计划。在此意义上，逃杀游戏戏剧性地指明了中国游戏史的最新发展，即在“大直播时代”的游戏环境下，玩家既是“游戏斗兽场”里“挥舞鼠键”的角斗士，又是平台/看台上观看自我镜像的观众，当然最后的胜利者始终是游戏平台及其拥有者。

结语与展望

本文是第一篇全面梳理中国游戏史中主流社会思想脉络的文章。从中可见，中国游戏史是如何历经四十年风雨，构成一部波澜壮阔的成长与变奏史。这部游戏史可扼要概括为本土的国家现代化脉络向全球资本立场的转变历程。在此历程中，玩家由知识的学习者被“无产阶级化”[①]、商品化与算法化，最终被碎片化为以游戏消费者

① ［法］斯蒂格勒著：《人类纪里的艺术：斯蒂格勒中国美院讲座》，陆兴华、许煜译，重庆：重庆大学出版社，2016 年版，第 37 页。

为表象的游戏/劳动者，其中出类拔萃的游戏/劳动模范就是今天的电竞选手。我们不敢妄言中国游戏史是使玩家不断异化的历史，但至少游戏的逻辑或言游戏精神是被资本的逻辑逐离了游戏史的主流。这就构成中国游戏史的悖论，即游戏的大众化是以游戏趣缘社群——即所谓的“硬核玩家”——的小众化为代价，因此中国游戏史才在走向产值巅峰的过程中形成了所谓“中国特色”。

如今中国游戏史已迈入它的第五个十年。就商业的层级而言，“这是一个最好的时代”。中国游戏业连续多年市场实际销售收入全球第一，上一个十年（2010—2019 年）共为多达 19760 款国产游戏发放网游版号①，中国游戏也扬帆出海，把中国故事带出国门。在此背景下，上海提出建设“全球电竞之都”、北京呼吁打造“国际网络游戏之都”等。但就思想的层级而言，“这是一个最坏的时代”。在市场实际销售收入全球第一的标签背后，是少数资本集团对游戏市场近乎寡头式的垄断，是“换皮”、同质化、“氪金”等市场浮躁之风盛行，是“游戏研究”有成为资本与权力的附庸之势。游戏的思想日渐枯萎。如今无论是云游戏、区块链游戏、VR 游戏等“前沿领域”的提出与实践，还是超级数字场景、元宇宙等平台逻辑的自我包装与“学术附和”，均只牵涉游戏的形式，无涉游戏的思想。

难道中国游戏业的发展已失去自为的方向（感），只能在资本与权力的裹挟中以资本增殖为终极目标？或许未来并非一片黑暗，仍然可见一些有识之士在默默耕耘，努力探索市场与思想共存的辩证法。例如，近年频出《没有人知道的大冒险》《中国式家长》等带有一定社会反思性质的现实主义题材游戏，它们虽还难以与同类型

---

① 数据源自笔者对国家新闻出版署公布的 2010—2019 年“国产网络游戏审批信息”的整理。参见 http：//www. nppa. gov. cn/nppa/channels/320. shtml。

的文学、影视作品相提并论，但仍以游戏的方式指摘了现实社会存在的问题；《疑案追声》《蜡烛人》等匠心独运的独立游戏，则让我们感受到了中国游戏人充满张力的想象力；而从《黑神话：悟空》播出的实机演示观之，一些达到3A体量的商业游戏，仍在尝试争鸣国际最高水准，探索属于中国游戏创作者的文艺抱负，等等。上述国产游戏实践表明，中国游戏业尚有机会自觉避开资本逻辑的陷阱，重拾游戏的精神与担当，从思想层级探索有价值的文艺创造。或许随着玩家游戏素养不断提升，以及有人文思考的游戏批评的出现，中国游戏史会在第五个十年迎来新的可能。

当代电子游戏“国潮”的四十年流变

孔德罡*

“国潮”一词本源于时尚界，最初指近年（2018 年被认为是“国潮元年”）来涌现的国人主导设计、以中国传统文化元素为设计思路的潮牌服装和时尚产品。因为“潮流”（wave）一词的普适性，“国潮”很快就被描述为一种在文学、影视、二次元、电子游戏、音乐等亚文化领域中的广泛现象——对“国潮”进行具体定义是困难的，但大众广泛使用这个语汇基本带有两重语义：一是文化产品对象带有鲜明的、可一眼被识别辨认的“本国”特征；二是这种特征以一种普遍的、有驱动力和向度的“潮流”出现，给大众以动态的、富有创造力和生命力的印象。

“国潮”一词从时尚界逐渐攻占整个亚文化圈层的时期，也正是国产电子游戏飞速发展并且培育起“本国特色”的时间段。不过，与时尚界和其他亚文化界不同的是，“国风”游戏从产业诞生初始就是基本统治国内游戏市场的，国产厂商制作的游戏必须“国风”早就是一种不容争辩的共识。正因如此，若以“国潮”在时尚界的定义来看，中国电子游戏从 20 世纪 80 年代开始发展历程本身即是一场汹涌壮阔并延续不断的“国潮”，这种不断流变的“国潮”尝试

* 孔德罡，南京师范大学文学院文艺学讲师，文化学博士，南国剧社艺术总监。

形态，组成一幅当代流行文化演变的动态画卷：中国玩家对“国风”的诉求是先验而不容置疑的，“国潮”先验意味着一条正确的、有前景的发展道路，这让几十年来的中国电子游戏产业，始终在东方学的自我凝视和“反东方学”的自我认知中撕扯，始终在本土化和国际化的谜题之间遭遇选择：在近年这场方兴未艾的、以整个当代青年大众文化为基底的“国潮”中，我们可以看到玩家大众对国产电子游戏“本国性”要求的明确，但更多的是长久以来坚持“国风”元素的国产电子游戏对“国潮”的流行所作出的贡献与反哺；电子游戏在塑造自己“国潮”的同时，潜移默化地参与塑造了“国潮”的整体建构，从常年被主流忽视的角落，深切而根本地影响了当代中国大众文化的呼吸。

一、20 世纪 80 年代：红白机、街机动作游戏与四大名著

中国玩家开始接触电子游戏要追溯到 20 世纪 80 年代，此时中国还没有真正意义上的国产厂商，也不存在相对意义上的电子游戏产业，数量当时很少的游戏玩家普遍通过从日本、海峡两岸暨香港进口的家用游戏机（红白机）和街机厅里的“横版清关”动作冒险游戏来接触电子游戏，玩到的游戏也自然都是由欧美、日本和海峡两岸暨香港开发。在这样的局面下，越是缺乏“国风”元素的游戏，中国玩家对“本土化”游戏的需求就越为强烈，而一旦这些由游戏开发者开发的游戏出现了哪怕是点缀性的“中国元素”，就能立刻得到玩家的热烈追捧（这一现象在中国玩家群体中一直到 21 世纪第二个 10 年才逐渐缓解）。街机经典《街头霸王》系列的角色“春丽”，对于游戏开发者来说仅是游戏为了匹配世界观中唐人街场景而诞生

的人物，本身也是标准东方学视角的旗袍造型，但作为当时少见的可操作华人游戏角色，一跃成为整个华语地区的划时代文化形象之一；又如日本厂商卡普空的《吞食天地》（1989 年）系列，作为一款漫画改编、质素中等并无过人之处的街机游戏，正因为其采用了《三国演义》的剧情和人物（尽管被修改得面目全非），而一跃成为中国最为流行的街机游戏之一。

《街头霸王》系列的角色“春丽”是中国玩家对于玩到“国风”游戏的渴望，以及红白机和街机游戏较为简单的制作成本与难度，还促使了一大批“换皮”游戏的诞生。比如，如今中国玩家依然怀念的红白机游戏《西游记世界》，实际上是以一款叫作《神奇小子：怪物大冒险》（1987 年）的游戏，“神奇小子”更是世嘉公司的经典游戏 IP 之一，一直到 2020 年来都有新作出品，但是“神奇小子”在进入中国的街机厅和红白机市场时，被代理厂商用简单的“换皮”和“翻译”手段，将主人公变成了孙悟空，关卡也都被强行解释为孙悟空一路斩妖除魔拯救唐僧的故事。早期电子游戏的像素级别画风和简单的关卡剧情使得“换皮”显得非常容易，实际上当时除了《三国演义》题材本身在日本风靡，因此三国题材游戏基本是日本原装之外，其他在国内市场流行的“国风”元素游戏，基本来自中国台湾地区代理厂商的“换皮”，这一现在看来既违背了著作权和版权，又伤害创作者也欺骗玩家的行为在当时是极为普遍的。20 世纪 80 年代到 90 年代初期的通过合法或者非法途径引进到国内的“换皮”电子游戏基本集中在四大名著中《三国演义》、《水浒传》和《西游记》的挪用上，代理厂商往往只需要把主人公的姓名和图像改成四大名著中的人物，再附带上简易的文字说明，就可以完成“换皮”工作。因此，这些早期“拿来主义”式的“国风”游戏现在看来颇有拼贴与后现代之风，不仅孙悟空经常要面对各种西洋魔幻文学中出现的怪物，《三国演义》中的武将和梁山好汉们抓起枪械进行现代战争也并不新奇，而更关键的是，这些“换皮”并未造成过多的“水土不服”，往往颇受中国玩家欢迎。这固然与中国玩家对于“国风”游戏的渴求有关，也因为这些逐利的引进厂商对当时国外生产的街机动作游戏的文本组成有精确的把握。当游戏叙事还仅停留在主人公用武力击败敌人、闯过关卡的“英雄”模式的时代时，他们将《三国演义》、《水浒传》和《西游记》的人物与情节毫无难度地糅进来，并且能很容易解决文化冲突造成的不适感。但对比《红楼梦》的相关游戏，因为题材并无动作冒险格斗元素，只能做成恋爱养成游戏，所以不可能由国外游戏“换皮”产生，大多数《红楼梦》相关游戏只能是国产厂商原创，缺乏优秀之作。

早期红白机和街机电子游戏选择四大名著题材来代表“国风”显然是一种非常粗暴浅显的文化挪用，是一种对中国文化非常表面的东方学视角，并且充分暴露了以中国台湾地区厂商为主的游戏制作者在较为特殊的时代环境下对本国文化“自我界定”的状态，存在异常陌生的自我凝视和自我客体化问题；但从积极的方面来看，建立在当时电子游戏在叙事设计和演出上的贫瘠、思想内容的缺失和对文化元素使用的浅薄性的基础上，这些游戏对于四大名著进行挪用的浅薄程度，其实与欧美、日本等地生产的“原装”文化的游戏并没有什么差距。无论题材和文化内容如何，在当时的游戏制作水平之下，也都仅能表现为像素水平的美术素材、8 - bit 音质的 MIDI 音乐、相应的文字说明和“打怪闯关”的英雄叙事模式，因此“换皮”这一制作方式满足当时游戏制作的需要，一定意义上似乎也突破了东方学的偏见，拒绝了“国际化 = 欧美化”的施魅操演，客观达成了世界各地文化在游戏领域内的一视同仁。

当然，这种因为“低技术”而使得文化差异和偏见被模糊的特殊情形是暂时的，粗暴挪用四大名著的皮毛不可能满足玩家对“国风”游戏的需求，也不是电子游戏合理的发展方向。20 世纪 90 年代，真正由国产厂家主导创作，试图以我为主，摆脱东方学式的“自我凝视”的“国风”游戏，在角色扮演游戏（Role - Playing Games，RPG）这一领域找到了突破口。

二、20 世纪 90 年代：日式角色扮演游戏与武侠文化

随着电子游戏图像技术、运算技术和存储空间的飞速发展，以及家用电脑的广泛普及，角色扮演游戏逐渐开始取代“横版清关”动作冒险游戏成为国内电子游戏市场的主流类型。从创作理念上分类，角色扮演游戏分为从桌面游戏和“跑团”游戏发展而来的，注重玩家的“扮演”行为和自由选择的美式 CRPG（Computer Role - Playing Games，CRPG），以及在漫画、小说、影视作品影响之下，注重剧情演出的日式 RPG（Japanese Role - Playing Games，JRPG）。相较于欧美，日本在文化渊源上显然更加贴近，中国最早的一批来自中国台湾地区的游戏开发厂家普遍受到如《勇者斗恶龙》系列（1986 年）、《最终幻想》系列（1987 年）等经典日式 RPG 而非欧美 CRPG 的影响，由此奠定了延续至今长达三十余年，在可以预见的未来也不会改变的局面：国产单机角色扮演游戏的设计理念始终是日式的，拥有根深蒂固的 JRPG 血统，甚至对“重情节轻玩法”的特色更加强化。

《最终幻想》相比于仅需要主要人物、战斗动机和世界观背景就可以敷衍而成的“横版清关”动作冒险游戏，日式角色扮演游戏的制作流程异常贴近文学和影视创作，需要深刻的文学和文化底蕴。决心制作国产角色扮演游戏的中国台湾地区创作者们普遍将眼光投向武侠小说和武侠文化上。1990 年，大宇资讯有限公司的 DOMO 小

组从古装武侠电影《倩女幽魂》的灵感出发，改编游戏《轩辕剑》，揭开了国产单机角色扮演游戏的序幕。从原创性上可以将20世纪90年代开始涌现的国产单机武侠角色扮演游戏分为两类：一类是原创IP，从1994年《轩辕剑贰》开始进行原创剧情，大宇资讯有限公司DOMO小组开发的“轩辕剑”系列和1995年《仙剑奇侠传》为首作，大宇资讯有限公司狂徒小组开发的“仙剑”系列和1997年《剑侠情缘》为首作，金山公司西山居工作室开发的“仙侠情缘”系列，后来被称作“国产三剑”的三个游戏系列为代表；另一类则是依附于金庸、古龙、梁羽生等武侠小说家的经典IP（部分作品甚至并未获得版权许可），以智冠公司的河洛工作室开发的《金庸群侠传》《天龙八部》，金智塔公司的《古龙群侠传》，昱泉国际的《流星蝴蝶剑》等为代表。在这些口碑和商业上都取得成功的经典作品影响下，国产单机游戏从此与“日式角色扮演”和“武侠”这两个关键词画上了无可撼动的等号，国产单机游戏至今依然是“日式武侠角色扮演游戏”的代名词。20世纪90年代的中国台湾游戏开发者塑造的日式武侠角色扮演游戏一统天下的局面并非刻意为之，是时代环境和电子游戏发展现状共同影响下的必然。海峡两岸暨香港中文流行文化从民国时期就有深厚的武侠小说传统，而在经济发达、文化需求暴涨的20世纪80—90年代，由武侠小说改编的影视和漫画毫无疑问是海峡两岸暨香港流行文化的主流，这是受众层面的原因；而从游戏设计制作的角度看，受到日式角色扮演游戏流行的普遍影响，当时的电子游戏开发者对电子游戏的理解较为单纯，基本思维和设计逻辑都没有超出日式RPG的框架，对模拟经营类游戏、恋爱养成模拟游戏、即时战略游戏、动作冒险游戏等多元类型都涉猎不深。而最符合日式角色扮演游戏主角加入冒险、打怪升级、队友合作、情节剧情演出等基本制作逻辑的选择，显然只有武侠小说——因此在当时的海峡两岸暨香港流行文化中占据重要位置的都市警匪文化和言情小说文化，都不得不偏离国产电子游戏开发的主流。

20 世纪 90 年代的国产游戏开发商，对经典的日式 RPG 的剧情演出套路和游戏设计逻辑进行了非常扎实的“本土化”，以《仙剑奇侠传》为例。玩家可操作人物的物理攻击能力和魔法攻击能力，被重新定义为玩家的“普通攻击”和“武技攻击”（或者“仙术攻击”）能力，“魔法”在设计逻辑上与“武功”和“仙术”并列，相较于日式 RPG 冷兵器、热兵器和魔法交织的武器和战斗系统，国产 RPG 则借助武侠小说的“十八般武器”“武功/内功”与“仙术”概念对近战攻击、远程攻击等战斗机制进行了转换；男主人公与多名女主人公组队，加入恋爱系统，让玩家选择喜爱的女性角色，也天然与武侠小说的男性主角选择女性伴侣的叙事模式相配。《仙剑奇侠传》创造的“妻子（赵灵儿）/恋人（林月如）/师妹（阿奴）”的经典“三女主”角色模式显然也来自金庸笔下；日式 RRG 中主人公通过冒险经历提升自身能力，最终击败大魔王的角色弧光塑造，也被完全地嫁接到修习武功，成为天下第一，击败为祸武林的反派角色的武侠小说套路上，既是游戏玩法机制，也是游戏剧情模式的 RPG 角色构建机制，与武侠小说的叙述结构达到契合。

《仙剑奇侠传》值得指出的是，国产游戏制作者对日式 RPG 游戏机制和设计思路的嫁接，其实并非以日式 RPG 为主体去嫁接武侠小说，反而是“以我为主”，以武侠小说的套路去嫁接日式 RPG 的基本思路，所以自然而然会抛弃一些日式 RPG 的设计逻辑：对迷宫（地下城）的设计兴趣较低，因为这一脱胎自欧美文化的概念在武侠小说中很难找到契合点；对情节故事和人物性格成长更加偏重，而不像日式 RPG 更注重游戏性和角色构建，得以突破传统的英雄冒险故事套路叙述更加复杂而动人的剧情，更加注重情节和人物的演出效果——这本质即是武侠小说相较日式 RPG 拥有更强的“文学性”

所致。这一选择最终导向了国产单机游戏将“情节性大于游戏性”做到极致，造成国产单机游戏的“多媒体电子小说”化，培养了与日本和欧美在诉求与口味上截然不同的玩家群体。“国产三剑”和一系列武侠经典 IP 游戏的成功塑造了国产电子游戏延续至今的基本面貌——它本身就是纯粹“国风/国潮”的：一种从创造初始就呈现为拒绝外国文化和现代文化，要从也仅要从以武侠小说为代表的传统古典文化汲取滋养的先验性态度。尽管没有逃脱外来的日式 RPG 设计模式，但作为日式 RPG 的“强剧情化”变种，国产单机游戏以一种独特的“文学性”超越“游戏性”的存在形式模糊了其作为电子游戏的本质，从而更为彻底地贯彻了“国潮”独立自我的底蕴，这种思想内蕴与 20 世纪 80 年代到 21 世纪初海峡两岸暨香港作为华语世界的流行文化艺术中心的文化自信有深刻关联。

虽然从游戏设计的角度来说，国产单机游戏只是日式角色扮演游戏的一大分支，但因为武侠小说特殊的“本土性”和过分偏重剧情而缺乏游戏性的特征，使得 20 世纪 90 年代开始的国产单机武侠游戏的受众是完全封闭的，它只面向华人中文群体，尽管也有类似《轩辕剑叁：云和山的彼端》《幽城幻剑录》这样受到欧美文化影响的作品，但整体上此时的国产单机游戏毫无“国际化”的诉求与可能——这的确是一种强烈的“反国际化”的“反东方主义”态度，一反上个时代对传统文化的“自我客体化”倾向，展现出国产电子游戏从初创以来就坚定不移的“国潮”路线：但随着海峡两岸暨香港政治、经济和文化地位在 21 世纪的改变，这种紧密结合时代特质的、拒绝“国际化”的“国潮”并不能长久延续，下一个时代来自中国创作者的求变尝试已经开始孕育。

三、21 世纪初："仙侠""玄幻"的低调"国潮"革命

2003 年"仙剑"系列一年之内推出两部续作：大宇中国台湾总部狂徒制作组的《仙剑奇侠传二》和大宇的上海分公司上海软星制作的《仙剑奇侠传三》两部风格迥异的作品。我们无法确定当时大宇公司具体决策的动机，但最终的市场反响是由中国台湾团队开发，延续传统"武侠"题材和风格的《仙剑奇侠传二》的相对失败，以及由大陆团队开发，逐渐迈向"仙侠"和"玄幻"题材的《仙剑奇侠传三》的成功——这个结果指向 21 世纪初国产单机游戏的重要转向：开发团队主力从中国台湾移向大陆，题材和风格从"武侠"走向"仙侠"和"玄幻"。

与突飞猛进的经济和市场发展不同，21 世纪初的国产电子游戏市场是比较冷清的，恰好处在中国台湾地区电子游戏市场的相对萎缩，与大陆电子游戏市场尚未成熟的过渡节点。国产游戏厂家未曾抓住随着宽带上网技术的普及所带来的网络游戏和电子竞技的新机遇，电子竞技项目完全由欧美厂商把持，网络游戏也以网络代理商引进国外作品为主。数量巨大的资本和流量虽然涌入电子游戏界，但与国产游戏市场没有关系，相反，夺走了绝大多数单机游戏玩家和市场份额，仅余下的市场也难以解决盗版猖獗的问题。这段时间国产单机游戏市场极为惨淡，河洛工作室等制作组长久沉寂或解散，上个时代盛极一时的武侠经典 IP 改编游戏已无踪迹；率先一改 JRPG 影响，模仿《暗黑破坏神》和美式 CRPG 路线的《秦殇》（2002 年，目标软件）虽有口碑，但投资失败；大宇公司的"双剑"成为当时国产单机游戏唯一的门面，但是类似 2007 年《仙剑奇侠传

四》发行后上海软星即宣告解散，2008 年《轩辕剑外传：汉之云》因为多方原因推迟一年半才进入大陆市场等事件，说明作为国产游戏的顶部作品的大宇“双剑”都处在生存困境之中，其他中小厂商的境遇更是可想而知。

在缺乏技术、资金和市场环境的艰难情况下，仅剩下“顶部作品”勉力支撑的国产游戏已经不存在基本的“生态”，也很难在游戏设计上产生突破。通过发达网络接触网络游戏、电子竞技和欧美顶级单机游戏的国内玩家的品位和需求已经无法被 20 世纪 90 年代所奠定的日式 RPG 路线所满足，但游戏制作厂商却又缺乏足够的驱动力和能力对传统做出改变，相反将“剧情大于游戏性”的特征进一步放大：一段时间内，国产单机角色扮演游戏构建了一个独特、小众而封闭的粉丝群体，他们能够供养类似大宇“双剑”这样的顶部作品的延续，但始终在拒绝新玩家的加入，不能开拓新的受众群体，也很难真正对外进行有价值的交流沟通。21 世纪初的国产游戏玩家和粉丝群体始终处于小众和被忽略的地位，被电子竞技和网络游戏的风潮所淹没。

然而就在这个国产电子游戏冷清小众的衰败时期，在低调不被大众关注的局面下，还在坚守“阵地”的大陆游戏开发者逐渐构建了一条从“武侠”转向“仙侠”和“玄幻”题材的美学转向之路：这个转向是与 21 世纪初大陆网络文学的发展同步甚至略为超前的，是新一代流行文化创作者对传统武侠小说文化的反叛和革新。当代白话文仙侠小说可以追溯到平江不肖生 1923 年的《江湖奇侠传》和还珠楼主从 1932 年开始连载的《蜀山剑侠传》，但实际上如果以仙侠小说的“志怪”特色来评判，那么仙侠文化作为流行文化的现象早在魏晋和唐朝就有端倪。相较质朴厚重，立足于传统武术发展基础上的武侠小说，仙侠小说发掘了中国传统文化中长期被贬抑和压制的超自然元素和神话色彩，延续了中国传统小说的“志怪”传统，得以超越物理逻辑发挥更加广阔飘逸的文学想象力。而 20 世纪 90 年代末开始出现的“玄幻”小说风潮，则被视作仙侠小说的新时代形态和延续：作为一种将西方奇幻小说“剑与魔法”的传统与中国传统道家修真概念相融合，以创造架空“可能世界”为基本诉求的当代网络文学，其背后近乎一种中国大陆在 21 世纪初主动以西方形式概念对自我进行“国际化”的文化隐喻。

值得注意的是，在网络文化尚属非主流亚文化的 21 世纪初期，各网络文化圈层相互之间较为封闭，缺乏交流，“仙侠”和“玄幻”小说尽管在 20 世纪 90 年代末就已经取代海峡两岸暨香港文化影响过浓的武侠小说成为中文网络文学的主流，但这一转变并未及时对主流文化界产生互动和影响。实际上，在 21 世纪初的中文亚文化环境内，率先响应网络文学界的“仙侠”和“玄幻”风潮的正是国产电子游戏：《仙剑奇侠传三》（2003 年），《幻想三国志》（2003 年），《仙剑奇侠传四》（2007 年），《剑侠情缘网络版叁》（2009 年），《古剑奇谭》（2010 年）等作品的尝试和创造，以及中国第一部真正意义上的由电子游戏改编的电视剧《仙剑奇侠传》（2005 年）的流行，共同在国产电子游戏市场一片衰颓、无人关注的冷清局面下，为当时只是文字和读者脑中的想象画面的仙侠和玄幻文化，塑造了具体的美术、视觉、世界观和艺术设定逻辑，开拓性地影响了十余年后当代“国潮”文化的艺术风格和创意面貌。可以说，如今国内主流青年人热爱而追捧的“国潮”的基本概念与艺术构建，是由 21 世纪初的网络文学从思想概念、电子游戏从媒介感官这两个维度奠定的，如今大热的“古风”影视作品作为迟到者，无一不深切受到仙侠和玄幻文化的哺育——21 世纪初电子游戏界的“仙侠”“玄幻”转向，不啻于一场低调的，提前十余年的“国潮”革命，展现出电子游戏独特而富有前瞻性的“世界构建”功能。

《幻想三国志》这一时期的国产仙侠、玄幻角色扮演游戏在图形技术上缓慢地从 2D 走向 3D，呈现较为落后的局面，在游戏玩法设计上也几无建树，无限放大 20 世纪 90 年代流传下来的重剧情轻玩法的思路，因此更容易与其他的亚文化群体如二次元、配音、汉服、影视剧、网络文学等合流，制作出的作品彻底抛弃基本的游戏性，甚至不再能够用 JRPG 的标准来评判，而更贴近可操作的媒介互动图像小说，因此主要建树也集中在美术和视觉创造、世界观设定、音乐、配音和表演以及情节人物的塑造上，大致概括有如下几点。

第一，将西方的“魔法”用传统神话、传统宗教中的文化概念平行嫁接，仿照西方奇幻小说的做法，将松散不成系统的中国神话和“志怪”文化改造成具备鲜明等级、分类和系统的中式神话体系和世界观系统，对神灵、妖魔、鬼怪的存在形式进行细致的量化与定义。尽管目前还不存在相对统一的玄幻世界观，但对中国传统神话、“志怪”元素和超自然记载仿照西方奇幻文学传统和桌游世界观设计方法，进行改造和系统化设计是一种普遍共识。

第二，与当代汉服运动合流，创造结合西方古典服饰特色和日本二次元文化的仙侠古风服装造型系统。在“仙侠”题材普遍架空历史时期的前提下，仙侠游戏得以抛弃具体年代服装形制的限制，也突破中国传统服饰缺乏固定版型的特征。仙侠游戏中的服装造型大量参考西方宫廷服饰和军装的版型设计，引入固定线条，加入如对开襟、高领、披风、装甲等当代设计，并且在日本二次元文化的影响下，对女性服装造型进行了大量既脱离时代，又脱离实际服装设计逻辑，仅服务于“性感”诉求和男性凝视需要的改造。

第三，响应网络文学的想象和创造，以道家修真文化和古典神话传说为基础，嫁接西方“剑与魔法”的奇幻文学思路，构建道家风格的修真门派与神魔妖共存的世界观和视觉系统，对传统古典建筑的设计风格进行西方化改造。在“仙侠”和“玄幻”世界的构建中，往往只有最普通的“人界”遵循传统的建筑设计风格，而比如修真门派的建筑设计，则必然受到西方巴洛克时期教堂园林建筑的影响；“魔界”“妖界”的世界面貌创造，也很难与西方奇幻和宗教传统割裂开来——在中国传统文化中超自然神秘元素相对缺乏的情况下，挪用异质文化的视觉和艺术元素对仙侠架空世界进行构建是一种必然。

第四，以“西学为体”的现代态度改造文化形态，比如在叙事上学习好莱坞的电影化叙事和“三段式”剧本模式安排情节人物；在台词处理上将文言文、小说白话文、日本二次元动漫句式与欧化文体相结合；配音上结合“翻译腔”“播音腔”创造独特的“古风”配音方式；音乐上以传统五音写作技法和传统乐器为基础，借助交响乐编曲和电子乐元素进行中西结合，并借鉴中国题材的西方影视配乐，反向“西学为体”来创造当代“古风”音乐，等等。

总的来说，在低调不为大众所了解的局面下，21 世纪初期国产电子游戏大胆地选择与其他同步发展的亚文化合流，坚定“国际化”的视角再度进行了自觉的自我客体化，对传统文化元素抱以坚定的改造和重塑的态度，将“现代化”结合“西方化”，试图创造一种结合西方文化影响和当代审美诉求，具备网络流行性和“震颤”力，符合当代网络流传需要的现代性“国风”形态。这种在“仙侠”与“玄幻”文化影响下率先统治国产电子游戏领域的“国风”形态，虽然当时并没有造成超出电子游戏受众之外的影响，但逐渐通过如《剑侠情缘网络版叁》《王者荣耀》《阴阳师》等国民级网络游戏和手机游戏的风格承接，如《仙剑奇侠传（一和三）》《轩辕剑叁外传：天之痕》《古剑奇谭》这类游戏改编电视剧的流行等大众文化传播，以及网络文化、亚文化圈层在主流文化领域中地位的凸显和提升，逐渐以当代“国潮”的面貌进入大众文化视野，也并非刻意地在国际化进程中率先构建出一个较为完整的，既相对摆脱 20 世纪浓重的海峡两岸暨香港文化影响，也符合 21 世纪初期中国自我认知中较为理想化的“中国”面貌：这或许是依靠理想坚守在国产游戏开发阵地的创作者们未曾想到，但却在客观上完成了的伟业。

四、“国际化”还是“现代化”？被“施魅”的“后东方主义”

大概从21世纪的第二个10年开始，以4G通信技术得到高度发展，智能手机得到普遍推广和2018年Steam平台进入中国为标志性事件，电子游戏已经成为当今这个网络信息时代重要的接受与审美媒介。根据市场调研公司Niko Partners于2020年发表的调查数据，中国的游戏玩家人数已经超过7.2亿人，其中主机玩家约为1100万人，共创造了约331亿美元的市场价值，无论是单机游戏、网络游戏还是手机游戏，国产厂家出品、主打“国潮”“国风”的游戏都能得到普遍欢迎，国产游戏厂商似乎终于摆脱“寒冬”迎来了春天。近五年来，国产游戏作品呈现如下变化。

第一，以Steam平台进入中国为标志，国产单机游戏被日式RPG影响和统治的局面受到强烈冲击。市场的重新繁荣促使一批曾经离开国产单机市场的厂商回归，如河洛工作室的带有复古色彩的武侠题材作品如《河洛群侠传》《侠隐阁》，但整体上传统的日式角色扮演游戏已不复当年统治地位，游戏制作思路出现转变。首先，国产厂商必须制作“国风”“国潮”的游戏的思路开始动摇，如由重庆帕斯亚科技有限公司开发，完全针对国外市场取得百万销售成绩的经营模拟类游戏《波西亚时光》，受到国际关注、在次时代主机发布会上亮相的第一人称射击游戏《光明记忆》，由陈星汉创作、广受好评的艺术游戏《风之旅人》等作品完全仿照国外游戏思路开发，仅在游戏细节部分“客体化”地加入部分“中国元素”，对自我的定位完全是国际化的；其次，国产厂商也不再拘泥于制作角色扮演游戏，如《太吾绘卷》《了不起的修仙模拟器》《中国式家长》都是“国风”或本土化极强的模拟经营类策略性作品，展现了国内玩家受到欧美游戏文化影响后更加丰富的口味；最后，单在角色扮演游戏领域，日式 RPG 的影响力也开始下滑，“重剧情轻玩法”的现状受到普遍诟病，“互动图像小说”的传统形态已经过时，玩家开始以欧美 CRPG 游戏多玩法、多选择的要求来看待国产的，普遍要求更复杂多元的游戏玩法，如全面学习《巫师 3：狂猎》开发经验的《古剑奇谭三》最终成为国产单机领域公认的天花板级别作品，《轩辕剑柒》这样的经典 IP 新作也彻底转变游戏类型，模仿《只狼》《战神》《古墓丽影》等国外一线游戏系列，将自身从 JRPG 改造为动作类角色扮演游戏。

第二，借助智能手机的普及，通信技术的广泛传播和手机游戏的影响力，国产游戏已经占据了一定国际市场份额，拥有前所未有的国际影响，这在十年前几乎是不可想象的。《剑侠情缘网络版叁》发行十年多来，构建了一个长期稳定运营的游戏社群，已经成为国内最大的“古风”爱好者集散地和国内“古风”“国潮”运动的本质策源地，吸引了众多全世界对中国传统文化有兴趣的玩家；腾讯的《王者荣耀》运用智能手机平台成功打入之前被欧美厂商把持的电子竞技领域，而尽管游戏中以中国古代人物命名的可操作角色的造型完全是现代化甚至欧美化，但客观上依然达成了文化输出的效果；又如，近期在国际各大市场登顶的手机游戏《原神》，不仅向全世界展现了中国国产厂商制作开放世界网络角色扮演游戏的能力，还将在中国被证明普遍成功的“氪金抽卡”消费模式带到国际市场——虽然这一改变对国外乃至全球游戏市场的影响是否积极目前还是一个未知数。

第三，玩家对国产单机游戏的期待达到前所未有的地步，将制作国产世界顶级3A单机游戏的希望寄托于此，客观造成了与市场现状不符的狂热与压力。从Steam平台进入中国之后开始普遍接触国外一线游戏大作的中国玩家强烈呼唤属于中国的3A大作的出现，2020年《黑神话：悟空》的演示视频全网观看量过亿，被玩家寄托以游戏界的“《流浪地球》时刻”的期望。一方面，国内玩家的口味已经迅速向更为国际化的欧美游戏方向转变，对游戏的评判标准也开始以国际一线3A游戏的设计思路为圭臬，曾经统治性的JPRG审美沦为小众，玩家就像近年来的国产电影市场观众那样，期待国际一流技术水平和顶级欧美游戏设计思路所讲述的“中国故事”；另一方面，无论是玩家数量、市场接受度或大众接受度上来说，仅1100万主机玩家，每年仅能创造9亿美元销售额的国产单机游戏市场，目前不可能承载一部真正顶级的国产3A单机游戏所需要的市场空间，但玩家的期待难以磨灭，也经常在一些根本无法承受如此重担的中型游戏上寄托“空中楼阁”，客观上导致目前国产单机游戏的开发舆论环境较为急躁恶劣，一些坚实但微小的进步和尝试容易被“好高骛远”的玩家所打击。

综合来看，如果从20世纪80年代中国台湾地区开始引进红白机和街机游戏开始算起，实际上一直到近五年来，“国际化”才真正开始“施魅”，国产游戏才第一次开始考虑“走出去”，才开始真正成为国产游戏厂商需要思考的话题。20世纪90年代，中国台湾地区游戏开发商的文化独立性，现在看来更多是一种客观上不被国际市场接纳状态下的心理安慰，并非对“国际化”理想的“施魅”。而面对时代所赋予的强烈的“国际化”的需要，要做的还有很多，指望立刻一步登天拿出顶级3A或者统治网络游戏市场是不现实的，但幸好，我们早已幸运地通过二十多年来国产游戏的“仙侠”“玄幻”探索，制造出了一个“后东方主义”的文化客体，也就是如今所谓的“国潮”。

尽管逐渐“网红化”“流行化”的“国潮”并不能完美地展现中国传统文化的精髓，也并非被所有受众喜爱，本身是一个“西学为体”的形式存在的结合，但即便如此，我们无法否认电子游戏的“国潮”是完全属于这个时代和这个国家本土的，它的诞生、发展和流行根深蒂固地展现了当代中国数十年来发展进步历程中的思想探索和文化面貌。如果说经典的后殖民、“反东方主义”话语时常陷入一边拒绝西方话语，一边无法将自身本土话语构建出来的困境的话，那么当今电子游戏影响下的“国潮”一定程度上解决了这个问题：它不只是一种本土的话语，也是一种结合欧美、日本等外来文化的话语，更是一种当代的、现代的、流行的话语，并且它就是“中国”的话语——正是长久以来国内游戏市场对“国际化”的期待和一直以来的“求之不得”，才让我们创造的“国潮”被“施魅”，被笼罩一层文化和时代的双重面纱，它的存在就意味着一种“后东方主义”实践，一种第三世界以“过去/现代/未来”而非“西方/东方”的未来维度视角，破除“西方化 = 现代化”的话语权力迷障，开拓属于下一个时代的全新理论对话，迎来更加多元而绚烂的文化图景。

从"逍遥游"到数字主体：当代数字游戏哲学的主体批判*

蓝　江　马文佳**

电子游戏是数字时代的产物。游戏从传统时代到数字时代的表现形式：一方面，游戏变得更吸引人更好玩了，人们主动走入游戏世界塑造自己的虚体，从现实世界迁移到数字世界，构建出一种不同于现实主体的数字主体；另一方面，游戏本身构建的世界越来越真实，游戏世界与现实世界的边界日趋模糊。同现实世界一样，游戏世界并没有成为人们所期待的"元宇宙"般的自由之境，而是被资本和技术的逻辑绑架，因此，电子游戏也被人诟病失去了游戏精神。然而，这并不意味着游戏失去了未来，恰恰是游戏精神与技术进步的结合，将给人类带来更多可能。

如果不能了解传统游戏从前现代时代到现代社会，尤其是当下走入的数字时代到底发生了什么变化，对于电子游戏的批判就会略显轻率。电子游戏在国内饱受诟病，甚至被媒体称作"电子鸦片"，这种对电子游戏的误读亟待纠正。因此，对电子游戏的认知首先要从源头谈起。

---

* 本文发表于《太原理工大学学报》2022 年第 4 期。

** 蓝江，南京大学哲学系教授；马文佳，山西省社会科学院《晋阳学刊》编辑部编辑。

一、传统游戏及游戏精神

游戏是个社会历史概念，它的发展变迁与同时代的技术和社会生产息息相关。游戏不是一成不变的。随着社会生产力水平的提高，不同地域和民族之间的沟通和交流不断增多，传统游戏也在发展，有些古老的游戏失传了，各种各样的新游戏被人们发明和传承着。基于游戏媒介的不同，把所有不依赖电子设备和电子技术的游戏都称之为传统游戏，借助电子设备及技术存在和运行的游戏称为电子游戏。这种二分法以电子游戏机的诞生为节点，是游戏发展史中最重要的变迁。

尽管中国传统文化中有着丰富雅致的文人士大夫游戏和浩如烟海的民俗游戏，这些游戏不仅滋养了中国文人和民众的精神品格，还涵养了悠久的中华文明，但游戏本身被当作奇技淫巧，并没有成为值得研究的对象，只是悠游于世世代代的生活实践和诗文小品中。在《说文解字》中，“游”字本义为“旌旗之流也”。旗在空中飘动如同水之流动，因此游字取“氵”作为偏旁。另有一字“遊”，意思是自然而然地行动，如水中浮行（在《康熙字典》中作“又浮行也”）。“俗作遊者，合二篆为一字。”因此，“遊”与“游”二字合而为一，“遊”的意思成了“游”更广为使用的含义。中华民国时期的《国语词典》对“游”字的释义第一条为“在水中行动（如游泳）”，即“遊”的本义；第二条为“遨遊”，意指从容地行走，有“玩物适情”（《康熙字典》）之意；第三条为“交往”，意指交互性地与人交游，可以从中学到很多东西，譬如“游学”之语。戏“从戈才聲”（《说文解字》），本义是兵器，可假借为“麾”，有帅旗之意，也指军队的侧翼；后从战争推演、兵情诡诈中又引申出“戏弄、嬉戏”之意，继而生出百戏（各种民间表演和杂耍）、戏剧的用法。游与戏二字结合，已知最早出现在《韩非子·难三》：“或曰管仲之所谓‘言室满室，言堂满堂’者，非特谓游戏饮食之言也，必谓大物也。”此“游戏”就含有游与戏的双重含义，游玩嬉戏之意。晋葛洪《抱朴子·勖学》中有，“息畋猎博弈之游戏，矫昼寝坐睡之懈怠”，在此游戏除了有游玩嬉戏之意，已经把打猎、博弈等现在认为是游戏的项目归入其外延之中。此后，中国文化中游戏的概念基本确立，就是指嬉戏玩耍的各项娱乐活动，同时内在性地隐含了交往、游学、不当真、表演的成分。对于游戏，孔子有“成于乐”“游于艺”之说，庄子的《逍遥游》则体现了一种游戏的理想状态，此外鲜有对游戏理论的研究。直到近代王国维受西方康德、席勒、谷鲁斯的影响把游戏与艺术放在一起研究，认为二者都是起源于人类过剩的精力，都不以实际利益为目的，既有娱乐功能也有审美功能。20 世纪七八十年代，于光远先生提出“要有玩的文化，要玩的有文化”才开始把游戏当成现代学术研究的对象提出来。

在西方语境中，游戏很早就成为研究的对象，西方古典游戏理论大致有四个研究进路：第一，自由休闲说。早在古希腊时期，柏拉图就提出了每个人都应该有高尚的游戏，这是神赐予人的礼物，是沟通人与神的途径，是神圣而严肃的，又从“模仿论”出发认为游戏是人（尤其是幼儿）学习和创造的方式。亚里士多德则指出，游戏主要是劳作后的休闲和消遣，是本身不带有任何目的性的活动。这种对游戏的褒扬成为后来西方思想家对游戏评价的基本出发点。越过了黑暗的中世纪，近代的哲学家康德从理性的主体出发，把自由游戏与艺术审美联系了起来，把二者当作内在性的自由的活动，对游戏和劳作进行了二元化的区分，但他同时也强调游戏不可以是纯然为了娱乐，必须有其终极目的。席勒深受康德理论的影响，他认为游戏是人的天性，提出了著名的“只有当人充分是人的时候，人才游戏；而只有在游戏的时候，他才完全是人”这一观点。在他看来，人既有理性的冲动，也有感性的冲动，可以用身体和道德上都能达到自由的“游戏的冲动”来对二者进行协调。席勒认为只有通过游戏才能改变人的异化状态，重新实现人性的弥合，实现本体上的自由。这一派的理论认为人在本体上是自由的，游戏则是人追求这种本体自由的方式和路径。第二，生物本能说。斯宾塞认为游戏是高等动物发泄剩余精力的活动。德国心理学家谷鲁斯在此基础上提出了他的观点，即游戏是由生物本能驱动的，而不完全是出于剩余精力的发泄。第三，游戏文化论。荷兰的文化学者、历史学家赫伊津哈则在理性主体之外提出了“游戏的人”的概念。他说，“游戏是一种自愿的活动或消遣，这种活动或消遣是在某一固定的时空范围内进行的；其规则是游戏者自由接受的，但又有绝对的约束力；游戏以自身为目的而又伴有一种紧张、愉快的情感以及它不同于日常生活的意识”[①]。他给游戏下的定义被广泛接受，还另辟蹊径地指出游戏先于文化存在，人通过游戏创造了其文明和历史，一切文化活动都渗透着游戏精神，并具有游戏的基本特征。赫伊津哈的游戏理论独树一帜，以往的游戏理论大都关注游戏对于个体的意义，他却从社会文化的角度指出了游戏以往被忽视的一项极其重要的功能。第四，心理分析学派的欲望说。以弗洛伊德为代表的心理分析学派则从游戏带来的快感和欲望的满足来分析游戏的起因。弗洛伊德认为快感是人游戏的表层因素，其真正的深层动因则是来源于未被满足的欲望。游戏这种通过模拟活动满足潜在欲望的功能是人类的本能，是高于普通生物本能的更高层次的精神需求，尤其对儿童来说，游戏是其生命本真的活动方式，是其认识和理解世界的基本

---

① ［荷兰］约翰·赫伊津哈著：《人：游戏者》，成穷译，贵阳：贵州人民出版社，2019 年版，第 28 页。

方法。正是在这种理论的基础上，游戏心理治疗法成为心理治疗临床上行之有效的方法。

传统游戏具有以下几个明显的特征。第一个特征，规则、任务和目标。游戏活动一般具有明确的规则和目标。每个游戏都会制定规则，几个人参与，在什么样的场地进行，是否有顺序及如何确定输赢的规则，尤其是体育项目和棋类游戏，是典型的规则性游戏。游戏的规则一旦确立，就意味着为完成游戏制定了一系列的分解目标和最终目标。如此，明确的目标也可以准确地解释为伴随游戏规则而生的任务。亚里士多德认为游戏是无目的性的，指的是游戏行为本身没有功利目的，仅是为了休息和消遣。这两者本身并不冲突，游戏本质上并没有功利性的目的，正是因此，它才能让人从文化环境和物质环境的外在压力中解脱出来，让人感觉到自由，从而沉浸其中，在完成游戏任务的过程中时而紧张，时而舒缓，时而痛苦，时而快乐。这也是游戏的第二个特征，自由。人们自由地选择游戏的参与方式，在游戏过程中自主行动，并且通过游戏来体味自由之境。第三个特征，独特时空观，也被称为游戏的“魔圈理论”。当游戏一旦开始，它的活动场域就发生了变化，变成了一个具有想象力的空间，参与者可以明确感觉到其与日常生活的不同。比如，在捉迷藏游戏中，由于特定的具有仪式感的规则和行为，捉迷藏的房间变成了游戏场，而不是原本那个具有功能性的房间了。在游戏中我们可以规定时间的单位，战争游戏中几秒一个回合，几分钟可以当成一日，在儿童的过家家游戏中时空则具有更随意的可变性。空间也成为有弹性的场域，其深度和广度随着游戏的要求发生变化。比如，围棋等棋类游戏，方寸之间可以囊括世界大势。心智正常的人可以感受到游戏场域和日常生活场域的不同，不会把虚拟的游戏时空当成真实世界，除非出现了情感认知障碍。尽管建立在现代数字技术之上的电子游戏与传统游戏有着巨大的不同，但在这些特点上二者是一致的。

传统游戏值得研究的另一个概念，即“游戏精神”。古典主义哲学家都认为游戏精神，即人们在游戏中追求的终极目的。人在游戏中处于忘却外在压力的状态，从事无功利性的活动，体现了一种对自由之境的追求，其中自然贴合了求真至美的意蕴。这种游戏之境如同道家“逍遥游”的境界。《逍遥游》是庄子的人生理想，是一种“以无所待而游无穷”的境界，体现为对世俗事物的超脱，与自然化而为一，不受拘束逍遥自在地存在于世间的状态。而人类从诞生之始就背负着沉重的肉身，在现实世界中如何以有限而求无限，怎么能自在逍遥地存在于世间呢？游戏给这种理想的实现提供了一种可能。游戏是人的本能，只有在游戏中人才能完成对现实的隔离和超越，让人可以短暂地忘记肉身，实现对自由的追求，似乎能触摸到自由天国的一点点门槛，体会以有限之躯去追求无限的乐趣，这是一种对自我圆满的终极实现，也是最为理想的游戏状态。这种体验和“庄周梦蝶”有着异曲同工之妙。他们都预设了当人作为主体，在本体论意义上人是自由的，有限的人类自身只有在中国哲学的“天人合一”和西方哲学中如康德的“本体界”才能实现大自在和真自由。庄周以梦为蝶，以一种隐喻的方式表达了这种超脱外物的、精神上实现天人合一的自由之境。儒家要“吾日三省吾身”“克己复礼为仁”，以平和愉悦的心态来提升自己的道德修养，以求“内圣外王”，达到圣贤的人生境界。儒家的“天人合一”在于顺应，顺应人的本性，顺应四时变化，把人的情感德行与天道相统一。道家于此则大不相同。老子言万物皆生于一，庄子言“天地与我并生，而万物与我为一”，由一所生之万物并没有本质上的不同，与其受困于物质、形体和情欲，不如追求精神上的与道相合，“无所待而游无穷”，成“神人”“至人”。而“神人”和“至人”就是超越的人，超越身形的束缚，超越对功名的追求，超越世俗的价值。道家的“天人合一”是“我”与道相合，是精神上对道的求索，是人生实践上对自在逍遥之境的追求。逍遥之境既体现了道家的人生理想，也标志一种理想的游戏境界。游戏以不同的活动方式，通过诗歌、音乐、舞蹈、体育竞技、绘画、文学、论辩、斗兽、戏剧等诸多活动表达着人对自由、真善美、正义、心灵、信仰等的追求。赫伊津哈认为以上这些都是游戏精神的体现，另外他指出真正的游戏精神应该包含两个内容：平等和公平竞争的原则。“真正的文明将总是需要公平游戏的，欺骗或者破坏游戏就是摧毁文明本身。”① 从这一点来讲，游戏是无比严肃的。事实上，平等和公平竞争原则何止是游戏的原则，将其放之于人类社会生活的方方面面都是体现理性之光的基本准则。游戏精神正如康德所言，是游戏除娱乐以外的终极目的，在平衡和公平竞争的原则下，表达着人类对自由和真善美的求索。

在传统游戏的研究语境中，游戏是人的本能，它和吃饭睡觉一样自然地存在于生活之中，它能够使得人身心同一，甚至是使人成为人的一种方式。“游戏是一种独特的东西，即使它的语言还找不到一般概念来表达这种东西，游戏是不可以被拒绝的。”② 生活在原始社会的人们没有游戏、学习和工作的概念，只是出于本能的需求来行动。饥则食，渴则饮，营巢穴以为休息之所，有多余的精力就去游戏。有人玩泥巴然后再用火烧做出来的器物变成陶器的雏形，陶器就诞生了。人们慢慢地发明了越来越多的东西和技术。类似的行为很难被界定为游戏或劳作，却成为推动人类进步的创造性实践。随着经济和技术的发展，出现了劳动分工，社会的制度化越来越强，

① ［荷兰］约翰·赫伊津哈著：《人：游戏者》，成穷译，贵阳：贵州人民出版社，2019 年版，第 206 页。

② ［荷兰］约翰·赫伊津哈著：《人：游戏者》，成穷译，贵阳：贵州人民出版社，2019 年版，第 42 页。

区分出了劳作、学习和游戏等概念。可见，这些概念并不是原初就属于人的，而是社会历史发展的产物。此后，在不同的历史阶段，游戏或因迎合社会秩序的运作机制而被推崇，或因其非生产性所具有的颠覆性而遭到排斥。然而，不管社会价值对游戏的价值是否认可，在前电子游戏时代，游戏始终保有了其非常重要的特质——游戏精神。

二、电子游戏的超越与断裂

电子游戏的兴起无疑是以电子成像和计算机技术的发展为背景，第一款具有可玩性的电子游戏《太空战争》是麻省理工学院的研究人员为了测试计算机性能而设计出来的，但它迅速风行于美国西海岸，吸引一群人成为技术宅，也开启了电子游戏的时代。随着电子技术的更新换代，电子游戏也经历了街机时代、家用电子游戏机时代、PC 游戏时代、手机游戏时代，未来会进入实景游戏时代。电子游戏是数字时代的产物，是游戏从传统时代走来，在得到技术和资本的加持下塑造的独特的表现形式。

相较传统游戏，电子游戏具有以下四个明显的特征：第一，媒介化。传统游戏的运行无须任何设备，或者仅需要简单的道具即可运行。游戏运行是在游戏机制的基础上发生的游戏者主体性行为。电子游戏则是以电子设备为媒介，失去了电子设备及相关技术的支持，电子游戏将无法存在和运行。第二，虚体化。在电子游戏构架的世界中，玩家无法以肉身入世，于是诞生了一种“宁芙化的虚体”，这是电子游戏存在之基本方式。玩家创造一个或者多个角色，操控其行为，通过虚体接收游戏世界庞杂数据的反馈并做出回应。第三，技术化。电子游戏被称为除绘画、雕刻、建筑、音乐、诗歌

（文学）、舞蹈、戏剧、电影之外的“第九艺术”，是体现人类文化艺术成果的集大成者，同时也是科学技术的集大成者。目前，电子游戏成为电子、计算机、互联网、信息、全球定位、人工智能等技术集中展现的综合体，高精尖的新技术会被首先投入电子游戏中使用，很多科技公司都在向游戏行业倾斜，一方面通过设计游戏展现其先进的技术，另一方面可以在体量庞大且日益扩张的游戏市场中分一杯羹。人们在游戏的过程中又对技术的发展提出了新的要求，倒逼相关技术的发展。不可忽视的是，电子游戏的设计者们不仅依靠数字信息技术为电子游戏赋能，还吸纳了脑科学、心理学等更多学科的研究成果，设计各种各样的游戏机制，通过解谜、奖励、道具等推陈出新的玩法，以社区化、控制游戏节奏等方式充分刺激玩家的大脑和情绪，激发大脑不断分泌多巴胺，推动玩家沉浸在电子游戏营造的世界中，成为电子游戏致瘾的原因之一。第四，资本化。传统游戏时代，游戏仅是作为游戏存在的，人们通过游戏来娱乐、学习、创造、自我表达。传统游戏很难形成一个庞大的产业链，它依赖于兴趣和想象力的存在，人们想参与游戏并不需要太多的条件，少数游戏道具的使用并不能为现代资本带来期望的价值。电子游戏由于其对技术和电子设备的依赖，从开发伊始就无法离开资本的支持，而电子游戏的风行又给资本带来了巨大的利润空间，电子游戏成为一种颇受资本青睐的新型产业。

然而，正是因为电子游戏媒介化、虚体化、技术化和资本化的新特征，使电子游戏与传统游戏之间产生了巨大的断裂。

传统游戏与电子游戏的第一重断裂在于对“身体”的观照方式的彻底变革。“身体”这一元素在传统游戏与电子游戏中具有不同的地位与功能。毋庸置疑，人类天然地具有两重属性：身体与精神。身体是人类存在的物质性基础，为人类存续提供营养性的功能，也是人类认识和理解世界的出发点，甚至在人类中心主义者那里，人类几乎是世界发展的中心和归宿，这一切都是以人类的身体性为基础。而人的精神性得以将人与动物区别开来，人以形而上学来反思世界，同时具有两种本能：生物性本能和精神性本能。于是形而上学的反思也具有两种视角，或者兼而有之。于光远说："人之初，性本玩。"当我们在本体论意义上谈论自由和游戏时，既表达了人和动物一样具有的生物性本能，也表达了人类对肉身和物质环境的超越，即追求自由的精神本能。而这种精神本能既是生物本能的延续，也是人类发展的终极追求。以此观之，传统游戏是具身性的，游戏的展开首先要有一具身体，以身体产生行动参与到游戏中去，结合身体技能、想象力和思维力等元素完成游戏。电子游戏则具有典型的去身性。"虚体，这是一个在游戏世界里存在的数码化的身体，但是这个虚体，让电子游戏与其他的艺术和创作形式有着本质的不同，也正是这个虚体，让电影技术始终无法打破笛卡尔的'主体—客体'或者克拉里的'观察者和世界'的二分，从而遭到前所未有的挑战。"① 意大利哲学家吉奥乔·阿甘本在《宁芙》中提出了一个隐喻。宁芙是古希腊神话中的水妖，多以美丽女子的形象出现，有时会化身为树、水和山等自然之物。宁芙自身没有灵魂，需要诱惑男子（或天神）并生下其后代，便可以获得灵魂。而电子游戏中的虚体——玩家塑造的角色，可以是一个或者多个，可以活跃在不同平台，就如同宁芙一样，需要玩家以"玩"的行为来赋魂。这些角色是经由玩家塑造的，是其在电子游戏世界中数字化的身体，玩家通过这些虚体来完成每一个行动，虚体会生长、习得技能，也会受到伤害、死亡和重生，这一切都与现实中玩家的身体没有任何关系。在电影《头号玩家》中，玩家可以在游戏世界中穿行自如，可以通

① 蓝江：《文本、影像与虚体——走向数字时代的游戏化生存》，《电影艺术》2021 年第 5 期，第 10—17 页。

过触感设备所模拟的虚体所受到的攻击产生真实的痛感，戴上眼镜直接进入虚拟世界，摘下眼镜无缝切换现实世界，即便如此，虚体的死亡并不会导致玩家的死亡，虚体可以重生，而与玩家的肉身无关。虚体是电子游戏世界中数字化的主体，它存在的根基是数据，是一种完全去肉身化的存在。即使玩家在现实世界中死亡，只需要换另外一个肉体来操控角色，虚体依然可以被赋魂，在虚拟世界中继续存在。到目前为止，现实中人类的具身性依然无法超越，人类依然需要依靠肉身的存续和繁衍。虚体则是去身性的，它的存在只需要游戏平台的运营和一个被保存的数据包。因此，电子游戏中虚体的构建逻辑是完全与现实世界迥异的。但虚体需要赋魂的本性，意味着虚体需要观照到玩家的具身性，虚拟世界的构建依然需要移植现实世界的逻辑。这种矛盾性，恰恰是电子游戏世界更具吸引力的原因之一。

由于虚体的去身性，玩家终于可以在游戏世界中获得更为丰富的自由体验，暂时地完成了对肉身的超越。数字技术的发展日新月异，把一个明明是虚幻的却又无比真实的虚拟世界呈现在你的眼前，你可以穿越时空的限制到任何一个场景中去。这些场景可以是拟真的，现实中就存在的，也可以是完全虚构的世界。当你坐在狭小黑暗的陋室，却可以在短短的时间内穿越大漠的落日、丰茂的雨林、伟岸的雪山、磅礴的大海，从古希腊场景中退出来切换到未来的科幻世界，甚至是迷幻绚丽的赛博空间时，那种打破时空壁垒的自由感，真的是太棒了。在游戏的过程中玩家不断地追逐短暂的快感——"心流"，此时，虚体所带来的游戏体验感又是具身性的。

传统游戏与电子游戏的第二重断裂在于游戏精神的失去。今天的电子游戏并不符合传统、经典的游戏的界定，它甚至是游戏精神的背离和堕落。游戏精神是归属于主体的，由于没有灵魂，数字主体自然无法取代玩家而成为游戏的主体。在关于游戏的主体问题上，不管是曾提及于此的中国古代先哲，还是柏拉图、亚里士多德、康德、席勒、弗洛伊德都把人放在游戏的主体地位上。在现实世界里，启蒙运动之后人类获得了理性的自由，相较过去生活在黑暗的中世纪，人类仅能沐浴神的光辉而无法焕发自身的光辉，这一点无疑是进步的。人类刚刚获得了主体性的自由，很快这种自由便在技术的座驾之下被资本贪婪的本性所吞噬。个人不再是具有丰富个性的人，资本的逻辑吞噬一切，“理性的人”被解读为“经济的人”，人是内嵌在资本主义工业和文化工业体系中的生产者和消费者，成为被技术化、物化、货币化中介过的个体，成为马尔库塞所说的“单向度的人”，失去了审美和反思的能力，人被全面异化了。黑格尔认为艺术能够还原外部现象在其中成为精神和自由的显现的地步，这种艺术的还原即人类的解放。马尔库塞承接黑格尔的思想，指出，“艺术创造了既同现存思想和实践领域相抵触又在其范围之内的另一思想和实践领域。……社会的不合理性愈明显，艺术领域的合理性就愈大……艺术的合理性及其谋划存在并确定尚未实现的可能性的能力，因而可以设想为由世界的科学技术改造来予以证明，并在那之中发挥作用。这样，艺术将不再是已确立机构的婢女，不再是美化其事业和不幸的技巧，相反，它将成为摧毁那一事业和不幸的技巧”①。福柯、列斐伏尔、阿多诺亦然从艺术和美学中寻找对抗异化世界的方法。阿多诺把艺术这种社会的精神劳动产品放在了社会的对立面。艺术的素材取自社会，其产生方式体现了其制作过程中各种力量和关系的辩证法，但它的社会性根本就体现于它在社会的对立面。艺术本身是非判断性的，它无法有意识地把肯定和批评的方面分开，也从不服从现存的社会规范并由此显示自己的“社会效用”，艺术的

---

① ［美］赫伯特·马尔库塞著：《单向度的人：发达工业社会意识形态研究》，刘继译，上海：上海译文出版社，2006 年版，第 218 页。

存在就是它对社会的批评方式。以纯粹而固有的品格精心创作的艺术是对人遭到贬低的生存状况的一种无言的批评，艺术是精神生活，它将这种精神生活凝结于艺术作品中。[①] 艺术有助于变革社会，尽管是以隐蔽、无形的方式展开的。这些思想家希望通过艺术审美进行具身性的反抗毫无疑问是苍白无力的，人类没有因此而获得救赎，甚至就连艺术也被可复制的技术和资本的入侵所遮蔽，成为虚假的幻象，成为资本主义文化工业中的一部分，失去了其最为重要的社会效用。与此同时，游戏恰恰是这全面异化中的裂隙，它一直潜藏在文化工业之下，渗透人们的日常生活之中，既没有被抛弃也没有被展示。但现实世界的全面异化也导致了传统游戏的生存空间越来越小，只能以裂缝的形式存在，才能成为人追求自由的缺口。

电子游戏的诞生得益于科学研究的灵光一现，其盛行却是得到了资本和技术的双重加持。电子游戏具有包容万象的复杂性和系统性，一款电子游戏的诞生需要大量的资金和高新技术的支撑，还需要耗费游戏设计者很长时间的努力才能被放置到公众面前。资本的本性决定了电子游戏担负着资本增殖的重任。在电视媒体时代，资本需要的是让观众坐在电视机前不离开的节目，为了吸引观众，电视节目把所有的内容都用娱乐的方式表达出来，使思考不受欢迎，内容的严肃性也被消解了。而在电子游戏时代，电子游戏的任务就是吸引玩家不停地玩下去，不要离开自己的电脑、游戏手柄和手机。于是，游戏设计者们必须熟知各种各样的心理学效应，利用声音、图像、叙事、奖励等在极短的周期内给玩家循环不断地刺激，让他们在玩游戏时不断地感受到生理和心理上的快感，即“心流”，或者陷入迷局之中不得不继续进行挑战，只有不断玩的行为才能为资本

① ［德］西奥多・阿多诺著：《美学理论》（修订译本），王柯平译，上海：上海人民出版社，2020 年版，第 125—126 页。

创造出足够的价值。娱乐是人的需求之一，游戏本身也具有娱乐的功能，但是资本对娱乐的渴求会让一切游戏的机制向娱乐性倾斜，弱化了游戏本身的价值感，没有给游戏精神的表达留出足够的空间。一款不好玩的游戏自然不能成为流行风尚也无法给资本带来丰厚的利益，因此，不能称之为一个好的游戏。而一个丧失了游戏精神的游戏，用华丽的视听和及时的奖励让玩家耳聋眼瞎，大脑退化成不加思考的自动机器，失去了关切自身、走向自由和对真善美的终极求索，这样的电子游戏也是被剥夺了精神和本质的游戏，是被异化的游戏，借用马尔库塞的概念，可以称其为“单向度的人”。

传统游戏与电子游戏的第三重断裂在于游戏不单纯是游戏而成为一种产业，成为资本家发展新型数字剥削方式的场所。在古代，体育竞技被视为人类对自身极限挑战的游戏，不管东方还是西方，任何时代都广受欢迎。因此，资本看到了商机。在现代，资本将体育竞技职业化之后便脱离了传统游戏的母体，成为现代资本产业链的一部分。运动员被生产出来，资本组织了体育产业的运行，并获得了丰厚的回报。尽管体育竞技成为资本逐利的对象，在资本的泥潭中不时爆出些丑闻，但毫无疑问体育精神依然在星空闪耀，还没有失去游戏的本真含义。数字时代，电子游戏成为资本的宠儿，吸引越来越多的玩家并把他们变成了资本产业链条上的数字民工。玩家的玩既是消遣的行为，也是生产行为。玩家既是游戏者，也是生产者，是生产了庞大数据的数字劳工。玩家生产出的数据经过技术的处理可以为数字资本平台提供利润的流量，而这些流量所提供的利润又反过来被数字资本无偿占有，成为数字时代新型的“剩余价值”。数字资本不仅获得了玩家在游戏中消费的部分利润，还无偿占有了玩家的数字劳动。玩家对资本的剥削毫无知觉，即便有所感应也对此表现得漠不关心。电子游戏产业为资本家贡献了巨大的超额利润。外媒 Games Industry 宣称，2020 年全球游戏市场总值达到

1749 亿美元，其中收入的 74% 来自“氪金”。尽管到目前为止玩家消费还是游戏业营收的最主要的组成部分，但可以预测未来数字资本对玩家数字劳动无偿占有的部分所贡献的利润将获得更大的比重。毕竟，数据并不能直接转化为利润，庞大的数据需要经过处理，用在特定的方向才能够变成巨大的财富。谁掌握了数据，并拥有处理数据的能力，谁就能从中获利。失去了游戏精神，又成为数字资本的剥削场所，被技术和资本绑架的电子游戏似乎失去了美好的滤镜，不再是古典游戏理论家们所说的那个能够让人追寻自由、完善自我的所在。然而，这并不意味着电子游戏就必然成为主体的葬身之所。当下期望重新发掘传统游戏的价值，并用其取代电子游戏的地位也不是绝无可能的。数字化、网络化、信息化已然使人类的生存方式发生了巨大改变，数字时代已然来临，尼葛洛庞帝在《数字化生存》中描绘的图景已经在现实中迅速展开。电子游戏已经成为一种生活方式，而不仅仅是游戏那么简单，要想打破现实的桎梏还需要从电子游戏中寻找解放的潜能。

三、数字时代主体性的复归

海德格尔在《巴门尼德》中说道，手和词语是人的本质特征，人通过手来行动，通过手写来对词语进行直接的把握。在传统游戏中正是如此。人们在游戏中直接面对彼此，人与人之间的互动是直接的，关系是全面的，而无须他物做中介。人在游戏中表达的也是完整的自我，在传统游戏中人始终是处于主体地位。在赫伊津哈看来，游戏是生活的一个最根本的范畴。他用了大量的文字来论述不同文化语境中的游戏概念，并指出，在《德语词典》里关于游戏和游玩的详尽条目中可以说明的第一个要点是“动词与其谓词的联系”。不管是德语（een Spieltreiben，做游戏）、荷兰语（een Speil doen，做游戏）还是英语（play a game，玩游戏）等日耳曼语系都在游戏这个词之前有个从事游戏这个行为的人，他通过游戏这种本能性的行为去玩儿，以游戏的方式来生活，并提高了社会生活的价值，发展出了文明的种种形式。在传统游戏与游戏者的关系中，游戏并非处于客体的位置，而是对游戏者状态的呈现，是对参与其中的游戏者进行时空限定的方式，游戏是一套规则的集合，是一个想象力的空间，在游戏时空中主体和主体之间互相合作和博弈，自然生成了一种主体间性的表达和构建，完成了“玩”这一行为。尽管哲学家宣称现实世界的主体已经消亡，在异化现实的裂缝里传统游戏依然给主体预留了一席之地。传统游戏其最根本的缺陷在于，尽管游戏是人的本能，是文化的基础，人类永远无法拒绝游戏，但它始终是一种背景性的存在，“大部分被神圣的领域所吸收，剩下的那部分则结晶为知识：民间传说、诗歌、哲学、司法生活和社交生活的各种形式。原初的游戏因素于是便差不多完全隐匿到文化现象背后去了”[①]。传统游戏在以往的任何时代都没有成为限定人们生活方式的主要因素，反而是技术的变革形塑了不同时代人们的生产和生活。现实世界最强大的宰治力量就是技术和资本，游戏作为人的本能，同游戏的主体一样，被打入了现实的裂缝中。主体的消亡伴随传统游戏的衰落，“但是，在任何时候，即便在一种高度发达的文明中，这种游戏的‘本能’都会以完满的力量重新肯定自己，把个人与大众淹没在某一游戏的狂喜中”[②]。电子游戏的诞生和兴盛恰恰对应了这样一场数字时代的狂欢。

---

① ［荷兰］约翰·赫伊津哈著：《人：游戏者》，成穷译，贵阳：贵州人民出版社，2019 年版，第 44 页。

② ［荷兰］约翰·赫伊津哈著：《人：游戏者》，成穷译，贵阳：贵州人民出版社，2019 年版，第 44 页。

尽管技术造成了传统游戏和电子游戏的割裂，资本消弭了后者的游戏精神，但是电子游戏还是以现代的方式承接了传统游戏的衣钵。尽管数字主体并不能等同于玩家成为电子游戏的主体，但它却以独特的方式与现实中的玩家互动，二者互相建构赋予玩家寻回主体性的潜能。

一方面，电子游戏构建了一个平行于真实世界的虚拟空间，并与现实世界深度纠缠构成了一个“元宇宙”。“元宇宙”的本质是一种虚拟空间和现实世界的沟通与融合。就目前来看，虚拟空间正在一步步地扩张，把越来越多的数字移民容纳其中，而越来越多的新生代自然而然地成为“元宇宙”的原住民。“元宇宙”在一定程度上移植了现实世界的规则和范式，也创造了属于自己的新的规则和范式。它与现实空间存在的距离感，给一些数字移民带来了新的生存方式。Rune Scape 是一款 2001 年发行的可以通过网页登录的大型多人在线角色扮演游戏，因为它对电脑硬件的配置要求很低，许多由于国内动荡不安而无法维持生计的委内瑞拉人便涌入了这款游戏“打金”——在游戏中赚取游戏币并将其交换成真钱，每月可以获得委内瑞拉人均月收入的两倍甚至三倍。于是越来越多的打金者涌入 Rune Scape 占据适合赚取游戏币的地方，导致大规模的玩家和打金者的冲突，甚至有人编写了如何追捕、杀死和侮辱打金者的指南。许多玩家认为尽管打金者生活困难，但是他们的行为破坏了游戏经济和规则，应该受到惩罚。于是游戏官方大规模封禁委内瑞拉打金者的账号，打金者不得已转到了其他的游戏平台继续其“打金”事业。这是一场接壤了真实世界和虚拟世界的博弈，而二者之间的交互远不仅如此。起初，有趣的虚拟世界成为现实中异化的人的避难所，而后虚拟世界和真实世界彼此融合、重构。这二者的交融为电子游戏开拓了更广阔的空间，也将产生更为宏大的“元宇宙”，为现实世界中的生存提供了更多可能。“现实已经破碎，而我们需要创造游戏来修复它。”[①] 从玩游戏中得到的满足感是一种无限可再生资源，可以激发积极的情绪、极端的努力，创建坚持到底、一起完成奇迹事业的社群。这种游戏的原则是充分利用网络游戏的带宽、玩家的智慧来塑造一种可持续性更强的参与式经济，改变现实世界中的诸多问题。在《游戏改变世界：游戏化如何让现实变得更美好》中，简·麦戈尼格尔提出把游戏场景引入现实，通过游戏化来应对压力、挑战和痛苦。

另一方面，游戏玩家有一种强大的可组织性。按照巴迪欧的思想，从社会发展的纬度来看，我们似乎很难找到一个绝对的外部性力量来产生变革，因此，需要在内部发现一种具有“外部性”的力量。这种力量虽然看似将已有的那种宰制性力量发挥到极致，却有可能在内部形成断裂，进而触发变革在内部产生。“元宇宙”的内部也蕴含这种“外部性”的可能性。从特定的语言到新兴的交往方式，玩家开发着各种各样“玩”的方式，尽力穷尽一切程序化之下的可能性，把电子游戏中的各种因素进行重组与嫁接，形成其独特的组织性和规则性。

相较传统的面对面的社交，电子游戏是一种非常有效的社交方式。传统社交和传统游戏中受到身体、地域等因素的限制，人参与公共事务和平台的机会是有限的。在数字时代，电子游戏赋予了构建超级合作和超级结构的潜能，超结构“不同于现有的任何组织，它应该是人、技能和工作的全新组合”[②]，任何团体都可以加入进来，为一些需要最大规模的人参与解决的问题（饥荒、流行病、气候变化、经济崩溃或者网络安全等）而努力。2009 年，20000 多名英国人联手在网上调查英国议会史上最大的一件丑闻，他们通过一个游

---

① ［美］简·麦戈尼格尔著：《游戏改变世界：游戏化如何让现实变得更美好》，闾佳译，北京：北京联合出版公司，2016 年版，第 9 页。

② 同上书，第 307 页。

戏《调查你处议员的开支》在80个小时内审查了1.7万份文件，访客参与率高达56%，最后导致数十名国会议员辞职。还有一款非营利性游戏《免费稻米》，玩家通过回答一些词汇问题赢得虚拟稻米，游戏结束时虚拟稻米会转换成真正的稻米捐给联合国粮食计划署来帮助对抗世界饥荒。类似的事件还有很多，这些与现实世界平行存在的结构和力量在一定程度上也造就了一个可能与现实世界抗衡的世界，成为公共性的维度和平台，如果在这个世界中产生出了对自由游戏精神的追求，亦有可能外化为一种现实的变革，这种革命性必然集中体现为“革命”的玩家。这种架构于电子游戏之上的空间的生产，其生产出的既是虚拟空间，也是公共空间，因而公共建构的潜能将成为共同体的摇篮。于是可以想象，一种数字游戏共同体的“超结构”和基于此的“数字共产主义”的游戏乌托邦的诞生。

在“数字共产主义”的乌托邦中，游戏化成为根本性的生存方式。游戏重新成为人的本能。人以游戏化的方式学习、工作和生活，工作与生活的区分消失，人们得以更丰富地体现自身的价值。“元宇宙”与现实世界完全交融互联，万物互联，构建了“超结构”的数字共同体。数字劳动无处不在，玩家同时生产、消费、玩乐，充分占有自己的价值，平台资本主义不复存在，而被玩家的“超结构”取代。毋庸置疑，电子游戏仍将高歌猛进势不可挡。谁掌握了数据和处理数据的技术，谁就掌握了未来。

韩国电子游戏的引进与新自由主义的兴起*

曺銅元　邢青青**译

一、电子游戏的引进

1972 年街机游戏“Pong”（ATARI）在美国一经问世便广受欢迎。1973 年 6 月，韩国首次引进了该游戏。1978 年，日本的“太空侵略者”（TAITO）被引入韩国，电子游戏厅开始在韩国流行起来。

“Pong”也曾进入韩国市场，但没有得到广泛传播。因为韩国一般将其安放在茶馆或面包店内，但这些地方不是游戏的主要场所，没能打开韩国市场。游戏市场爆发式增长是在“太空侵略者”进入韩国后。如果问什么样的孩子会去玩“太空侵略者”——那些曾经在操场玩耍的孩子都会成群结队地涌向游戏厅去玩。

20 世纪 70 年代末随着“太空侵略者”风靡韩国，电子游戏厅如雨后春笋般出现在韩国各地，市场需求激增，首尔清溪川电子商业街因此出现了电子游戏基板的盗版和游戏机生产、

---

* 本文原标题为《1970 年代末韩国电子游戏和新自由主义数字文化的形成》，原刊韩国学术期刊《韩国科学技术研究》（『한국과학기술』）2020 年第 20 卷第 2 号 171—199 页，是同名论文的简本。本文的核心主张是，当新自由主义在 20 世纪 70 年代末的韩国成为一种国家政策时，电子游戏的出现也在大众文化的层面形构了新自由主义数字文化的滥觞。

** 曺銅元（조동원），韩国科学技术院科学技术研究中心研究教授；邢青青，自由翻译者。

销售的一条龙产业，韩国的电子游戏产业在电子产业的带动下开始崛起。[①] 如果说“太空侵略者”向人们打开了电子游戏世界的大门，那么 1981—1982 年进入韩国市场的“大蜜蜂”［“小蜜蜂”（南梦宫，1981 年）的复刻版］则一跃将电子游戏提升到大众文化的地位。“大蜜蜂”在韩国取得了超高人气，据说当时电子游戏厅有一半以上是玩“大蜜蜂”的游戏机。

当时，社会普遍对游戏厅里的电子游戏持否定态度，人们认为，“孩子们在昏暗的游戏厅里玩游戏是廉价低级的娱乐活动”。但实际上电子游戏具有划时代的意义。尤其电子游戏是首个面向大众的互动式新媒体，数字大众文化由此起源。并且考虑当时的时代背景，电子游戏可以说是新自由主义首次被介绍到韩国社会的一种渠道。本文意在将电子游戏厅里的电子游戏放到当时韩国的政治经济大背景下进行讨论，同时揭示韩国新自由主义数字文化形成初期的历史。

二、电子游戏（厅）——规则·消费·投资·竞争的数字化训练（场）

从操场转移到电子游戏厅的孩子们可以通过视觉、听觉和触觉与机器实时互动，电子游戏给他们带来了前所未有的全新娱乐体验。但是电子游戏厅并不仅是游乐场，电子游戏还具有开发新自由主义特性的潜力。这是因为，电子游戏（厅）是规则·消费·投资·竞争的数字化训练（场）。

第一，电子游戏是一种遵守规则的训练。当时的电子游戏是以

① 详细情况请参见游戏论·历史的维度 | 横跨东亚的潜流：韩国电子游戏机盗版史，https：//www. thepaper. cn/newsDetail_forward_5814893。

具有完善规则的动作类游戏为主，考验玩家的高度集中的注意力、眼睛和手的协作能力、迅速的反应能力。玩家擅长玩游戏也就意味着对游戏规则驾轻就熟。与这种新媒体互动游戏的过程就是遵守规则的过程，只有这样才能使游戏持续更长时间，增加游戏的趣味性。电子游戏并未强制玩家遵守规则和处罚玩家，而是通过各种奖励和补偿的方式激励玩家参与到遵守规则中。

第二，那些从不在操场或社区巷里花钱的孩子会为了游戏而消费和投资。电子游戏须“投币”才能启动，当玩家挑战到高难度阶段，分数逐步上升时，就会体验到成就感。为了再次获得游戏的快感，玩家会继续投币参与游戏。投币增强了游戏的商业化，玩家为了好胜心、竞争心，或者为了获得奖金、高分会继续投币。投币对玩家来说不只是再次玩游戏的机会，也是为了进一步提高游戏技术进行训练的一种投资行为。

第三，电子游戏也是人们适应个性化竞争的过程。游戏本身是竞争的延续。更进一步说，玩家熟悉游戏技术、不断提高等级获得高分的过程，不是通过（之前在操场或社区巷里玩的游戏）集体形式，而是以个人的身份实现的。电子游戏用分数来计量熟练度和技能，出现了高分的存档和高分者的标识，这实际上是将得分个体化的一种机制。

第四，玩游戏的训练过程同时也是在信息社会里提升必不可少的数字信息技术利用能力的过程。使用以电子信息设备为媒介的电子游戏就是熟悉机器的过程——比“电脑”更早地和电脑熟悉起来。尼古拉斯·尼葛洛庞帝认为，孩子们通过电子游戏学到了（数字支配时代的）“战略和企划能力这一生活技能”。克莱恩、威瑟福特与皮特认为电子游戏是玩家今后“为数字化部门工作的训练场”。

最终，在操场玩耍的孩子们寻找到了新的娱乐场所——电子游戏厅，这使他们第一次接触电脑，从中学到了信息化时代的游戏、劳动和生活。玩家通过游戏这种微观行为，在感觉与知觉中重建价值体系和行为方式，并且与那个时代的宏观社会体制及倾向相吻合，促进了大众文化向新自由主义的转换。

三、新自由主义的经济政策与社会的开放化、自由化

20 世纪 70 年代后半期，石油引发的能源危机、海外市场的贸易保护主义跟出口低迷、开放进口造成的压力、重工业的过度投资等问题叠加在一起，加剧了韩国的经济危机，尤其从 1978 年开始韩国的国际收支恶化、经济出现负增长（1980 年为 -1.7%）、物价飞涨。朴正熙独裁政府在 1979 年 4 月颁布“经济稳定综合政策”，宣告了 20 多年来政府主导的以出口—增长为主的经济开发政策的失败。该政策包括精简政府职能、调整经济结构、保证市场自由等内容，韩国通过该政策本有望向新自由主义经济体制转变，但由于独裁的惯性，该政策未能顺利推进。新自由主义的转换在这一时期没能实现。

从 1979 年 10 月开始，韩国社会相继发生了釜马民主抗争、朴正熙遇刺事件、全斗焕领导的新军部掌握政权、1980 年 5 月扩散至全国的紧急戒严事件、光州事件、民主化运动的武力镇压，以及第五共和国最终在 1981 年诞生（军事独裁的延续）等一系列政坛剧变。尔后在美国的支持下，全斗焕新军部重启了以经济稳定化、市场开放、经济自由化为基调的新自由主义改革。众所周知，新自由主义追求的是减少国家干预，但实际上新自由主义的政治哲学假定了一个作为稳定市场社会的生产者和保护者的强大国家。因此，新自由主义理论家们并不像支持 1973 年智利军事政变那样支持 20 世

纪 70 年代末美国和韩国的统治势力，他们认为这些统治势力没有以民主主义为基础，反而是遏制民主主义的独裁势力的新军部更适合新自由主义的扩散。20 世纪 80 年代初中期，全斗焕政府颁布了银行民营化、废除特惠利率、发展第二金融圈等一系列政策，推进金融自由化。虽然这些政策以克服过去经济增长的弊端为由在一定程度上牵制了三星和金星（LG）等财阀企业，但最终却让财阀企业更容易实现资本的筹措，给企业带来了新自由。另外，随着韩国实施了抑制物价上涨、工资冻结、财政紧缩等强制措施，不平等现象开始加剧，加重了工人和百姓的痛苦。

“以市场竞争代替计划经济，企业代替国家成为经济的主体”，这一转变“并不仅限于国家经济政策层面”，同时也延伸出整个社会的开放化、自由化。但由于军事独裁统治的持续，开放化、自由化只能在独裁统治的监督下有限地展开。首先，在政治上，1979—1980 年在野党、在野阵营、学生运动阵营、劳动者罢工等要求“政治自由化”的呼声和运动愈演愈烈。1980 年 5 月，新军部武力镇压发起于光州的民主化运动。其次，在经济上，在实施抑制工资和紧缩财政政策的过程中，经济运行方式的变化也体现为暴力性的经济自由化。由民间主导经济的运行，政府通过进口自由化和降低关税推动对外开放，同时直接制裁跟不上形势的企业，政府持续着对“民间”经济的支配。最后，在文化上，文化部表示，“在新自由主义的局面下，政治、经济、文化三者的关系被更占优势的经济所决定，文化虽然在政治管制中更加自由，却受到了经济方面的诸多限制”，但也算是实现了自由化。韩国开始出现彩色电视节目、政府引入了职业体育制度、解除宵禁以延长劳动时间和消费时间，以及允许代表“生活方式”的校服和发型自由化，这些措施在一定程度上激活了市场，推动了商品消费市场的自由化。

四、电子游戏——新自由主义和数字文化的交织

这种新自由主义的政治、经济体制与电子游戏在当时形构的数字文化是如何交织在一起的呢？首先，自由有了新的经验，即前文所说的文化自由化，即使最终文化的自由化是市场的自由化，但它也是从以前的政治压迫中解放出来的，极大体现了其自由的价值。罗杰·卡约瓦认为，“游戏的源泉是根本的自由。这种自由是人们休息的欲望，也是放松心情和改变生活的欲望，它是游戏不可或缺的原动力”。如果说自由是游戏的源泉和原动力，那么游戏厅的电子游戏也可以被称为从原有的压抑中获得解放的自由经验。在实现自由化的时期，人们开始投入到自由的需求、时间和活动中，开启了不同于以往形式的规则和劳动。正如前文提到的那样，电子游戏以互动的方式和非可视的形态训练玩家遵守游戏规则的过程，非常符合当时（在政治上更加自由的同时受到经济方面制约的）文化自由化的时代特征。

韩国的文化自由化在20世纪70年代就已经初现端倪。在20世纪70年代的青年文化产业化后，韩国出现了大量媒体，形成了大众化社会，消费文化逐渐扩散，主要表现为“个人主义的脱轨行为”，当时媒体批判这种行为是“颓废、奢侈、虚荣、堕落”，但这是当时的青年为了摆脱朴正熙政府为长期执政推出的“维新体制……祖国近代化和整体团结”的规范而做出的反抗。然而，作为“祖国近代化”的执行主体却通过拒绝和回避规范进行抵抗，最后演变成追求“个体文化消费”的自由选择，他们遵循的是关于市场逻辑和商品消费的全新规范。当时的青年一代正是以全新的方式熟悉新规范——身处社会文化的变动中，被视为“脱轨”场所的电子游戏厅也属于

其中的一种新规范。

没有参与这种脱轨式抵抗的大多数人不得不适应逐渐竞争化的社会。尽管当时的维新体制强调国家民族的和睦团结，但 20 世纪 70 年代韩国社会已经逐渐变成个人主义的生存竞争社会。李尚禄认为，20 世纪 70 年代随着人们的收入因学历差距越来越大，呈现两极化态势。人们竞相追逐“好工作”，高考的竞争也变得更为激烈，“在公司内部，员工对代理—科长—部长等职位的追逐竞争，以及人们为了买房的收入竞争”愈演愈烈。在 20 世纪 70 年代维新体制和产业化的秩序下，个体竞争已经渗透生活的各个角落。这一现象可以解释为“为了成为资本价值更高的主体，不断提高自我能力的‘经济人’的新自由主体统治体制”。在 20 世纪 60 年代后期的韩国就已出现个人化的以“自由・竞争”为媒介，以“自我经营的企业家”为实践形态的“新自由主体统治体制”。而游戏厅中的电子游戏大多是关于个人竞争的游戏，这与当时的现实变化相当吻合。

当竞争在 20 世纪 70 年代变得激烈时，平等问题被人们看作“机会的平等和公平的竞争”，平等意味着“公平的游戏规则”。但是随着地缘和学缘变得日益重要，受贿现象频繁出现，出现了许多不遵守公平的游戏规则的现象，现实中的差距和不平等越来越严重。电子游戏是一种遵守规则的游戏形式，这种新的“公平竞争”方式会使玩家在游戏中得到训练。此外，电子游戏的个人竞争也与这种规则相呼应。换句话说，电子游戏等数字媒体为使用者提供了与机器的实时互动，使参与竞争的个人在游戏中得到关于自我意志开发的高度体验。

自由市场的规则扩展至休闲、娱乐和文化中，首先需要一个从现有政治制度的压迫中解放出来的过程。新技术和新设备都站在这种变化的最前列。在电子游戏开始流行的 20 世纪 70 年代末 80 年代初，接连出现了录像机、彩色电视机、随身听、家用游戏机、个人电脑、数据通信等新设备，这些都是能拓展消费文化、以集成电路（IC）为基础的个人便携式信息媒体设备。伴随着这些设备的出现，人们的消费支出从耐用品转向娱乐服务，服务经济与信息经济逐步发展起来。据大卫·哈维介绍，后福特主义的灵活生产模式加快了生产部门的资本周转时间，与之相适应，交易与消费部门的资本周转速度也加快了，其中消费领域的变化最为突出。另外，随着流行法则席卷消费者市场，不只是服装，人们对其他生活方式和休闲活动的消费速度也变快了，并且与物理性商品相比，寿命短的服务性商品的消费大幅增长。电子游戏正是伴随当时消费部门的这两种变化出现的。以电子游戏“可怕的流行”为开端，20 世纪 70 年代末韩国同时涌现出许多数字媒体设备。20 世纪 80 年代初，全斗焕政府为扶持以财阀、大企业为核心的信息产业实施了信息化政策，自上而下地使上述发展倾向得以正式化，并为其大规模发展创造了有利条件。玩家从投放硬币玩游戏厅的电子游戏开始，养成了娱乐消费的支出和投资习惯，它恰好与这种消费文化和服务经济相吻合。

信息技术、数字新媒体的普及与新自由主义体制的引进同时出现并非偶然。大卫·哈维认为，新自由主义体制试图将人类行为引向市场领域时利用了数字信息技术。新自由主义体制通过时空压缩解决了市场交易密度增加的难题，而之所以能压缩时空，就是靠信息通信技术迅速实现的。查理·基尔也认为，20 世纪 70 年代末自电子游戏出现后开始普及的个人电脑技术，与新自由主义结构性调整后重构的资本主义现实是相适应的。新自由主义对电脑的非凡能力，尤其是对能管理相互连接的复杂市场的互联网给予了高度关注。曾作为反文化代表的快乐主义与消费者呼吁保障自身权利的新自由主义非常吻合。与此同时，电脑和互联网等新的交流方式与声称“选择、解放、个人成就”的新自由主义意识形态可以一同在市场销售。

20 世纪 80 年代初，信息技术的普及和信息产业的振兴加速了韩国数字文化的形成，同时为新自由主义体制奠定了坚实的技术基础。金瀚相指出，在20世纪80年代韩国信息技术和自动化的发展趋势下，出现了响应灵活性和流动性的移动体系的重组，可以自我改变的人类主体性开始崛起。同样，电子游戏厅的电子游戏其超前的数字媒体技术成为与新自由主义相匹配的主要媒介和发生地。二者具有互补的作用，当时韩国的社会变动成为数字媒体大众化的结构性条件，与之相对，数字技术媒体又成为韩国社会变动的文化推动力。

中国电子游戏产业的演进与突破：机构、平台与玩家的多维透视

路　珏　郜子学*

引　言

“过去的五年，中国电竞产业搭乘政策快车，同时也在产业链各方推动下，获得快速发展，是中国电竞产业发展的黄金阶段……随着产业持续加码和大众认可度提升，电竞不断突破固有的边界，正在从社区文化向流行文化跃迁。中国已成长为全球电竞产业的最大市场，并在近两年内迈入新一轮的产业爆发阶段。”①

无论是电竞核心观众还是赛事营收，中国电子竞技均站在全球电子游戏产业发展的前沿。电子竞技的迅猛发展，正是21世纪以来中国电子游戏行业惊人发展的缩影。机构、平台和玩家三方面共同支撑起其发展。网络游戏、电子竞技以及单机游戏各自领域所面临的挑战和冲突，体现了我国电子游戏行业的国家政策、市场结构和平台战略及其玩家群体的影响和共同作用。政府态度转变和政策扶

---

* 路珏，上海体育大学新闻与传播学院讲师，复旦大学新闻学院博士后；郜子学，美国肯塔基大学新闻与信息学院副教授。

① 《中国电竞运动行业发展报告（2021）》，2021年6月16日，https：//re. qq. com。

持，平台资金投入和推广，玩家群体破圈是中国电子游戏从无到有，乃至成为引导全球电子游戏领军者最主要的因素。

一、中国电子游戏：从“追随者”到“引领者”

当前，中国拥有世界最大规模的电子游戏市场。截至 2020 年，中国电子游戏的规模高达 278 亿美元，美国和日本分别以 195 亿美元、122 亿美元位列第二和第三。[①] 中国游戏产业基础薄弱，能有如此成绩绝非易事。20 世纪 80 年代，电子游戏起步于中国南部沿海地区的走私，未获得政府授权的小商贩贩卖盗版游戏机的情景随处可见。20 世纪 90 年代，随着互联网的普及，中国市场逐步出现网络游戏。这些网络游戏源自西方游戏开发商，但会根据中国玩家的喜好有所改版。而国内主流媒体将游戏厅描绘成“犯罪窝点”，视游戏为“电子鸦片”，甚至诱使青少年道德败坏、行为失当，甚至不再遵纪守法。[②] 而网吧作为年轻人体验网络游戏的首选场所，更是成为舆论的众矢之的和政府重点监管对象。

21 世纪初期，中国的网络生态重塑着官方话语体系，政府机构对游戏的态度有所转变。韩国成为全球网络游戏新“帝国”[③] 的文化发展的成功案例令中国政府充满期望，但同时也带来了紧迫感。韩国网络游戏最先抢占中国市场。[④] 对此，中国政府部门制定了一系

---

① Statista：Video Games Worldwide，https：//www. statista. com/outlook/203/100/video - games/worldwide#market - revenue.

② Zhang，L.，“Productive vs. Pathological：The Contested Space of Video Games in Post - reform China（1980s - 2012），” International Journal of Communication，2013，No. 7，https：//ijoc. org/index. php/ijoc/article/view/2066/1016.

③ Jin，D. Y.，Korea's online Gaming Empire，Cambridge，MA：The MIT Press，2010.

④ Chew，M.，“A Critical Cultural History of online Games in China，1995 - 2015，” Games and Culture，2019，No. 3，pp. 195 - 215.

列政策，试图从政府层面扶持文化产业发展，尤其是扶持能成为新经济增长点的电子游戏产业，以此培育中国品牌的电子游戏产业。①

中国经济在改革开放后经历了从计划经济到市场经济和政策转变的不同阶段。② 第一阶段是1978—1991年的“引进邀请”，即以引进外商在华投资为主；1992—2001年则是“与世界接轨”的第二阶段，以适应国际惯例和全球市场活动为主；第三阶段则是从2001年中国加入世界贸易组织（WTO）为标志的“走出去”阶段，以探索海外市场并以融入世界为目标。中国电子游戏的发展跟经济轨迹几乎契合。电子游戏亦起步于20世纪80年代。不同的是，游戏是以自下而上的形式反向进入，由玩家自主选择，而非政府刻意引进促成游戏的发展。这也导致政府最初对于游戏政策的制定和监管，是以事后治理为主。

2002年是中国电子游戏进入新阶段的节点。显著特点是电子游戏呈现爆发式的增长③，表现在玩家规模和游戏创收上，中国也成为世界最大的网络游戏市场。机构、平台及玩家三维度显示其发展的新特征和趋势：机构在经历前期的适应摸索后，借鉴韩国电子游戏模式的成功经验，整合政府部门和商业机构的职能和优势，以全球化合作的方式，推进打造自有游戏品牌的建设④；中国游戏开发商面对海外游戏的竞争，凭借本土化的举措抢占市场，并赢得玩家青睐。

---

① Tai, Z., “Setting the Rules of Play: Network Video Game Policies and Regulations in China,” Iowa Journal of Communication, 2010, Vol. 42, No. 1, pp. 45 – 71.

② Zheng, Y., Pan, R. “From Defensive to Aggressive Strategies: The Evolution of Economic Nationalism in China,” in A. P. D'Costa (ed.), Globalization and Economic Nationalism in Asia, Oxford University Press, 2012, pp. 680 – 714.

③ Chew, M., “A Critical Cultural History of online Games in China, 1995 – 2015,” Games and Culture, 2019, No. 3, pp. 195 – 215.

④ Jiang, Q., Fung, A. Y., “Games with a Continuum: Globalization, Regionalization, and the Nation – state in the Development of China's online Game Industry,” Games and Culture, 2019, No. 7 – No. 8, pp. 801 – 824.

互联网的普及和庞大的网民体量，进一步助力中国电子游戏飞速发展。庞大的网民规模意味着网民红利，促使中国两代互联网巨头，第一代三大门户网站（搜狐、网易和新浪）以及当前的三大互联网公司（百度、阿里巴巴和腾讯）均涉足游戏行业，并处于绝对的行业领先地位。5G 技术、智能手机和更为庞大的手机用户，为中国弯道超车成为全球领先的手机游戏市场提供了理想的土壤。①

海外游戏进入中国市场，需与中国游戏发行商合作的硬性规定，更促成了所有大型游戏发行商跟海外游戏公司建立收购、结盟或营销的多形式合作关系。作为中国最早的游戏公司之一——盛大游戏（现已更名为盛趣游戏）为网络游戏探索出崭新的业务模式。盛大游戏最早以代理韩国网络游戏《传奇》版权的形式推入中国市场，并以网吧合作的方式快速推广。

2006 年左右，中国游戏开发商利用地缘优势和文化亲近性，将东亚和东南亚视为主要出口对象，以合作伙伴甚至设立子公司的形式，推进“走出去”计划。② 截至 2020 年，中国游戏在海外市场销售额最高的四个国家依次是：美国（30.9%）、日本（22.4%）、韩国（14.3%）以及德国（7%）③，体现出中国游戏“走出去”的定位和策略：确保亚洲的领先地位，推进欧美市场。腾讯于 2011 年收购的由美国拳头游戏开发的《英雄联盟》，成为第三阶段“走出去”的标志。开发商推广业务至海外市场，凸显了由“被动防守”转变为“主动出击”的战略变化。

---

① Tai, Z., Hu, F., "Mobile Games in China: Ongoing Industry Transformations, Emerging Game Genres, and Evolving Player Dynamics," in D. Y. Jin (ed.), Mobile Gaming in Asia: Politics, Culture and Emerging Technologies, Dordrecht: Springer, 2017, pp. 173 – 190.

② 宫玉选、郭靖编著：《中国动漫游戏海外发展报告（2018）》，北京：社会科学文献出版社，2018 年版。

③ 《2020 年 1—6 月中国游戏产业报告》，中国音数协游戏工委与中国游戏产业研究院，2020 年 7 月 30 日，http://www.cgigc.com.cn/gamedata/22132.html。

二、电子竞技：从“零基础”蜕变“全球领先”

电子竞技是增长速度最为惊人的游戏领域之一，甚至“已取代韩国成为全球电子竞技的‘圣地麦加’，并超过北美和欧洲成为世界最大的电子竞技市场”①。

电子竞技始于20世纪90年代的韩国。2000年，韩国创办了首届世界电子竞技大赛（WCG），不仅吸引了全球玩家的关注，而且壮大为一项全球盛况的体育赛事。对于中国游戏玩家而言，这种全新的游戏模式不仅改变了玩家对游戏玩法的认知和想象，更改变了中国游戏行业的发展轨迹。中国曾直接照搬韩国电子竞技赛事模式，但因赛事组织混乱、赞助缺失、知名选手匮乏，始终无法像韩国般推动电子竞技赛事发展。直至2005年，李晓峰的横空出世，蝉联世界电子竞技大赛“魔兽争霸”项目冠军，以一己之力扭转了国内赛事的发展颓势。国内媒体对于中国电竞首位世界冠军的正面报道，助推了电竞发展的新思路。

中国电子竞技起步虽晚，但因竞赛性和团队性以及政策扶持等因素，走上了跟其他电子游戏不同的道路。第一阶段是中国电子竞技的产生并职业化的萌芽期（1998—2008年）。电子竞技率先被中国国家体育总局于2003年定义为正式的体育竞赛项目。来自体育赛事管理最权威的官方机构的接受和认可，是电竞朝职业化方向发展的关键一步，不仅消除了“无所事事”“不良行为”的污名化，而

---

① Yu, H., “Game on: The Rise of the Esports Middle Kingdom,” Media Industries Journal, 2018, No. 1, pp. 88 – 105.

且上升至竞技体育的地位。2006 年，国家体育总局出台规章制度，进一步规范赛事管理，为全国举办电竞赛事扫清了障碍，甚至成立了电子竞技国家队。

第二阶段是中国电子竞技走向成熟的腾飞期（2009—2013 年）。在电子竞技成为正式比赛项目后，管理制度的规范化以及全国性的推广，越来越多的区域或全球性赛事在中国举办，推动着中国电子竞技的全方位发展：职业选手频繁参与海内外各类赛事，普通玩家介入电竞活动，而游戏发行商等平台是最大受益者。通过参与相对已成熟的海外赛事，游戏制造商和发行商拓展眼界，获取经验，迅速成长。在这样背景下，腾讯游戏于 2010 年率先创办了腾讯游戏竞技平台（TGA）系列赛，逐步成为全球最重要的电竞赛事之一，巩固了腾讯在中国乃至全球电竞行业的领先地位。电竞俱乐部数量激增，推动中国电子竞技俱乐部联盟（ACE）的诞生。联盟以协调俱乐部的管理、赛事安排等职业化运作为职责所在，规范电竞赛事。职业选手的参赛经验、俱乐部的职业运营、赛事的有序发展、平台的大力介入，以及政府的规范管理，推动着中国电子竞技走上新的台阶。

跨界合作是中国电子竞技发展的第三阶段（2014—2017 年）最为显著的特点。有序发展的电子竞技衍生出众多相关的电竞行业，游戏解说是最为成功和成熟的模式。创办于 2008 年的 YY 语音最早为玩家提供在线的音频解说服务。2012 年，YY 语音拓展为游戏视频解说。同年，同类型解说平台快手上线。YY 语音和快手依靠游戏解说的获利激发了更多游戏解说平台的问世，最有名的当数战旗直播和斗鱼游戏。2013—2016 年短短三年间，百余家游戏解说平台争夺玩家红利和抢占游戏解说市场。解说平台鱼龙混杂，良莠不齐，甚至出现以低俗等内容以博取玩家眼球的做法，最终以整改告终。虎牙、斗鱼、哔哩哔哩和快手四家平台瓜分了当前中国 90% 的游戏解说服务。

第四阶段是中国电子竞技的全速发展期（2018 年至今）。依靠国家政策扶持和文化产业发展的需求，电子竞技进入全速推进阶段。2019 年，国家就业培训技术指导中心列出了 15 项新兴职业，其中涉及电子竞技行业的有电子竞技运营师和电子竞技员。同年，国家统计局正式将电子竞技纳入官方竞赛体育项目。官方的认可和政策推动了经济、教育等领域对电子竞技的重视。近年来，上海、西安等城市大力发展电子竞技，将电子竞技视为文化产业发展的重要支柱。

三、游戏机：从“深陷困境”到“闪现希望”

单机游戏征战中国市场的道路异常曲折，走势也较为模糊。尽管单机游戏逐年增长，但其份额不到中国游戏市场总份额的一成。中国单机游戏的发展受限，跟政策息息相关。

20 世纪 80 年代，游戏机以未授权的进口商品和盗版产品，从中国香港等地区走私流入东南沿海城市，大部分游戏机和游戏卡带均来自日本。[①] 最流行的游戏机当属任天堂第一代家庭游戏机，也被称为“红白机”，其售价远低于日本定价。鉴于游戏机在中国的受欢迎程度，任天堂调整战略，将海外经销权授予中国香港公司，但因本土化和盗版导致红白机在中国市场的惨败。中国香港制造的红白机说明手册为英文，不适用于当时的内地玩家。廉价的仿制品是另一棘手问题。当时中国尚未建立完整的知识产权法律体系，广州的小霸王以复刻任天堂红白机为主业，以更低廉的价格，兼容任天堂游

---

① Liao, S. X., “Japanese Console Games Popularization in China: Governance, Copycats, and Gamers,” Games and Culture, 2011, No. 3, pp. 275 – 297.

戏卡带的形式吸引了大量玩家。

更为重要的是，2000 年 6 月，文化部等部门颁布《关于开展电子游戏经营场所专项治理的意见》① 明确规定“面向国内的电子游戏设备及其零、附件生产、销售即行停止”，“严格限制以其他贸易方式进口电子游戏设备及其零、附件”。禁止制造和分销电子游戏的电子设备及配件。意见出台的起因在于“严重危害了青少年的健康成长，扰乱了社会治安秩序，已成为社会一大公害，广大人民群众对此反应十分强烈，到了非彻底治理不可的地步”②，令本就处在“地下”的游戏机市场更加举步维艰。直至 2014 年，国务院办公厅发布通知，允许外资企业从事游戏游艺设备的生产和销售，通过文化主管部门内容审查的游戏游艺设备可面向国内市场销售。同年 4 月，上海市政府公布了《中国（上海）自由贸易试验区文化市场开放项目实施细则》，上海市文广影视局成为外资游戏机设备商的审批受理单位。自此，全球三大游戏主机开发商微软、索尼和任天堂才重回中国市场。

游戏机在中国的前景虽现希望，但阻力依旧。禁令解除，但封禁的十几年是游戏机技术发展的关键期。空白期阻碍了玩家接触单机游戏的机会。同时，中国网络游戏和手机游戏在 21 世纪初的弯道超车，塑造了玩家群体对游戏类型的喜好。因此，要扭转玩家的选择和偏好，并非易事。再者，免费模式是中国游戏甚至网络文化不可缺失的“传统”。即便部分游戏以游戏内购装备等形式消费，游戏整体仍是免费。然而，单机游戏不仅要求购买游戏主机，还需购入价格不菲的正版游戏。这一消费模式劝退了大量习惯于免费模式的

---

① 《国务院办公厅转发文化部等部门关于开展电子游戏经营场所专项治理意见的通知》，中国政府网，2000 年 6 月 15 日，http://www.gov.cn/gongbao/content/2000/content_60240.htm。

② 《国务院办公厅转发文化部等部门关于开展电子游戏经营场所专项治理意见的通知》，中国政府网，2000 年 6 月 15 日，http://www.gov.cn/gongbao/content/2000/content_60240.htm。

中国玩家。游戏机还会因各国的授权或政策原因而设置区域权限，限制了玩家的游戏选择权。国家对游戏内容的审查标准，进一步增加了游戏开发商和经销商本土化和改编的负担。上述种种因素都限制了单机游戏在中国的发展。

结　语

从 20 世纪 80 年代海外引进的被动成为到 21 世纪主动创新的全球引领者，中国电子游戏的变化正是中国经济乃至社会发展的缩影。“一事无成”“无所事事”甚至“精神鸦片”代名词的游戏，在 21 世纪后，随着政府政策的转变而改观。电子游戏由“精神鸦片”成为文化产业支柱的过程是缓慢而曲折的。变化的背后是政府机构的政策扶持、平台的资金支持和玩家的痴迷的共同作用。

机构、平台和玩家因立场不同而相互制约。玩家和电子游戏的红利促使网络平台涉足游戏行业，但玩家所追求的低成本和最佳游戏体验，跟平台以营利为最终目标是有冲突的。作为新经济增长点的电子游戏让政府进退两难，管理尺度是政府的难题。然而，作为文化产品的电子游戏势必会接受机构部门的监管；作为网络属性且具有商业价值的电子游戏吸引着网络平台的关注；而本质为娱乐属性的电子游戏离不开最为核心的玩家群体支持。这三者相互维系且彼此关联，它们是中国电子游戏发展必不可少的环节。

作为思想的“国产3A”：中国游戏史视域中的《黑神话：悟空》

武泽威*

由游戏科学开发，被誉为“中国首款国产3A游戏”的《黑神话：悟空》于2024年8月20日正式上线。首日销量突破450万部，并以最高220万人同时在线斩获Steam平台单机游戏在线排行榜历史第一。发售后三天，总销量已突破1000万部。《黑神话：悟空》的热度与影响力不仅体现在游戏领域，还在多个领域引发“悟空效应”：发售日前，瑞幸咖啡与《黑神话：悟空》推出联名新品并附送游戏海报，数小时内被抢购一空，导致系统瘫痪；新华社报道《〈黑神话：悟空〉火了！中国古建“出圈”了！》，作为游戏场景原型的多个取景地（如山西文旅）广受关注等。

《黑神话：悟空》的走红，固然源于其本身优秀的游戏设计、精湛的美术表现以及对传统文化的巧妙化用和经典的重新解读，成功讲述中国故事。然而，它能够频繁“破圈”，牵动庞大的“中国单机游戏玩家”的心绪，甚至成为某种文化符号与象征，则有着更为深层的原因。例如，在Steam平台上，一类评论写道：“扮演龙裔、猎魔人、刺客、勇者等都很好，但你说可以当猴哥？这种来自血脉、

---

* 武泽威，日本立命馆大学博士研究生。

历史、文化和童年记忆的加成，是过去多少年都不敢想象的。”

无独有偶，类似的表述也出现在了 CCTV《新闻观察》对《黑神话：悟空》的报道中。新闻总结道：“曾经扮演过北欧海盗、日本武士、西部牛仔的全球玩家，如今也可以通过《黑神话：悟空》的世界，扮演在中国文化中地位举足轻重的孙行者，让全球玩家过一把大圣瘾，用游戏的方式将中国优秀文化向全世界展示。”

从上述表述中可以看出，与扮演异国文化形象、讲述异域文化故事的外国游戏不同，《黑神话：悟空》被视为科技与文化相融合，向世界讲述中国故事的文化输出案例。而更重要的是，这些观点认为，它填补了此前中国游戏在游戏领域的某种空白，成为从无到有、区分以往与现在的界碑。这一点，实际上也是《黑神话：悟空》引爆热度、走红全网的关键。因此，本文正是着眼于此，尝试引入中国游戏史研究的视角，通过“国产 3A”这一概念，结合游戏内容分析《黑神话：悟空》热度背后的深刻意义，以及它在中国游戏研究、游戏批评中的特殊性所在。

一、“大圣前世”：《斗战神》与中国游戏的“雅俗之辩”

《黑神话：悟空》能够获得广泛认可的基本前提在于其本身过硬的游戏质量。然而，通过游戏策划团队的努力开发出一款高质量的游戏并将其推向市场，从而获得玩家的认可和商业利润，这一模式的实现却并非理所当然。这一问题实际上与 21 世纪第一个 10 年中国游戏史及游戏环境密不可分。

正如许多游戏爱好者所知，《黑神话：悟空》的开发者——游戏科学公司的前身，是网络游戏《斗战神》的开发团队。《斗战神》

同样以西游为主题，于 2013 年公测，是一款由腾讯游戏运营的 MMORPG 游戏。该游戏以解构西游 IP 的世界观为基础，辅以精美的 CG、丰富的设定、剧情、美术和音乐为主要卖点。然而，由于各种原因，游戏的开发和运营逐渐出现问题。2014 年，现今游戏科学公司的主要创始人冯骥、杨奇等人从腾讯游戏离职。

有评论认为，“《斗战神》的最大失败在于它是一款网游”。这一观点实际上揭示了中国游戏史上免费网游时代的商业模式与游戏开发、内容消费之间不可调和的矛盾。现有研究认为，由于游戏机禁令等因素的影响，21 世纪第一个 10 年的中国本土游戏开发不可避免地进入了网络游戏的时代。而与早期网络游戏模式的探索期不同的是，21 世纪第一个 10 年中期被认为是免费网络游戏模式兴起的“赢家通吃”时代：原本作为数字乌托邦被想象、消费的时间付费制网络游戏，逐渐被游戏免费、道具收费的模式所取代。在这种免费模式下，游戏不再只是基于游玩，而是基于某种权力关系被设计。玩家消费的不再是游戏内容本身，而是通过付费来获取某种与他者之间的权力关系。例如，原本无法战胜的敌人在购买付费道具后变得轻松可以打倒，原本处于下风的角色属性在付费后变得无可匹敌。[①]

在这种免费模式下，游戏策划/厂商的主要生产内容，也从传统意义上的游戏内容（如玩法、关卡、剧情）转向了对玩家的“生产”。换句话说，传统的生产游戏内容——向玩家售卖的模式，变成了通过免费的游戏内容来吸引免费玩家，并向这些免费玩家出售“特权”身份的模式。因此，免费玩家追逐并非游戏重心的免费内容，却又被付费玩家所“碾压”。这种所谓的“服务型游戏”模式，

---

① 邓剑：《中国当代游戏史的思想谱系：从本土现代化到资本与市场逻辑》，《探索与争鸣》2022 年第 2 期，第 163—176 页。

注定了试图消费游戏内容的游戏玩家和试图创作游戏的游戏策划都难以真正如愿，唯有商业利益永存。

对这种免费模式的批判和反思实际上在当时已经屡见不鲜。在《斗战神》与《黑神话：悟空》主策划冯骥于2007年发表的《谁谋杀了我们的游戏》中，就可以看到这种批判。他指出，游戏策划逐渐远离了游戏，甚至都不再玩自己策划的游戏：网络游戏产业，催生出一帮像我这样的，天天琢磨下面五个命题：1. 如何让玩家一直沉迷；2. 如何让玩家吐出更多的人民币；3. 如何让玩家拉帮结伙；4. 如何让玩家相互仇视；5. 如何实现隐性的现金交易和金币交易。[①]这样的批判固然尖锐，然而难以超越当时的时代背景与思想环境。由冯骥主策划的《斗战神》依然作为免费网游推出，最终走上了相同的命运。

这一时期对于免费游戏模式以及利益至上的开发方针的批判，可以被戏称为中国游戏史上的“雅俗之辩”。然而，这种批判的终结并非理想的游戏出现并取代了这种模式，而是移动游戏的出现彻底将这一模式推向了极端。移动游戏受限于移动设备和智能手机的性能，最初也只是延续着免费游戏获取流量并将流量转化为商业利益的传统模式。然而，随着中国移动互联网的进一步发展，基于移动互联网的社交媒体逐渐成为人们日常生活中不可或缺的一部分。移动游戏实际上重新走了一遍中国电脑网络游戏的发展路径：从买断制的单机游戏到以广告流量为导向的免费游戏，再到经营玩家社群文化、售卖付费体验的“服务型游戏”。引入了源自日本的“扭蛋抽卡”消费模式以及角色消费文化后，可以说移动游戏甚至只需生产最基本的游戏内容，剩下的内容完全依赖玩家群体的二次创作和

---

① 冯骥：《谁谋杀了我们的游戏》，https：//mark1998. com/who – murdered – our – games/。（上网时间：2024年8月22日）

自给自足。这种将免费游戏模式推向极端的方式，不仅把玩家当作“基础设施”，更是将其作为游戏劳工来定位的游戏模式，自然引发了新一代玩家的不满与批判。这种批判往往依托于传统的买断制游戏形式，追求高制作成本的“3A 游戏”，赞扬 Steam 游戏平台，支持国产独立游戏，认为在传统的游戏内容“生产—消费”模式中才能实现真正对于游戏性的探索，并获得对玩家来说真正有价值的游戏内容。这些批判的声音实际上也构成了某种意义上的第二次中国游戏的“雅俗之辩”。比如，以 2021 年的热门国产科幻建设游戏《戴森球计划》为比较对象的口号“百亿大厂十连抽，五人团队戴森球”，就是这类批判的代表。

然而，此类“雅俗之辩”始终无法回避的问题是，即使在游戏玩家社群中，以游戏性和游戏设计为导向的价值观下，被认为是“雅”的买断制“3A 游戏”即使在讨论中成为中国玩家的梦想，然而玩家群体也不得不承认，在无法证明中国游戏玩家的消费水平已达到足以支撑“国产 3A”的前提下，难有资本入局这一事实。同时，随着移动互联网的发展，电子游戏的普及以及免费模式的盛行，大量不认同“游戏玩家”身份的普通游戏玩家被塑造成“庸众”的形象，其标签为“玩盗版、没有游戏品位、不愿意为游戏质量付费”。而即使作为买断制游戏代表的 Steam 平台在中国的运营十分火热，也被认为因“打折游戏”“低价区”等因素，无法作为玩家需求与购买力的代表。

因此，《黑神话：悟空》的热度来源之一，也是其走红的重要意义在于，它通过全价（268 元）千万销量的商业成绩，反过来论证了“国产 3A”这一概念的可行性，终结了国产游戏“雅俗之辩”中可能存在的质疑：高额制作费用、大规模工业化生产的本土游戏在中国本土是有市场，并且可以实现良性循环的。“国产 3A”未必能够成为未来中国游戏的主流，中国游戏资本与游戏环境也未必会因此改变，但聚焦游戏创作、通过游戏内容获取商业利益的这一模式在中国是可行的，并不存在某种结构性的、无法解决的环境问题。

二、“直面天命”：《黑神话：悟空》如何重构中国故事

如果说《黑神话：悟空》通过投入和最终商业成绩在外部证明了“国产3A”是可能的，那么《黑神话：悟空》自身的游戏设计则在内部证明了这一可能性，并且提供了一套行之有效的工业化模板或方法论。

《黑神话：悟空》的宣传语是“直面天命”，然而游戏本身并没有选择直接以《西游记》的故事为开头，而是以“天命人”的视角切入。故事讲述了在西行结束后，齐天大圣孙悟空陨落兵解，玩家作为“天命人”在听取老猴子讲述齐天大圣的故事之后，需要过关斩将、取回“大圣六识”，最终“直面天命”，迎来结局。为了服务于这一重构中国经典的冒险旅程，游戏在场景、影像、文本和战斗系统等多个层面转化并利用中国故事。

首先，在场景设计上，《黑神话：悟空》基于中国多地古建筑取材、实景扫描，涵盖了山西玉皇庙、重庆大足石刻、浙江时思寺等全国多处名胜古迹。这在一定程度上为游戏开发提供了参考内容，同时实现了一种反向“圣地巡礼”的效果。如果说“圣地巡礼”是虚构作品为实际的日常景观赋予价值，那么在《黑神话：悟空》的创作实践中，反而是实际存在的景观乃至奇观被浓缩到游戏场景中，成为游玩体验的一部分。其次，在影像上，《黑神话：悟空》虽然和其他游戏一样，在章节过渡部分采用了播片形式来讲述剧情，但其播片选择了具有国产动画经典风格的美术样式。在非播片的实机动

画部分，也有类似于第二章中的陕北口音说书弹唱的地域性文化内容。再次，在文本上，《黑神话：悟空》与其他 ARPG 不同，通过大量文本填充了游戏中的《影神图》等内容，以打油诗、志怪小说的风格补充游戏剧情。最后，在战斗设计上，“法宝”“法术”“七十二变”成为游戏通关中的重要组成部分，将神佛鬼怪的战斗场景具象化为一种游戏体验。1986 版电视剧《西游记》片头曲《云宫迅音》的改编版在后期成为某个状态下玩家释放技能时的背景音乐。

通过这种全面、系统的游戏设计模式与细节，我们可以看出《黑神话：悟空》走红的第二个原因，正是其基于整合与再利用中国《西游记》文本和文化资源所产生的互文性。从场景、美术风格、台词内容、战斗设计等角度来看，中国玩家游玩《黑神话：悟空》不同于外国玩家，也不同于游玩外国游戏，其对游戏内容的理解成本相对较低。这一方面使游戏开发者能够在更深层次上展开对游戏内容的挖掘和设计，另一方面玩家能够在游戏中获得某种“编码/解码”式的快感：现实场景和文化内容的可能出现，使玩家期待接下来的游戏关卡和游玩体验，从而推动玩家继续游玩。这种游戏内容与中国经典传统文化内容的互文，实际上是一种可复制、重构中国故事的游戏设计方法论。

然而，尽管以上诸多游戏设计得到了肯定，《黑神话：悟空》在剧情上对《西游记》的重构却引发了一定争议。可以看出，《黑神话：悟空》的故事本身并非对《西游记》的直接继承，而是以解构的方式重组了原著的世界观。这种故事架构方式显然受到《斗战神》的影响，而《斗战神》则受到了包括《悟空传》在内的 21 世纪第一个 10 年“解构西游”的青年文化的巨大影响。对于这种解构本身是好是坏，难以在客观立场上作出价值判断，但对于那些期待“基于《西游记》原作改编”的玩家来说，这种解构显然是难以接受的。

不过，《黑神话：悟空》在剧情上的这种瑕疵，事实上反而开启了“国产3A”所提供的另一维度的可能性：为了反驳游戏科学公司现有的《黑神话：悟空》结局的合理性，批判这种解构对西游文化的背离，参与剧情讨论的玩家开始寻找《黑神话：悟空》与《斗战神》的脉络，回到21世纪第一个10年《大话西游》的语境中区分“好的解构与坏的解构”，在尊重解构和二次创作自由的同时，也提出了关于如何更好地讲述中国故事、更符合当代玩家需求的个人见解。这种从玩家视角出发，对中国文化资源展开考察并对重构中国故事的国产游戏提出批评的玩家文化，实际上是对中国20世纪90年代基于“中国意象”的国产游戏文化的复兴。在中国游戏史研究中，20世纪90年代以游戏杂志为主要阵地的游戏文化实际上包含了某种超越性的诉求：不仅将游戏视为娱乐，还在玩游戏和游戏生产中代表了对传统文化的再解读，以及文化强国的宏大理想。而这一诉求与实践，实际上随着第一代国产游戏公司的关停、转型而最终消逝。[①]

《黑神话：悟空》走红，在提供了游戏开发中重构中国故事样板的同时，作为并不完美的“国产3A”，同样提供了重启中国本土游戏批评空间的可能性。正如在对中国20世纪90年代游戏批评研究中所提到的那样，“就这些20年前的写作而言，其所用视角的限制、提到的很多议题、面对的挑战以及所反抗的传统，如今并没有因为技术的更替或社会更加富裕而得到根本性的改变”[②]。中国本土游戏批评空间的重启，对于中国游戏历史尚未解决的诸多问题的再反思以及对诸多思想资源的调用，毫无疑问将成为未来中国游戏及“国

① 邓剑：《中国当代游戏史述源——以20世纪的游戏纸媒为线索》，《新闻界》2019年第3期，第70—79页。

② 张舸：《游戏批评的踪迹：早期中文电子游戏杂志的当代启示》，载孙静、邓剑主编《中国游戏研究：游戏的历史》，上海：华东师范大学出版社，2023年版，第3—22页。

产 3A”创作的源泉。

结　语

总的来说，《黑神话：悟空》作为一部优秀的、利用中国文化资源展开创作的“国产 3A”游戏，除了游戏本身为玩家带来的出色体验以及在宏观意义上带来的文化输出效应之外，在中国游戏史上还具有两重不可忽视的重要意义：首先，它在商业上的成功证实了“国产 3A”这一不同于“服务型游戏”“免费游戏”的游戏类型的可能性，成为中国游戏创作中利用中国文化资源的工业化模板；其次，围绕《黑神话：悟空》成为公共议题后的客观讨论与批评，蕴藏着重启 20 世纪 90 年代中国游戏批评空间的潜力，回顾中国游戏历史问题，并在更广泛的文化生活层面上讨论电子游戏的可能性。

正如在《黑神话：悟空》的游戏流程中，“大圣六识”最后需要取回“意”，才能真正意义上“直面天命”、斩断轮回，中国游戏也必须回到历史的现场，取回某种对“国产 3A”作为一种思想的认识和考察，才能实现真正意义上的回归中国性与游戏性。这无疑将是后《黑神话：悟空》时代，中国游戏批评与研究所面对的关键问题。

“逆写”的神话与“退行”的心灵：作为时代症候的《黑神话：悟空》

吴颖慧*

2020 年，一只说书人模样的猴子出现在中国的互联网平台，向屏幕前的观众预告他们耳熟能详的“西游神话”即将再次被讲述。与以往不同的是，这次的“西游神话”是以电子游戏的形式出现在大众面前。4 年之后，国产游戏《黑神话：悟空》于 2024 年 8 月 20 日正式发售。作为中国游戏界第一部国产 3A 游戏，自第一部预告片公布以来，《黑神话：悟空》就承载着玩家的无限期待。尽管已有《黑暗之魂》《战神》《只狼》《刺客信条》等国际 3A 大作的洗礼，但对各类异质文化“艰难吞咽”乃至“消化不良”的中国玩家，仍然渴望能在自己熟悉的“中土世界”自由驰骋。在这一维度上，无论是游戏的前文本《西游记》，还是游戏的主角——“一个酷似孙悟空的‘天命人’”都恰好契合了中国玩家集体意识中对“冒险”与“英雄”书写的共同想象。国内媒体更是直接将《黑神话：悟空》称为“一封写给中国玩家的情书”。

对于中国玩家群体与游戏产业而言，这封姗姗来迟的“情书”应和了他们对自身主体性与话语权的焦虑。中国的游戏市场已足够

* 吴颖慧，游戏研究者。

庞大，渴望发出符合自身体量的声音。故而，任何与《黑神话：悟空》相关的消息都会迅速引发舆论热议，围绕游戏所产生的各类争论也始终伴随着游戏的制作过程：从"剧本改编"到"形象改造"，从"性别对立"到"民族主义"，从"保守主义"到"政治正确"。对游戏的讨论早已超越了纯粹的"游戏性"，几乎化作当代观念的"斗兽场"。当我们将游戏自身与围绕其产生的一系列争议并置讨论，会发现它们都可以被视为同一时代境况的症候式表达。而在其中折射出的便是我们当下的时代精神。"重要的是讲述神话的年代，而不是神话所讲述的年代。"[①] 无疑，《黑神话：悟空》的诞生将会成为中国游戏史上的重要节点，以这一重要作品为镜进行观照与思考，则为我们理解自身所处的时代提供了全新的、立体的、多元的视角。

一、"退行"的西游：从"神话"到"黑神话"的逆写

白惠元在《英雄变格：孙悟空与现代中国的自我超越》一书中指出：近代以来，"孙悟空"这一形象的嬗变折射出的正是背后各异的时代精神。[②] 若我们将《黑神话：悟空》的诞生视为这一嬗变历程的终点或可窥见一个颇有意味的切面：从 1986 版经典电视剧《西游记》到当下出圈的电子游戏《黑神话：悟空》，对西游文本的当代化表述呈现出一个"西游"本身持续"退行"的过程。在这一过程中，"西游"构成了一个对自身的否定性指涉，"西游"成了"西游故事"中最无关紧要的要素。故事中的主人公们不再执着于"踏

① 戴锦华：《电影批评》，北京：北京大学出版社，2015 年版。

② 白惠元：《英雄变格：孙悟空与现代中国的自我超越》，上海：生活 · 读书 · 新知三联书店，2024 年版。

平坎坷成大道”，而是试图逆流而下，不断将自己推向“西游”旅途开始前的世界。

相较原著《西游记》本身，当代人对于“西游故事”及“西游形象”的记忆更多由1986版电视剧《西游记》所塑造。后者因其优秀的改编及媒介特性所带来的广泛传播力，几乎构筑出几代国人心目中对《西游记》的唯一正统解读，即一部兼具“成长小说”与“公路小说”特色的文本。空间上的“旅行”与时间上的“成长”在文本中形成同构，故事主人公跨越艰难险阻一步步取到“真经”的过程，同时也是主人公褪去故事初期的稚气叛逆，实现自我成长的过程。这一叙事形态下，文本的终点便是旅途的终点，而于结尾处修成正果的完美形象则是文本所期待的时代精神的化身——一个不畏艰险、锐意进取的新时代主体。

当时间推至20世纪90年代以后，以《大话西游》（《大话西游之月光宝盒》《大话西游之大圣娶亲》）为代表的“大话”派则将叙事重心转移至“半路的英雄”。在这一阶段，承载文本核心观念的不再是终点处的完美英雄形象，而是在西行路上的迷惘个体。“修成正果”这一宏大叙事的重要性在文本中被有意消解，它不再是取经之路中唯一值得被书写的事件，甚至为各类私人情感所取代，化为文本中微不足道的背景杂音。故事的主人公也不再认同将自我融入某项伟大事业的建设中，而是开始正视自身的情感需求与迷茫动摇。在宏大叙事被消解的后现代社会，英雄人格的“超越性”也随之一同消解——他们同样是需要面对爱情、职场、生活琐事的平凡个体。除《大话西游》外，作为《黑神话：悟空》关键前文本的《悟空传》也处于这一叙事框架中，文本中的“取经”四人组被直接描绘为当代的精神分裂患者，每个角色之下都潜藏着痛苦、疾病与创伤，叙述的重心也由此从“西游故事”本身转移至了角色的内心私语。尽管如此，此时作为宏大叙事的“西游”仍然只是被消解与下放，因而在文本最后，“半路的英雄”在迷茫之后仍要继续踏上西行之路。

但当我们将视线转回当下的《黑神话：悟空》，上一阶段“半路的英雄”形象却在新时代的文本中被再度“赋魅”。在此，游戏中所构建的新“西游故事”似乎昭示着“宏大叙事”的回归，部分学者甚至将其视为“当代人在陷入无休止的虚无主义与精神危机后对稳定秩序与英雄主义的重新呼唤”[①]。正如宇野常宽在《〇〇年代的想象力》一书中对“叙事回归”的批判一般，所谓“宏大叙事”的“复归”并不存在，它只是一种被刻意捏造出的假象，是“无法忍受价值观之悬空的人们在已知晓其无根据的事实之上，相信一种中心化的价值之态度”[②]。这意味着此时所唤回的“宏大叙事”不过是一副“活死人”的躯壳。

在此意义上，当下对“英雄主义”与“宏大叙事”的重新呼唤甚至暗藏了一种更加激进的解构姿态：在这一阶段，就连“西游”本身的合法性都已被彻底否定。《黑神话：悟空》所设定的“西游”只是一个漫天神佛为了维护自身统治捏造的阴谋，“修成正果”则意味着主人公亲手扼杀自身的反叛意识，成为天庭的仆从。在这一叙述中，不仅第一阶段的“成长主题”被彻底消解，而且离西天越近越会变成仆从；第二阶段的“迷茫主题”也无法继续维持，因为在“西游”本身的合法性都荡然无存的前提下，对于“西游”与爱情等个人情感的抉择已不具备任何意义。因此，当以“西游”为代表的成功叙事被彻底解构时，人们唯一能做的便只有回到“西游”前的世界，在“西游”之外重新呼唤一个未被体制驯化的“叛逆英雄”。这也是为何《黑神话：悟空》将游戏的真正结局设定为“天

① 许明、綦晓芹：《本土现代性：在传统与现代的博弈中孕育生长——反思近三十年的传统文化之争》，《社会科学》2010 年第 1 期，第 161—172、192 页。

② 宇野常宽、『ゼロ年代の想像力』、早川書房 2011 年。

命人”拒绝戴上金箍，在吸收完孙悟空的前世记忆后，继续开始新的篇章。而在另一结局中，“天命人”则选择重新戴上金箍“重走西游路”。

《黑神话：悟空》通过所谓“真”“假”两个结局刻意割裂了原著《西游记》中孙悟空的二重形象——大闹天宫的“革命者”孙悟空与护送唐僧西天取经的“行者”孙悟空——并在二者之间作出了毫不妥协的价值判断：拒绝金箍的悟空是真，戴上金箍的悟空为假。由此，《黑神话：悟空》的孙悟空形象似乎又回到了1986版电视剧《西游记》之前的时代，即革命年代“金猴奋起千钧棒，玉宇澄清万里埃”的革命者。但若我们对其内核进行细致考察，相较诞生于20世纪60年代的《大闹天宫》《三打白骨精》等带有明确现实指向性的文本，当下西游文本中的“反叛”难以找到具体的指向，更多只是一种用于彰显自身主体性的纯粹空洞姿态——每个人都强调自身的“叛逆”与“革命”，但反叛的究竟为何物？这一疑问似与《黑神话：悟空》最后通过结局传达给我们的疑问不谋而合：游戏将结局定格在“天命人”拒绝戴上金箍，吸收孙悟空记忆，开始新的篇章。至此，起初“踏平坎坷成大道”的决心到“迷茫的半路英雄”，再到如今“西游”之旅一路“退行”至原点，而在拒绝“金箍”之后，一切又该何去何从？

二、制造“菲勒斯”：从“荒原化”到“斗兽场化”的时代精神

事实上，对“宏大叙事”的呼唤另一面则意味着“宏大叙事”已然崩塌，无论游戏中所设置的背景还是游戏诞生的现实，都正处于“宏大叙事崩塌后的废墟”。正如前文所述，在第一阶段中，作为

“成长小说”与“公路小说”的《西游记》向接受者彰显的仍是一个“进步主义神话”，它将“八十一难”与“取得真经”进行联系，许诺个体的一切努力都将带来回报。这一“进步主义神话”正应和了20世纪80年代百废俱兴的乐观主义与昂扬奋发的时代精神。

自20世纪90年代以来，随着人们身处的政治经济环境发生历史性巨变，大众的价值观念与时代气质也不可避免地开启了剧烈转型。“漫长的90年代”正在此时宣告了自身的开场。尽管同样强调“个体”的重要性，但相较20世纪90年代，20世纪80年代的主流意识形态仍然存在着鲜明的“普世化”气质，无论是自由主义的“启蒙叙事”，还是左翼的“革命叙事”都暗示着一切行动的最终目的都应是对社会全体的影响与改变。如1986版电视剧《西游记》中，“西游”的最终指向不仅是唐僧师徒的“修成正果”，还应如大结局中的歌词所述，“要让我九州处处披锦霞”。但随着20世纪90年代大量社会变革的发生，这一理想在新时代中已无处安放。社会学家孙立平将20世纪90年代称之为“断裂”的年代，即随着社会主义市场经济改革的推行，社会的不同群体在市场环境中将拉大差距。天然鼓励自由竞争与减少干预的市场经济，不只改变了人们的经济交往模式，也参与了时代思维的重塑。位于时代精神核心处的不再是“人道主义”或“思想启蒙”，而是如何充分发挥自身的主体性，在信守丛林法则的市场竞争中抢占先机，成为“先富起来”的那“一部分人”。

“历史终结论”的甚嚣尘上也似乎表明当下正处于一条无法回头的快车道中。人们能做的要么是随波逐流，等待着注定要发生的结局到来；要么是固执地留在原地，成为整个时代的“局外人”。“启蒙的瓦解”抑或“革命的终结”都意味着曾经构筑起一代人精神信仰的“宏大叙事”已在新时代中轰然倒塌，它们既无力解决社会产生的新问题，也在市场经济带来的发展奇迹中显得有些不合时宜。

因而，理想幻灭后的迷茫与彷徨成为这一时期的精神主题，并一直延伸至当下。《黑神话：悟空》的游戏景观与这一时期的历史景观构成了相似的形态：一个“荒原化”的世界。

美国建筑史学家帕尔马在《荒原：一部文化史》一书中将荒原塑造为“伊甸园的对立面”，这片“堕落的景观”始终与“抵制”的概念紧密交织在一起，它抵制秩序、抵制文明、抵制道德。[①] 生存空间“荒原化”的表现便是道德的混沌不清与立场的多元。在游戏中，玩家要面对的是一个秩序沦陷、妖魔横行的世界。原著中“仙”与“妖”之间明确的道德界限在此时逐渐模糊，“仙”与“妖”的身份以一种阴谋论的形式被重新置换，西游路上的部分妖怪或许不再是需要被消灭的作恶对象，反而与主角一同化作了西游阴谋的受害者。例如，在游戏第二回《风起黄昏》中，当玩家攻略完所有的隐藏关卡便会发现，游戏中的“黄风怪”全然是一个行侠仗义、为民除害的侠客形象，而一直担当玩家领路人的“灵吉菩萨”似乎才是斯哈哩国一切灾祸的源头。同样，游戏中内置的《影神图》在对同一事件的描述中也往往存在指涉不明甚至相互矛盾的情况，这期间的不可靠叙述也将立场多元化的特征再度强化。

然而，这种多元化所塑造出的文化生态并非解构主义与后现代主义所期盼的“现代废墟上的舞蹈”。在20世纪90年代盛大的解构浪潮匆忙结束后，新一代的年轻人已无力维持对彻底的虚无主义的亲近态度，而是试图在“荒原化”中呼唤“宏大叙事”的“复归”。“历史终结论”最终被证明只是另一个失效的神话，“新自由主义”的发展神话也在几十年的经济奇迹之后开始逐步走向萎缩。自由市场带来的“扩张”野心也逐渐转化为了在时代洪流中尽可能保全自

① ［美］维多利亚·迪·帕尔马著：《荒原：一部文化史》，梅雪芹等译，南京：译林出版社，2024年版。

身的保守心态。如果说 20 世纪 90 年代的理想破灭下至少还生长着对“个人奋斗”这一自由主义神话的信任，那么在全球经济疲软的当下，就连这一神话也很难再诉说自身的可靠性。也正因此，对英雄的呼唤与对“宏大叙事”“复归”的渴望再度成为当下文艺作品的主要基调。这一期待在游戏中被具象为序章中孙悟空再次与“天庭”对峙。在现实中，它则体现在玩家让游戏承载的各类观念包袱之中。但必须指出的是，由于社会普遍共识的缺乏，这些被呼唤“复归”的“宏大叙事”已无法再承担起重建秩序的可能，正如宇野常宽在对“决断主义”进行阐释时所指出的：“决断主义意味着每个人都事先选择自己认同的意识形态立场，然后去‘硬要相信’。”[①] 古典的信仰逻辑在此处彻底颠倒——人不再是先被说服再相信，而是先选择相信再让自己被说服。此时任何可能的“宏大叙事”都无法再成为弥合整个社会差异观念的交点，充其量只是个人用于保全自身的“泥菩萨”。可见，这种“活死人”式的“复归”不仅无法导向秩序的重建，反而进一步造成了舆论空间的极端化倾向。这意味着每个人在当下的文化空间内都无法保证自身的绝对安全感，只好在观念上进行相互搏杀。后现代境况下的孤立个体试图通过将“宏大叙事”再次召回，从而确保自己获得观念上的胜利。整个文化生态也在这一过程中由“荒原化”演化为了“斗兽场化”。

《黑神话：悟空》所引发的争论正是这一“斗兽场化”的具象表现。在早期的“闹天宫”叙事中，作为“反叛者”的孙悟空与“体制化”的天庭处于对立的状态，对体制的反抗不仅寄托了叙事者对个体自由的渴望，更隐含了“砸烂旧世界”的革命话语。但在游戏序章的故事中，这一“革命”叙事被替换为了一种“自保”叙事，即对体制的反抗不再是为了革命，而只是为了自保，为了“回

---

① 宇野常宽、『ゼロ年代の想像力』、早川書房 2011 年。

花果山终老，过过逍遥日子”。“革命”所指向的“创造新世界”已经演化为了一种保守主义的“自我退行”。这也是为何“孙悟空”这一“革命者”形象在当下带有了保守主义的文化因子。“反叛”所代表的已不再是创造新世界的豪情壮志，而只是一道“生人勿进”的警示标语。故此，有关《黑神话：悟空》的争论也脱离了对纯粹“游戏性”的讨论，陷入了观念“斗兽场化”的搏杀之中。在当下的主流舆论场中，《黑神话：悟空》不仅被视为中国“文化出海”的象征，还是文化战争中“东风”压倒“西风”的“第一声号角”。同时，在西方世界该游戏的成功似乎还被贴上所谓“反觉醒主义”对所谓“身份政治”胜利的标签。在“反叛者”这一维度上，孙悟空的反叛者、革命者形象被讽刺性地颠倒为了一具保守主义的神像……

因此，正如部分学者所述，《黑神话：悟空》已然成为中国游戏史上的“菲勒斯”，换言之，无论游戏开发者本身的想法是什么，当游戏背负上一系列观念包袱的这一刻，《黑神话：悟空》就已经被“菲勒斯化”了。它不仅意味着游戏质量上的优异，更暗含一种绝对主义的暴力化倾向，以及对异质他者进行征服的渴望。毫无疑问，“菲勒斯化”的《黑神话：悟空》在多个方面都缓解了中国游戏界，甚至整个中国社会的主体性焦虑。但在游戏的成功所带来的狂欢之下，另一个问题则悄然叩击我们：国产游戏的未来，只能依靠对“菲勒斯”的崇拜吗？

三、“菲勒斯游戏”与“作者游戏”：国产游戏的“七十二变”

正如前文所述，“宏大叙事”只是被召唤，但从未真正“复归”，当下的“宏大叙事”只是以一种“活死人”的姿态重新降临。它们不仅无法在当下重新构筑起被普遍接受的共识，反而只能不断地以“制造敌人”的方式确保自身的“菲勒斯”特性。这一系列事件都印证着，诞生于观念“斗兽场”的“菲勒斯”不仅无法创造出一个稳定且持续的游戏生态，反而容易酿成公共空间的舆论极化，从而进一步加剧当前公共空间的观念争端。这对于中国文化的顺利出海，以及中国游戏事业的发展究竟是福是祸仍需谨慎考量。除此之外，我们仍然可以试图在“菲勒斯游戏”之上，进一步探寻属于国产游戏的发展方向，或许“作者游戏”可以为我们提供一个新的视角。

在《我们的“游戏监督”能否重走中国游戏史?》一文中，邓剑强调游戏需要突出“作家性”。[①]“作家性”一词并非游戏研究的固有词汇，而是来自电影学中“作者电影”这一概念。正如安德烈·巴赞第一次提出“作者电影”这一概念时所指出的：“建立在资本逻辑与流水线思维之上的传统制片体系扼杀了电影个人化的可能性，同时也限制了电影的艺术价值。因此，要确立电影的艺术性，就必须把电影从僵化的工业流程中抽离出来，使之成为一种更为私人化、更为自由的表达。”[②] 通过主动将自身设立为“工业电影”的镜像，“作者电影”得以把最大的特性确立为电影文本内涵的丰富性以及解读的多义性。文本的“作者性”呈现了“主体”与“结构”的共同运作，它既不是纯粹社会意识形态的具象化，也非纯粹个人的私密表达，而是社会文化心态在作者个人身上的运作所投射出的产物。“作者化”的文本既能体现时代精神，又能传达作者本人的艺

---

① 邓剑：《我们的“游戏监督”能否重走中国游戏史?》，https：//mp. weixin. qq. com/s/t6dCc－s9u6mCO1Z94dSi4w。（上网时间：2024 年 8 月 27 日）

② 王玥涵：《“主体”与“结构”的对弈——“作者电影”的语言学读解》，《文艺争鸣》2021 年第 11 期，第 186—189 页。

术气质；既是公共的，又是私人的。电子游戏的“作者性”构成了“菲勒斯”的镜像，“作者游戏”在文本上的丰富性与风格化天然就是对“菲勒斯”的“暴力”与“绝对”气质的克服。

在此意义上，将《黑神话：悟空》的一切都“菲勒斯化”反而遮蔽了这部作品本身丰富的可解读空间。只有在完成对“菲勒斯”的去除之后，《黑神话：悟空》才能袒露出自身包含的丰富向度。如前文所述，《黑神话：悟空》是一部充分体现当下境况的“西游故事”作品，但这并不意味着对游戏文本的解读只能囿于“当下”的眼光。面对《西游记》这样一部在上百年间被多重改写的“文本”，游戏科学公司在对其改编的过程中显然受到了各类前文本的影响，并让这些文本以各种形式隐秘地参与进游戏文本的构造中。当我们对游戏文本进行“层累式”的考察便会发现，在其之上叠加着 20 世纪 60 年代、80 年代、90 年代等“西游故事”的各类文化样态，共同糅合成作品的文化气质——游戏结尾处对 1986 版电视剧《西游记》片头曲《云宫迅音》的使用；叙事上对《大话西游》《悟空传》《斗战神》等经典西游文本的跨媒介转引；游戏过场动画中的中式美术风格；以“陕北说书”为代表的各类民间文化的植入，以及游戏文本对《红楼梦》中《好了歌》等其他古典文本的互文式引用；等等。它们都在向玩家宣告：《黑神话：悟空》是一部典型的植根于中国古典传统的游戏作品，是对中国古典世界的电子形塑。但与此同时，游戏在个别妖怪形象塑造上的“西幻”风，以及在关卡设计上对魂类游戏的借鉴又表明了游戏的国际主义态度。

《黑神话：悟空》就此形成了一个丰富开放的场域。一方面，它在整体上构成对当代时代精神的症候式表达；另一方面，文本内部的丰富与张力又能在各个方面引发接受者的多重理解。无论这一系列相互链接的文本在呈现过程中发生了多少矛盾、断裂，但是当其向玩家打开的那一刻，都会瞬间引发接受者最真诚的情感愉悦。游戏以自身的丰富性向玩家表明，各类异质他者之间并非只能相互征伐，而是存在相互包容、持续共存的可能。

卡尔维诺在《新千年文学备忘录》一书的最后一章将“繁复”视为未来文学最珍贵的要素之一。他认为，“应当试图把世界表现为一个网络，一团纠结的纱线；在这样表现它的时候，又绝不减弱那理不清的复杂性，或者更确切地说，呈现同时存在的最不同的元素，正是它们汇合起来制约每一事件”①。尽管卡尔维诺是在文学家的立场上对新时代文学的发展进行论述，但作为试图承担起“第九艺术”这一名号的电子游戏也不应仅满足于成为猎奇景观或个体欲望的展演场域，而应更加积极地维持自身开放、丰富、复杂的艺术气质。或许只有在超越了“菲勒斯”的“绝对”与“暴力性”之后，实现从“菲勒斯游戏”到“作者游戏”的超越，国产游戏才能真正完成自身的“七十二变”，更加顺利地走完属于自己的“西游之路”。

---

① ［意大利］伊塔洛·卡尔维诺著：《新千年文学备忘录》，黄灿然译，南京：译林出版社，2009 年版。

第二部分
数智化游戏产业的演化与治理迭代

恐慌的消逝：从“电子海洛因”到电子竞技

施　畅*

20 世纪 80 年代末 90 年代初，电子游戏开始流入中国，随之而起的是针对电子游戏的一系列指控：损害健康、暴力情色、致人上瘾等。电子游戏犹如洪水猛兽，被认作是对纯真童年的邪恶荼毒，必须对青少年的越轨与犯罪行为负责。媒体对有关电子游戏的负面报道接连不断，声讨之势汹汹，咒骂之声不绝。电玩凶猛，言之凿凿。

以往大规模的、压倒性的针对电子游戏的批判浪潮，如今已再难重现——即便偶有批评，力道也远不如前。在某种意义上，三十余年来（1986—2017 年）的中国电子游戏“接受史”，是讨伐消歇、控诉失效的历史。人们对电子游戏的态度，从曾经的贬斥、恐慌和批判，转变为如今的理解、容许，甚至是褒扬。

本文所要讨论的核心问题是：人们对电子游戏的恐慌为何而起？又为何而衰？笔者试图将“电子游戏”[①] 放置在一个更为广阔的社

---

* 施畅，北京大学艺术学院研究员。

① 电子游戏，或称数字游戏，与之相对应的英文是 video game 或 digital game。之所以沿用“电子游戏”这一颇有历史感的名词，是因为笔者试图将 20 世纪 80 年代以来的各种流行电子游戏做一个整体性的讨论，借此观察各类游戏相继风行、兴衰交替的过程，包括街机游戏、家用（电视）游戏、单机游戏、局域网游戏、网络游戏，以及移动端游戏（如手机游戏）等。

会空间中来进行讨论，将技术、经济、文化、政治等结构性因素纳入考察范围。笔者尝试以多元互动论为研究视角，借鉴“道德恐慌”“越轨”等相关研究，对涉及电子游戏、“网瘾”[①] 等社会现象加以分析。

一、文献综述：人们为何害怕电子游戏？

首先，新式娱乐在风行之初动辄得咎，这并不鲜见。《家用电脑与游戏》杂志前记者赵挺作为“游戏恐慌”历史的见证者，有过一个大致的判断：“街机时代和电脑房盛行的时代，游戏为青少年创造了一个逃避和对抗现实的空间，影响了主流社会的威严，遂被套上‘影响治安’‘玩物丧志’和‘电子海洛因’等罪名；当游戏如同小说和电影般拥有了足够强大的叙事能力，而不再是简单的蹦蹦跳跳、打打杀杀时，主流的话语权又受到挑战，‘暴力’‘色情’等问题便成为压制游戏的主要理由；而在网络游戏的虚拟世界里，玩家甚至可以寄居其中，完全无视主流社会的存在，于是‘沉迷’被作为新的‘罪状’提了出来。”[②]

北京大学胡泳有丰富的媒体从业经验，他将人们对电子游戏的害怕归结为经久不衰的“媒体恐慌症”：“今天的游戏就好比曾经的摇滚乐一样，作为新的艺术形式都在问世之初广受指责，被认为是毒害年轻人的渊薮。一些唱片被禁止在电台播出，还有一些歌被迫改写歌词。但当战后的一代新人成长起来，摇滚乐的吓人罪名就慢

---

① 需要说明的是，我们很难把“游戏成瘾”和“网络成瘾”（网瘾）剥离开来讨论。众所周知，网络游戏通常是“网瘾”的主要原因，对“网瘾”的恐慌很大程度上就是对“网络游戏成瘾”的恐慌。因此，有关游戏的讨论就必然会涉及“网瘾”。

② 赵挺：《娱乐制造恐慌——三十年叛逆青春》，《家用电脑与游戏》2008 年第 3 期。

慢消失了。现在，人们转而抨击的是说唱乐和游戏。”[①] 正如库尔特·斯奎尔所言，针对游戏的批评并不鲜见，这类批评在任何一种新兴媒介出现时都会风行一时。[②]

饱受非议似乎是新兴媒介的宿命。我们可以借用“大众社会理论”来对此加以解释。该理论假定新式媒介会对正常的社会秩序起到破坏作用，并为我们描绘了一幅可怖的图景：电子游戏堕落不堪，游戏厂商唯利是图，青少年在电子屏幕前茫然无助。游戏提供耸人听闻的内容，投其所好，不负责任，把青少年与日常社会隔离开来，使得学校教育和经典文化不再具有吸引力。唯一获利的是无良商家，他们毫无节制地从孩子们的休闲时间中大把赚钱。因此，游戏必须严格管制，青少年必须予以保护，使其不受电子游戏的操控。

不少论者认为，只从新式媒介的角度不足以完全解释中国现实，他们试图从社会历史的维度切入来解释“游戏恐慌”的成因。他们认为，公众对电子游戏的恐惧，反映出社会转型时期人们的不安与焦虑。夏威夷大学人类学系龚雁达与龙梅若在《“正如清朝”：现代中国的网络成瘾、在线游戏与道德关键时刻》一文中指出，人们对“网络（游戏）成瘾”的焦虑，折射出中国在试图融入全球体系时暴露出来的敏感与脆弱，其面临的种种问题包括：原先的道德秩序遭受冲击，社会关系逐渐“医疗化”，颇为时尚、但未获认可的新式媒介日益崛起，作为生活方式的消费主义大行其道，家庭结构的变迁以及育儿困境，等等。[③] 美国佩斯大学传播系斯懋熙在《“精神

---

① 胡泳：《电子游戏：卧室里的大象》，《读书》2006 年第 5 期。

② Kurt Squire, “Cultural Framing of Computer/Video Games,” Game Studies, 2002, Vol. 2, Issue 1.

③ Alex Golub, Kate Lingley, “‘Just like the Qing Empire’: Internet Addiction, MMOGs, and Moral Crisis in Contemporary China,” Games and Culture, 2008, Vol. 3, Issue 1. 文中译为《“正如清朝”：现代中国的网络成瘾、在线游戏与道德关键时刻》。

鸦片”的负面效应：对中国“网瘾”道德恐慌的批判文化分析》一文中指出，对“网瘾”的道德恐慌，既是由于中国传统的“道德型文化”所致，也暴露出中国在技术、现代化、西方化、教育体制等方面所面临的一系列危机。①《纽约客》前驻华记者欧逸文看完纪录片《中国网瘾者》后坦言，“在今天的中国，‘网瘾’一词关乎健康之外，还有另一种象征意义。它折射出一个国家所面临的焦虑，正如工业革命时期美国‘神经衰弱症’风行的动荡现象一样”②。

南加州大学张琳认为，“游戏恐慌”的发生应考虑社会主义传统遭遇新自由主义浪潮的历史情境。她将政府、产业、玩家三者之间的互动关系纳入研究视野，她观察到各种社会力量对电子游戏所展开的话语争夺：电子游戏既被称许为“不无益处的”，教授年轻人以现代价值和电子科技，同时又被斥责为“病理性的”，致人成瘾，引人堕落。③北京大学王洪喆延续了张琳的思路，他进一步讨论了“游戏恐慌”的原因：其一，社会主义传统所倡导的集体主义的、健康的娱乐日渐为市场化的娱乐所取代，典型的空间变迁就是工人文化宫逐渐为私人录像厅、游戏厅等所占据；其二，社会主义既有体制瓦解后，人们对下一代子女的社会流动问题愈发焦虑，以至于“娱乐”成了与“教育”截然对立的一个范畴。④香港中文大学人类学系的饶一晨从“社会控制”的角度来审视“网瘾”现象，他认为：人们感到无能为力时往往寄希望于政府干预，而恐慌的根本原因正在于国家力量的撤退。无论是对“致人沉迷”的网游、“危险”网

---

① Marcella Szablewicz, “The Ill Effects of ‘Opium for the Spirit’: A Critical Cultural Analysis of China’s Internet Addiction Moral Panic,” Chinese Journal of Communication, 2010, Vol. 3, Issue 4.

② Evan Osnos, “Talking to China’s ‘Web Junkies’,” the New Yorker, July 28, 2014.

③ Lin Zhang, “Productive vs. Pathological: The Contested Space of Video Games in Post - reform China (1980 - 2012),” International Journal of Communication, 2013, Vol. 7.

④ 王洪喆：《不可折叠的时空与不可降维的身体——电子游戏的城市空间社会史》，《中国图书评论》2016 年第 4 期。

吧的恐慌，还是对资质可疑、牟取暴利的网戒中心的恐慌，人们实际上在害怕同一件事物——人们希望能够“恢复国家主导的模范型社会控制”，从而“平息一切在社会急剧转型过程中产生的‘现代性危险’”。[①]

二、研究框架

在《民间魔鬼和道德恐慌》一书中，基于对英国20世纪60年代一系列反社会现象（包括光头党、足球流氓、嬉皮士等）的观察，社会学家斯坦利·科恩发现：媒体倾向于重复报道某一反社会行为，令公众对某一特定社群产生恐慌，即便这种恐慌是不必要的。科恩将其称作“道德恐慌”，并将其描述为一个过程：“某种条件下或某个场景中，某个人或某群体进入公众的视野，他们被认定为社会价值和利益的威胁。大众媒体以程式化的、老套的方式展现他们的本质。媒体、教会、当局，以及其他正义之士纷纷出手，在道德上对其横加干涉。社会公认的专家们宣布他们的诊断，并提供解决方案。”[②] 科恩发现，恐慌还是一种操纵和利用的工具，能让更大的权力和更多的预算流向维持治安的力量。[③]

霍华德·贝克尔在《局外人：越轨的社会学研究》中指出，“社会群体通过制定规范使那些不符合此规范的行为成为‘越轨’”[④]。换

① 饶一晨：《网瘾少年与中国社会控制模式的变革》，《文化纵横》2015年第5期。

② Stanley Cohen, Folk Devils and Moral Panics: The Creation of the Mods and Rockers, London: Routledge, 2011, p. 1.

③ Stanley Cohen, Folk Devils and Moral Panics: The Creation of the Mods and Rockers, London: Routledge, 2011, pp. 80 – 161.

④ ［美］霍华德·贝克尔著：《局外人：越轨的社会学研究》，张默雪译，南京：南京大学出版社，2011年版，第8页。

言之，“越轨不取决于一个人行动本身的性质，而是他人执行规范和判断的结果”[①]。贝克尔从互动论角度来观察越轨现象，他将其视作一段充满博弈的动态过程。[②] 贝克尔将那些判定越轨、处置越轨的专家们称之为“道德提倡者”，包括“规范制定者”和“规范执行者”两种类型。[③] “规范制定者”也是“道德改革家”，通常以改革者自命，认定社会上存在某些不甚理想的事物，容忍的态度是难以接受的，存在的问题亟待着手解决。他们既不失狂热又充满正义感。[④] “规范执行者”，即规范的具体执行者，不仅需要证明自己的身份和社会位置是正当合理的，还得设法获得规范受众的尊敬。[⑤]

本文参考了科恩的理论框架——互动论视角下的恐慌现象，并借鉴贝克尔“越轨”理论中的“规范制定者”“规范执行者”等概念，旨在考察围绕电子游戏的多元主体之间的多维互动，包括流行电子游戏，游戏者/玩家（主要是青少年），游戏产业（包括处于产业链下游的游戏场所经营者，以及上游的游戏厂商或代理），政府（国家部委、地方政府），家庭与学校，媒体，以及游戏反对者（规范的制定者与执行者）。笔者试图再现围绕电子游戏而展开的动态社会场域，考察恐慌由兴而衰的变迁过程，由此呈现一个更为完整的当代中国娱乐文化的变迁图景。

---

① ［美］霍华德·贝克尔著：《局外人：越轨的社会学研究》，张默雪译，南京：南京大学出版社，2011 年版，第 8 页。

② ［美］霍华德·贝克尔著：《局外人：越轨的社会学研究》，张默雪译，南京：南京大学出版社，2011 年版，第 168—170 页。

③ ［美］霍华德·贝克尔著：《局外人：越轨的社会学研究》，张默雪译，南京：南京大学出版社，2011 年版，第 122—136 页。

④ ［美］霍华德·贝克尔著：《局外人：越轨的社会学研究》，张默雪译，南京：南京大学出版社，2011 年版，第 122 页。

⑤ ［美］霍华德·贝克尔著：《局外人：越轨的社会学研究》，张默雪译，南京：南京大学出版社，2011 年版，第 130 页。

三、危险的空间

日本摄影师秋山亮二的写真集《你好小朋友》，记述了20世纪80年代初昆明、呼和浩特、乌鲁木齐等全国各地儿童的日常生活，其中包括捉迷藏、田间摸鱼、乘着卡车去郊游、公园划船、玩玩具枪、扮小兔子比赛等游戏场景。[①] 这是“70后”一代的童年时光。他们熟悉的是集体的、户外的游戏，积极健康，亲近自然，通常无需花费或者花费不多。然而，到了“80后”一代，这种未受电子媒介侵蚀的纯真童年开始迅速消逝。

（一）“电子海洛因”的控诉

20世纪80年代后期，以街机游戏为代表的电子游戏由境外流入，从沿海地区（如广东）逐渐蔓延至全国。[②] 街机游戏以投币开局，内容多为格斗或射击，容易上手却难于精通——除非靠持续不断地反复操作，其代价是不停地换购游戏币。各地商家看准商机，纷纷购置游戏机开设游戏室，并默许、怂恿、引诱中小学生玩游戏。

男孩们在此相约，迅速热络。在众人的围观之下，出奇制胜的游戏技巧是赖以炫耀的资本。[③] 街机的排行榜设计以及双人对战模式，使得年少的游戏者们心痒难耐、跃跃欲试，或试图登顶排行榜，或打算痛击对手，借此赢得同辈团体的崇拜。当时最流行的是《魂

---

① ［日］秋山亮二著：《你好小朋友》，小西六写真工业株式会社，1983年版。

② 伍海谷、孙芒：《“外星人”夺走了我们的孩子吗?》，《南风窗》1986年第7期。

③ 街机游戏一般有口口相传的、杀伤力极强的“必杀技”，须在数秒之内以一定顺序操作控制杆和按钮才能施放。

斗罗》（日本科乐美，1987 年）、《街头霸王 II》（日本 CAPCOM，1991 年）等格斗类游戏，看上去颇为嗜血暴力。

人们对昏暗拥挤、烟雾弥漫的娱乐场所向来没什么好感。当时所谓的“三室一厅”（电子游戏室、台球室、录像室以及歌舞厅）被视作鱼龙混杂的社交场所，提供不良的社会化。因此，老师和家长常常对醉心游戏的孩子加以“围追堵截”，而年轻的游戏者们则千方百计地躲避他们的追踪。玩游戏是一件亏心事。游戏者们偷偷摸摸，提心吊胆，得随时警惕家长或老师的破门而入，不过这反而让他们感受到前所未有的刺激。

广大群众对电子游戏的态度日趋激烈，纷纷通过“读者来信”、新闻爆料等方式向地方媒体，甚至中央媒体控诉电子游戏延误学业、破坏家庭的罪行。[1] 这既是借助媒体诉苦，同时也是在向政府喊话，呼吁相关责任部门出手整治。1989 年，《人民日报》刊出简讯《学生入迷，家长忧心，上海街头游戏机成灾》，称“上海街头涌现难以数计的电子游戏机”[2]。由于缺乏监管，凶猛来袭的电子游戏着实让不少家长、老师忧心忡忡。广西一位家长给《人民日报》编辑部写信，称自己孩子“从 1993 年涉足街上的电子游戏室后，就像着了魔、吸了毒一样上了瘾”，时常旷课、撒谎、偷窃。这位家长悲愤地呼吁“有关部门要下决心下力气管好电子游戏室”[3]。

20 世纪 90 年代中期，家用游戏机（或称“电视游戏机”）逐渐进入中国家庭，其中影响力最大的是小霸王电脑学习机（以下简称“小霸王”）。1994 年，“小霸王”聘请著名演员成龙拍摄广告，广告词“望子成龙小霸王”家喻户晓。尽管“小霸王”宣称其产品定位为“中英文电脑学习机”，但实际上它通常被拿来玩卡带游戏。王洪

---

① 宣宇才：《百名家长呼吁：让孩子远离“电子海洛因”》，《小读者》2003 年第 5 期。
② 朱丹：《学生入迷，家长忧心，上海街头游戏机成灾》，《人民日报》1989 年 4 月 16 日。
③ 黄雪华：《电子游戏室害了我的孩子》，《人民日报》1998 年 6 月 3 日。

喆对“小霸王”畅销的解释饶有意味：在工薪家庭购置电脑遥不可及的情况下，“小霸王”将集成了键盘的游戏机与电视机相连接，给人以“在使用电脑”的感觉——所谓的“计算机教育”让家用游戏机获得了合法性，从而缓解了家长对阶层流动的焦虑。①

一些家长其实并不反对孩子适时适量的玩游戏，他们主动购置家用游戏机，试图将子女溢出其掌控范围之外的游戏行为重新纳入掌控之中——既然在家就能玩上游戏，那么孩子便没有必要再跑去街头游戏室玩游戏了。毕竟家长们对“乌烟瘴气”的游戏室还是颇为忌惮的。张琳指出，“小霸王”成功地将青少年玩家从公共空间剥离出来，让儿童返回家庭，这毕竟叫人心安。②

20 世纪 90 年代后期，电脑游戏开始流行。电脑在当时价格不菲，购置家用是一件稀罕事。③ 于是，配置电脑的游戏机房应运而生，可单机亦可联机对战（通过局域网）的电脑游戏火爆一时。④ 2000 年，《光明日报》刊出一则揭露武汉地区电脑游戏泛滥的调查报道《电脑游戏，瞄准孩子的“电子海洛因”》，从此引爆舆论。记者在暗访时发现，游戏室老板往往使出浑身解数，不仅怂恿学生“留驻”游戏室，还千方百计鼓励更多的学生尝试游戏。一个黄头发的青年告诉暗访记者：“这电脑游戏就是毒品，就是海洛因 4 号，不是我引诱他，孩子一旦迷上了，自己就会变坏。”游戏室老板也说：“整天在游戏室里的孩子，只有一个结果，男孩子最后变成抢劫犯、

---

① 王洪喆：《不可折叠的时空与不可降维的身体——电子游戏的城市空间社会史》，《中国图书评论》2016 年第 4 期。

② Lin Zhang, “Productive vs. Pathological: The Contested Space of Video Games in Post – reform China (1980 – 2012),” International Journal of Communication, 2013, Vol. 7.

③ 截至 1998 年，中国每千人有电脑 8.9 台，世界平均数为 70.6 台。《个人电脑普及率 1990—1998》，载朱之鑫编《国家统计年鉴（2000）》，北京：中国统计出版社，2000 年版，第 571 页。

④ 一度流行的电脑游戏，包括即时战略游戏《星际争霸》（美国暴雪娱乐，1997 年）、《红色警戒》（美国西木工作室，1997 年），第一人称战术射击游戏《反恐精英》（美国维尔福，1999 年），以及回合制策略游戏《魔法门之英雄无敌 III》（美国 NWC，1999 年）等。

小偷，女孩子最后变成陪侍女。”[①]

《光明日报》影响既广，声讨也烈，地方政府自然不敢轻视。见报当天，武汉市委领导便亲自挂帅，以“雷霆手段”对当地的电脑游戏室开展“扫荡”。某市委领导表示，“今天的《光明日报》关于武汉地区电脑游戏的暗访文章写得很有分量，特别是将电脑游戏定位为‘电子海洛因’很准确”，政府要“坚决打击整治”。[②] 各路专家纷纷献计献策，讨论该如何对付“电子海洛因”。武汉大学一位教授指出：“未成年犯罪是将来新的犯罪增长点。电子游戏机室实际上，说得严重点是在培养犯罪的后备军。”该教授建议运用法律手段，“把那些黑心老板重罚、重判一批，甚至要开‘杀戒’”。[③]

“电子海洛因”一词，既是譬喻，也是判断。电子游戏被等同于毒品，至少危险程度与毒品无异，均有致人上瘾且不可自拔的极端负面的效果。沉迷游戏的游戏者与沉迷毒品的瘾君子在主流社会看来并无不同，他们代表了失控的自我和失败的人生。

大众媒体热衷于挖掘游戏少年的悲情故事，且反复征引某些权威人士的论断。媒体与专家一同构建的严峻图景使家长们愈发惶惶不安。家长害怕子女延误学业，主流社会害怕游戏者沦为罪犯。斯图亚特·霍尔曾在《管控危机》中对此类社会危机中的新闻运作机制予以揭示。霍尔等认为，在新闻生产中，“媒体并非简单地‘炮制’了新闻，同样也不是以一种共谋的方式简单传递了‘统治阶级’的意识形态”，而是“处于一个结构性地受制于初级定义者的位置”。[④] 所谓“初级定义者”，就是那些颇有社会地位的权威人士。他们对富有争议性的话题好发高论，媒体也乐于将这些发言者视作

① 夏斐：《电脑游戏，瞄准孩子的“电子海洛因”》，《光明日报》2000 年 5 月 9 日。

② 夏斐：《武汉以雷霆手段扫荡“电子海洛因”》，《光明日报》2000 年 5 月 10 日。

③ 夏斐：《电子“海洛因”该如何整治》，《光明日报》2000 年 6 月 9 日。

④ Stuart Hall，Chas Critcher，Tony Jefferson，John Clarke and Brian Roberts，Policing the Crisis：Mugging，the State and Law and Order，London：Macmillan，2013，p. 59.

可靠的信源，使其观点易于接受且广为流传。[①] 同时，以“底层人民的呼声”立场示人的“读者来信”和媒体观点互相呼应，从而“巩固、支持了那些业已流传的观点，协助社会共识的封闭循环，提供合法化的关键环节”。[②] 安吉拉·默克罗比认为，道德恐慌成了一套“新闻实践的标准操作”，[③] 易于唤起公众的注意，同时亦是一套行之有效的情感策略，通过恐吓家长来达到控制年轻人的企图，试图维护一种传统家庭的生活图景，呼唤一种“秩序重建”的大众意识。[④]

在当时，家用电脑尚未普及，宽带入户也未可期，家长只能眼睁睁地看着自己的孩子为昏暗逼仄的空间中花花绿绿的电脑屏幕所吸引。他们不免怀念过去那个未受电子媒介入侵的纯真童年。在部分家长看来，电子游戏不是自由的嬉戏，而是吞噬纯真童年的“电子海洛因”。“保卫儿童”是必须的，第一步就是要让孩子们远离电子游戏的经营场所，以免受到侵害。

（二）政府对游戏场所的整治

电子游戏的泛滥，通常被归咎于政府部门的监管缺位，因此批评者们经常呼吁政府力量对游戏经营场所严加管制。作为回应，官方对游戏经营场所采取的举措多半是惩戒性的。起初，政府主要打击“利用游戏机搞赌博或变相赌博”等违法行为。[⑤] 而在 1998 年电

---

① Stuart Hall，Chas Critcher，Tony Jefferson，John Clarke and Brian Roberts，Policing the Crisis：Mugging，the State and Law and Order，London：Macmillan，2013，p. 58.

② Stuart Hall，Chas Critcher，Tony Jefferson，John Clarke and Brian Roberts，Policing the Crisis：Mugging，the State and Law and Order，London：Macmillan，2013，p. 137.

③ Angela McRobbie，Postmodernism and Popular Culture，London：Routledge，1994，p. 196.

④ Angela McRobbie，Postmodernism and Popular Culture，London：Routledge，1994，pp. 192 – 193.

⑤ 文化部等：《关于加强台球、电子游戏机娱乐活动管理的通知》，1990 年 4 月 30 日，文市发〔1990〕50 号。文化部等：《关于严禁利用电子游戏机进行赌博活动的通知》，1992 年 12 月 9 日，文市发〔1992〕47 号。

脑游戏室大热之后，政府开始在全国范围内对电脑游戏发起一系列监管风暴：

娱乐场所“一律不得以电脑充当游戏器具”（1998 年）；[①]

网吧“不得经营电脑游戏”（1998 年）；[②]

坚决打击“以‘电脑屋’‘网吧’‘网络咖啡屋’等各种名义利用电子计算机从事经营性电脑游戏活动”（2000 年）。[③]

禁止在网吧电脑上玩游戏，[④] 这一政府禁令在今天看来着实令人费解，至少执行起来就困难重重。文化部对此解释：当前，一些网吧经营局域网游戏的现象很突出，有的还通过组织局域网游戏比赛的方式招揽消费者。[⑤]

网吧“不得经营电脑游戏”，官方对此有自己的理由——牌照专营。政府将网吧定位为“信息服务场所”，归工商行政部门管理；[⑥]经营电脑游戏的场所则属“娱乐场所”，归文化行政部门管理。[⑦] 也就是说，政府试图区隔“信息服务”与“游戏娱乐”，使之不失其序。更何况，不易监管的电脑游戏在管理者看来风险巨大：街机游戏只能运行某款特定的游戏，而电脑却能够安装版本适合的任何游戏；加之盗版的普遍，电脑几乎可以毫无成本地安装任何游戏。政府整治网吧的理由之一便是：“有些经营者打着‘网吧’的幌子，

---

① 文化部：《关于取缔经营性电脑游戏活动的通知》，1998 年 9 月 12 日，文明电〔1998〕17 号。

② 公安部等：《关于规范“网吧”经营行为加强安全管理的通知》，1998 年 12 月 25 日，公通字〔1998〕90 号。

③ 文化部等：《关于开展电子游戏经营场所专项治理的意见》，2000 年 6 月 12 日，国办发〔2000〕44 号。

④ 特指使用局域网联机对战的即时战略类游戏，如《红色警戒》。

⑤ 文化部：《关于贯彻〈互联网上网服务营业场所管理条例〉的通知》，2002 年 10 月 11 日，文市发〔2002〕46 号。

⑥ “信息服务场所”，即各类从事电脑资讯、培训和网络服务的经营单位。

⑦ 公安部等：《关于规范“网吧”经营行为加强安全管理的通知》，1998 年 12 月 25 日，公通字〔1998〕90 号。

经营含有赌博、淫秽等内容的电脑游戏，对社会的稳定和青少年的身心健康造成了极坏的影响。”①

2001 年，以《热血传奇》（韩国娱美德，2001 年）为代表的 MMORPG 开始崛起，并迅速风靡全国。对游戏的指控开始由电脑游戏转移至网络游戏身上。② 这场批判一定程度上基于新闻媒体对网游玩家、网游场所的极具倾向性的形象塑造。燕道成、黄果发现，新闻报道通过强调有卖点的内容、戏剧化处理报道和剥夺玩家话语权等方式，给网游青少年群体贴上了“责任感缺失”“问题少年”“犯罪倾向”等标签，将其塑造为“性情焦虑”“好斗好胜”“易怒”“冷血”“没出息”“易性犯罪”的刻板印象，以此完成对网游青少年形象的污名化建构。③ 饶一晨指出，媒体有关网吧的报道，“在叙述上毫无例外地将网络或者网吧描述成一种现代性的‘危险’的象征或者来源，而这种‘危险’直指青少年不稳定的身体、道德和心智”④。

网吧自 21 世纪以来蓬勃发展，与之同步的是政府对网吧的管制。从互动的角度来看，对网吧采取的社会控制（如“专项整治”等），实质上是政府在面临汹涌舆情时的某种回应机制。政府紧急动员、采取手段、专项整治，在短时间内收效不错，但效果未必维持长久。因此，政府对网吧等场所的整治行动注定是频繁的、运动式的——只要网游需求持续旺盛。据邱林川统计，2000—2009 年中国报刊以“网吧”为标题的新闻报道，主要有“产业发展”“治理整顿”“学生沉湎网吧”“刑事案件”四类框架，以“治理整顿”为报

① 公安部等：《关于规范“网吧”经营行为加强安全管理的通知》，1998 年 12 月 25 日，公通字〔1998〕90 号。

② 李陈续：《警惕“网吧”成为电子海洛因》，《光明日报》2001 年 3 月 26 日。

③ 燕道成、黄果：《污名化：新闻报道对网游青少年的形象建构》，《国际新闻界》2013 年第 1 期。

④ 饶一晨：《网瘾少年与中国社会控制模式的变革》，《文化纵横》2015 年第 5 期。

道框架的新闻占据三成之多。[①]

事情正在起变化。随着家用电脑的普及，游戏开始与游戏室、网吧等经营性场所解绑——不是说人们从此不再去网吧玩游戏，而是说游戏的场所不再固定，游戏成了一件日常家居、触手可及的事情。于是，以往针对“危险游戏空间”的相关控诉，随着游戏的“登堂入室”而渐渐衰歇了。不过，一个新的指控冉冉升起——“网络（游戏）成瘾”。

四、成瘾的危机

（一）“道德改革家”的判定

电子游戏的反对者们在谈及游戏危害时，习惯于取譬引喻，“电子海洛因”便是例证。胡泳指出，“网络成瘾被指为败坏青少年道德的渊薮，这种污名化往往是通过一系列比喻完成的：把网络比作精神毒品，戒除网瘾则被视为一场战争”[②]。

反对者们往往对网游缺乏体验，事实上他们也拒绝体验。从事“网络沉溺问题研究”的张春良认为，网络游戏实为“电子海洛因”，而网游厂商则是有意“销售沉溺”的“电子贩毒者”。[③] 在接受《家用电脑与游戏》杂志采访时，张春良坚称，尽管自己没玩过网游，但这并不妨碍自己批评网游：“这瓶东西是毒药，喝死过人，我只要知道这瓶东西足以毒死人就可以了，不用知道这瓶毒药的化

① 邱林川：《信息时代的世界工厂：新工人阶级的网络社会》，桂林：广西师范大学出版社，2013 年版，第 70 页。

② 胡泳：《道德恐慌》，《商务周刊》2011 年第 7 期。

③ 张春良：《在网路上狂奔：一个少年的死和对一个产业的诉讼》，北京：群言出版社，2005 年版，第 41—58 页。

学成分是什么。”[①] 海南大学的孙绍先也公开抵制电子游戏，逻辑与张春良相似。在面对“没有玩过游戏的人没有资格批评游戏”的诘难之时，他正色反问：“难道没有吸过毒的人没资格反对毒品吗？”[②]

此类电子游戏批评者，可归入贝克尔所谓的“道德改革家”一类。他们对现状极为不满，并热切地提出道德改革方案。基于此，干预、拯救、治疗等应对措施就显得尤为必要。贝克尔指出，继“道德改革家”提出“规范”之后，专门的机构组织便应运而生，开始着手执行“规范”——“专职解决某类问题的大型组织被建立起来，作为机构组织的规范执行者取代了个人改革家的位置”[③]。

（二）“规范执行者”的矫正

2004年前后，救助“网瘾”少年的浪潮开始形成。据称华中师范大学特聘教授的陶宏开是“网瘾”救助的最早倡导者之一。2004年5月，《武汉晚报》在头版头条刊载了一位母亲的来信《谁来救救我的女儿》。这位绝望的母亲向媒体哭诉自己的女儿迷恋网络游戏，劝过、骂过、打过，甚至报过警，但女儿依旧不肯回头。来信见报后，陶宏开主动联系了这位母亲，并与其女儿促膝长谈。女孩旋即戒掉了多年的“网瘾”。[④]

陶宏开的恳谈劝导堪称“和风细雨”，不过这在现实中难以复制，于是矫正“网瘾”的强制性手段趁势登场。纪录片《中国网瘾者》讲述了某军区总医院下属的中国青少年心理成长基地里发生的

---

① 赵挺：《药、官司与飞逝的少年——中国首起网游公益诉讼深度报道》，《家用电脑与游戏》2005年第12期。

② 孙绍先：《诅咒电子游戏》，《中国图书评论》2007年第6期。

③ ［美］霍华德·贝克尔著：《局外人：越轨的社会学研究》，张默雪译，南京：南京大学出版社，2011年版，第126—129页。

④ 翟永存：《根治网瘾，绝招挽救女中学生一家》，《家庭》2004年第12期。

故事。基地主要从事“网瘾”治疗，模式包括军事训练、心理辅导、医学治疗等。

正如张琳等人所指出的那样，“网络（游戏）成瘾/网瘾”的命名，实质上是将“过量上网/游戏”“病理化”。在这个预设下，“网瘾”被判定为精神疾病的一种，需要接受规范化的医学治疗，有时甚至有必要采取强制性手段。此外，作为病理的“网瘾”将矛头指向少数个体而非游戏经营场所。换言之，“生病”是身体的疾患，是个人的事情，不在公权力的管制范围之内。绝望的家长们无法求助于公权力，只好求助于经营性的专业机构。

所谓的网戒机构，很大程度上属于欧文·戈夫曼意义上的“全控机构”（Total Institution，或译为“总体机构”）。戈夫曼揭露了以精神病院为代表的“全控机构”的自我合法化的组织方式——通过定义他们的目标使其活动获得合法性，反过来又将他们为实现这些目标所采取的措施合法化。同时，“全控机构”剥夺了人们的社会支持系统以及他们的自我感。① 网戒机构的组织方式及其针对“网瘾”的病理化处理正体现了这一点。

2008 年，随着媒体的曝光，网戒灰色产业逐渐进入公众的视野。人们发现，所谓的“网瘾戒除”正逐渐从最初的公益事业变成一门有利可图的生意。2008 年，央视《新闻调查》栏目播出的《网瘾之戒》，曝光了临沂市第四人民医院“网络成瘾戒治中心”用电击治疗“网瘾”的黑幕——无比驯服的受治者似乎“因为恐惧才顺从”。②《南方周末》记者杨继斌等人发现，2009 年之前是“网瘾”治疗的黄金时代，也是各大“门派”大肆圈地的时代。“门派”之

---

① ［美］欧文·戈夫曼著：《精神病院：论精神病患与其他被收容者的社会处境》，台北：群学出版有限公司，2012 年版。

② 中央电视台：《新闻调查〈网瘾之戒〉》，2009 年 8 月 15 日。中心主任杨永信承认将“适用于狂躁型精神病患者的一款抽搐型的治疗仪”施用于青少年网瘾者身上，尽管他坚称使用电量不超过 5 毫安，但知情者透露最高曾高达 40 毫安。

间互相攻讦亦是常事：尽管戒除“网瘾”是共同目标，但戒除手段究竟选择教育矫正，还是医学治疗，各方分歧甚是严重。他们通常强调自身戒除手段的专业性，质疑对方“门派”的资质。①

值得注意的是，有关“网瘾”的界定标准一直饱受争议，且最终未获官方背书。② 相关专家在界定“网瘾”时往往声称参考了国际标准，而实际上这个所谓的“国际标准”不过是以讹传讹。③ 2009 年 11 月 4 日，卫生部疾病预防控制局在《〈未成年人健康上网指导〉征求意见稿》中明确否认将“网瘾”当作一种疾病，只将其称作“网络使用不当”，并禁止损毁性外科手术，禁止通过限制人身自由、体罚等方式进行干预、治疗。④

五、消失的污名

就电子游戏而言，风向已变，对游戏的口诛笔伐在今天已经不合时宜了。据格雷姆·柯克帕特里克的考察，1985 年前后，英国有关电子游戏的话语发生重大变迁——“游戏行为的正常化”。早期人们对待电子游戏的态度是拒绝排斥、负面描述、污名化，甚至是病理化。后来人们开始抛弃有关“游戏行为是不正常的”这一指控。游戏上瘾也不再被视作一件糟糕透顶的事情，甚至可以很“酷”。玩

---

① 杨继斌等：《“网瘾”治疗：门派并起，裸奔五年》，《南方周末》2009 年 9 月 3 日。

② 2008 年，某军区总医院牵头制定《网络成瘾临床诊断标准》：“每天上网超过 6 小时，连续超过 3 个月，即为网络成瘾。”我国首部《网络成瘾临床诊断标准》通过专家论证，玩游戏成瘾被正式纳入精神病诊断范畴。

③ 美国精神科医生伊万·戈德伯格在 1995 年提出的“网络成瘾”（Internet Addiction Disorder，IAD）。戈德伯格后来承认他主要是为了调侃由美国精神病协会发布的“愚蠢的”《精神障碍诊断与统计手册》而临时起意的。为了证明该手册的刻板迂腐，他胡诌了一个“网络成瘾”的名词，并煞有介事地列出了“成瘾”的七大症状，不料却有人信以为真。

④ 卫生部疾病预防控制局：《〈未成年人健康上网指导〉征求意见稿》，2009 年 11 月 4 日。

家以“怪胎”自命，既是一种创造性的自我表达，也是一种“正常又正确”的实践方式。[①] 就中国而言，据韩鑫、束晓舒的观察，近十年来舆论场对网络游戏的评价亦趋于中性和理性，这为网游青少年群体的游戏行为提供了一个相对宽松的舆论环境。[②]

如今，我们看待电子游戏不似二十年前那般恐慌了。不过恐慌的消逝并非自然而然，而是多方博弈促成的结果，有时甚至经历了激烈的斗争。下面笔者将从“网络游戏的流行迭代”、“国家政策的松绑与支持”及“游戏玩家的崛起与反击”三个方面来讨论游戏的污名是如何消逝的。

（一）网络游戏的流行迭代

2001—2008 年，中国的网络游戏市场获得高速成长，《热血传奇》（韩国娱美德，2001 年）、《魔兽世界》（美国暴雪娱乐，2003 年）、《征途》（中国巨人网络，2006 年）等“爆款”MMORPG 游戏相继迭出。MMORPG 游戏按商业模式可分为两类：一类是“点卡付费”，即按照游戏时长收费，如《热血传奇》《魔兽世界》；另一类是“道具付费”，营收主要依赖于虚拟道具和附加服务的销售，如《征途》。“道具付费”名义上是免费游戏，没有门槛，但玩家要想在短时间内迅速取得“成就”就得靠“内购”消费——这部分游戏玩家又往往被称作“人民币玩家”或“氪金玩家”。

为了拉动道具的销售，某些游戏商会故意在“道具付费”类游戏中制造争端、挑起战斗，从而拉动两个敌对阵营的投资战，加速物资和货币的消耗。《南方周末》记者曹筠武等曾在深度报道《系

---

① Graeme Kirkpatrick，“Making Games Normal：Computer Gaming Discourse in the 1980s，” New Media & Society，2014，Vol. 18，Issue 8.

② 韩鑫、束晓舒：《还原理性：网络游戏舆论场的转向》，《当代传播》2015 年第 4 期。

统》中揭露了《征途》游戏的种种内幕。在游戏中，富人能够霸道横行，穷人只能在逼仄的空间里勉强求生。《系统》如此评价这款游戏：“它谦卑而热情地引导你花钱，它隐身其后挑起仇杀和战争，它让你兴奋或者激起你的愤怒，它创造一切并控制一切，它就是这个世界里的神。”①

2008 年之后，电子竞技类游戏逐渐兴起，极大地改变了原有的产业格局。以 MMORPG 为主的传统网游（如《魔兽世界》）面临衰落，以 MOBA② 为主的电子竞技方当红，如《英雄联盟》（美国 Riot Games，2009 年）、《刀塔 2》（美国维尔福，2011 年）等。电子竞技比较注重平衡性（竞争对手实力相当），也容易入手，每局游戏时间还不长（30 分钟左右一局），因此玩家群体要大得多。“电子竞技”的命名本身提供了一种相对正面的意涵：此类游戏讲求策略、技巧，在“竞技”上花费时间显得无可厚非，电子游戏的竞技者们不是在“被动沉迷”而是在“主动提升技艺”。2003 年 11 月，电子竞技被国家体育总局正式列为体育项目，这被视为官方对电子竞技“身份”的认定。

传统网游的盈利手段较为单一，主要依靠鼓励玩家多花时间、多花钱。如今，游戏产业已大大拓展了自身的盈利模式，发展为一套以 IP 打造为中心的泛娱乐产业布局：文学、动漫是 IP 的孵化来源，电影是影响力的放大器，而游戏的增值付费则能够实现盈利的最大化。同时，电竞赛事的繁荣催生了包括俱乐部、大型赛事、游戏直播、广告赞助等在内的一整套完善的行业机制。游戏产业链还包括各种周边产品，如海报、首饰、公仔、手办、日用品等。只要玩家足够喜爱一款游戏，就很有可能为其进一步付费。

---

① 曹筠武等：《系统》，《南方周末》2007 年 12 月 20 日。《征途》游戏的一系列设定均指向“道具付费”：类似于赌博的“开宝箱”，催生装备竞赛的“仇人名单”等。

② MOBA（Multiplayer Online Battle Arena），多人在线战术竞技游戏，简称“电子竞技”。

（二）国家政策的松绑与支持

国家对电子游戏的规范与导向，具体体现在两个方面："健康游戏"和"绿色游戏"。"健康游戏"，指的是适量、适时的游戏行为，如2003年新闻出版总署规定游戏出版物均需登载《健康游戏忠告》，[①] 以及2007年由新闻出版总署推动落实的"防沉迷系统"。[②] "绿色游戏"，指的是内容适宜的游戏，如2010年新闻出版总署规定网络游戏不得含有危害国家、暴力色情等不良内容。[③] 换言之，唯有处理好"不健康的游戏行为"和"不良的游戏内容"两大问题，游戏产业的发展才能取得合法性。长期关注网游研究的鲍鲳指出，国家政策倾向于将网络游戏"一分为二"——"既表达了对网游产业的支持，又表达了对青少年的关心、关爱"[④]。这相当于为游戏产业的发展"解绑"。

2002年以来，国家开始引导、支持、推进国产游戏事业的发展。据艾瑞咨询统计，2003年韩国游戏占据中国网络游戏市场份额的半壁江山。[⑤] "韩流"凶猛，民族话语趁势而起，主流媒体纷纷论证"发展民族游戏"的合法性与紧迫性："某些来自海外的不健康的游戏"十分危险，让我国青少年沉溺不能自拔；[⑥] 国内游戏制造商自然义不容辞，亟须抢占这一"文化阵地"，"用健康、积极、有益

---

① 新闻出版总署：《关于在游戏出版物中登载〈健康游戏忠告〉的通知》，2003年9月23日，新出音〔2003〕861号。"健康游戏忠告：抵制不良游戏，拒绝盗版游戏。注意自我保护，谨防受骗上当。适度游戏益脑，沉迷游戏伤身。合理安排时间，享受健康生活。"

② 赖名芳：《网络游戏今起强制防沉迷》，《中国新闻出版报》2007年7月16日。

③ 文化部：《网络游戏管理暂行办法》，2010年8月1日（文化部令第49号）。

④ 鲍鲳：《网游：狂欢与蛊惑》，苏州：苏州大学出版社，2012年版，第148页。

⑤ 上海艾瑞市场咨询有限公司：《2004年中国网络游戏行业研究报告》，2004年4月。

⑥ 张翼南：《电子游戏的宜导》，《人民日报》（海外版）2002年4月27日。

的东西”取代“消极、有害、腐朽的东西”。① “民族游戏”成了游戏产业谋求公众认同与政府支持的有力口号。基于此，国家陆续推出各项政策，以实际举措支持民族网络游戏的发展，② 支持电竞赛事，③ 支持游戏动漫会展，等等。近年来，随着网络游戏产业的蓬勃发展，孙佳山等人呼吁：网络游戏属于“网络文艺”的重要分支，对提升中国文化软实力有着重要的战略意义。④

（三）游戏玩家的崛起与反击

一代有一代之游戏。随着话语权的迭代转移，人们对游戏的印象逐渐有了改观。昔日偷偷摸摸玩游戏的少年们长大了，面对主流社会和传统媒体对他们的污名化、标签化，他们非但不在乎、不信服，甚至还会予以还击。正如戴安娜·卡尔等研究者在全球范围内所观察到的那样：“游戏不再是亚文化，而是一种优势文化……年轻一辈越来越有理由相信，老一辈们并不比他们知道的更多，也没有什么值得传承的。”⑤ 胡泳指出：“不懂游戏、也不玩游戏的人义愤填膺地指责游戏的危害，他们的振振有词难以掩盖他们的不知所

---

① 曹瑞天：《电子游戏也不可轻视》，《人民日报》2003 年 7 月 14 日。

② 章则：《中国民族网络游戏出版工程启动》，《中国新闻出版报》2004 年 8 月 11 日。文化部、信息产业部：《关于网络游戏发展和管理的若干意见》，2005 年 7 月 12 日。

③ 自 2002 年始，国家各部委、省部纷纷开始参与或主导的电竞赛事。2002 年，中国首届电子竞技大赛（CIG），由中国互联网协会主办，由信息产业部（2008 年并入工信部）、各大电信运营商（移动、联通、电信）等支持协作。国家体育总局更是在 2003 年直接将电子竞技纳入“麾下”，将其确定为第 99 个体育运动项目，为 2004 年由国家体育总局、中华全国体育总会主办的全国电子竞技运动会（CEG）筹备工作铺平道路。2004 年首届 ChinaJoy（中国贸促会、新闻出版总署、信息产业部等部门主办）有政府的介入和支持。2004 年 ChinaJoy 便以“自主创新，振兴中国民族游戏产业”为口号。

④ 孙佳山等：《网络游戏：好玩更要有担当》，《光明日报》2017 年 7 月 13 日；孙佳山：《把产业成功转化为文化成功》，《人民日报》2017 年 6 月 20 日。

⑤ ［英］戴安娜·卡尔等著：《电脑游戏：文本、叙事与游戏》，丛治辰译，北京：北京大学出版社，2015 年版，第 4 页。

云……那些视网络游戏如洪水猛兽、为孩子的沉迷痛心疾首的，大多是中年人，他们希望事业更成功、家境更富裕、孩子更有出息，却对信息技术知之甚少，对游戏的乐趣知之甚少，对孩子的心理活动知之甚少。”① 显然，电子游戏已在两代人之间制造出一种文化断裂。

昔日的游戏玩家不仅长大成人，还获得了一定的经济基础和社会地位。玩家中不乏高学历、高收入、高年龄的人群，这挑战了人们以往对游戏者的刻板印象——烟雾缭绕的小网吧、不修边幅的社会青年。“只要是广受中下层群体喜爱，又廉价易得，便会被斥之为粉丝文化（或流浪汉的爱好）；如果广受有钱有识者欢迎，又高不可攀，便会被视作偏爱之物、兴趣所至、专长所在。”② 因此，电子游戏的“正名”，不仅是一个代际问题，还是一个阶层问题。

新兴一代利用日渐兴起的社交媒体，广泛联结，同声相和。这打破了传统社会精英对话语权的垄断。如今倘若有人再对游戏妄加污名，新兴一代不仅拒绝接受，有时还会激烈抵制。由玩家组织制作的游戏引擎电影《网瘾战争》（2010 年）便是一个很好的例子。在影片中，部分《魔兽世界》玩家试图发出自己的声音：网络游戏不过是无奈现实下的廉价娱乐出口，希望各方利益集团不要干涉——“我们凭什么就不能拥有每小时 4 毛钱的廉价娱乐？”这正体现了曼纽尔·卡斯特所谓的“抗拒性认同”，即“那些其地位和环境被支配性逻辑所贬低或诬蔑的行动者”所拥有的防卫性质的认同。③ 通过对游戏玩家的访谈，王薇发现：玩家的日常话语较为温

---

① 胡泳：《道德恐慌》，《商务周刊》2011 年第 7 期。

② Joli Jenson, “Fandom as Pathology: The Consequences of Characterization,” in Lisa A. Lewis, Ed., The Adoring Audience: Fan Culture and Popular Media, New York: Routledge, 1992, p. 19.

③ ［英］曼纽尔·卡斯特著：《认同的力量》（第二版），曹荣湘译，北京：社会科学文献出版社，2006 年版，第 6 页。

和，并不希望和主流群体相对立；只有在权利被严重剥夺时，玩家群体才会显现出较为激烈的反抗姿态，实在是“被逼而战”。[①]

随着线上社交的日益成熟，以 ACG（动画、漫画、游戏）为代表的趣缘社群相继兴起，逐渐发展出一种积极进取的、卡斯特意义上的“规划性认同”，即“构建一种新的、重新界定其社会地位并因此寻求全面社会转型的认同”。[②] 粉丝们拥有共同的爱好，彼此分享，相互呼应。以弹幕评论为特色的 ACG 文化娱乐社区 bilibili（俗称“B 站”），以及在上海举办的每年一度的 ChinaJoy（中国国际数码互动娱乐展览会）均为粉丝社交的重要平台。[③] 如今，游戏被形塑为一种关乎社交、关乎时尚、关乎认同的娱乐方式。

结　语

20 世纪八九十年代，作为舶来品的电子游戏被视作洪水猛兽，遭遇多方力量的围追堵截：家长控诉、媒体曝光、专家批判，以及政府整治。世纪之交，“电子海洛因”的指控横空出世，在针对游戏的批判性话语生产中尤为趁手好用——尽管电子游戏并非真正的威胁，或者说威胁本身本不至于如此恐慌。

重返历史情境，能让我们更好地理解公众恐慌的缘由。游戏者被默认为“危险空间”的越轨者与“网络（游戏）成瘾”的受害

---

① 王薇：《“被划分”的群体——青少年网游玩家的社会身份认同》，《中国网络传播研究》2013 年第 1 期。

② ［英］曼纽尔·卡斯特著：《认同的力量》（第二版），曹荣湘译，北京：社会科学文献出版社，2006 年版，第 7 页。

③ ChinaJoy 是国内最大的年度 ACG 会展，自 2004 年创办至今。每一届 ChinaJoy 的宣传亮点在于角色扮演（Cosplay），即利用服装、饰品、道具以及化妆来扮演 ACG 中的角色。ChinaJoy 是广大动漫爱好者和游戏玩家的一年一度的线下聚会。

者。就前者而言，经营性的游戏场所一度被视作有害青少年成长的街角社会，进场游戏即被判定为越轨行为；就后者而言，有关“网瘾”的一整套完整的、看似严谨的病理知识被有策略地生产出来，游戏者被诊断为亟须干预、矫正的“成瘾者”。

与此同时，针对电子游戏的社会控制也在发生变迁——公权力对游戏场所的运动式整治，转变为网戒机构对“网瘾者”个体的干预、矫正。在街机及电脑室时代，焦虑的家长通过媒体向政府诉苦、喊话，专家们提供判断和建议，政府开展对游戏场所的持续性整治；在网络游戏时代，随着“网瘾”这一病理的发明，“沉迷网络（游戏）”被视作需要干预、矫正的病症，提供“戒网”服务的专业化机构一度大行其道。

虽然笔者批评了历史上关于电子游戏的主流观点和表述，但笔者的意思并不是说他们的这些观念是没有根基的幻想。笔者主要想指出“电子海洛因”这个问题不能仅仅被孤立看待，也绝不能将其指认为电子游戏的内在核心特质，而是要将“游戏污名”“游戏恐慌”放置于一个社会历史的背景之下，去考察针对游戏的公众恐慌是如何与经济、社会、媒体、政府等紧密交织的。

电子游戏如今被视作一项可以接受的娱乐消遣。污名的消退并非自然而然，而是经历了或激烈或隐秘的自觉抗争。首先，网络游戏经历流行迭代，电子竞技和以休闲游戏为主的手机游戏①逐渐占据主流，传统的盈利模式扩展为如今的全产业链运营。其次，以“自主创新”等民族话语为口号，国家在政策上支持本国游戏产业发展，同时对游戏方式、游戏内容均加以引导。最后，社会话语权发生迭

① 与主机游戏（console games）以及 PC 游戏相比，移动端游戏轻巧便携，允许玩家随时随地开始游戏，是人们碎片时间的娱乐伴侣。不仅如此，移动端游戏往往更趋于休闲游戏（casual games），操作简单，容易上手。与硬核游戏（hardcore games）不同，休闲游戏无须玩家掌握繁复的操作技巧，降低了游戏的门槛。因此，便携性与简单易上手就成了《王者荣耀》吸引粉丝玩家的利器。

代转移，作为娱乐休闲的游戏行为被予以承认、接受，加之趣缘社群的兴起，游戏开始成为一种关乎社交、时尚、认同的娱乐方式。

如今，有关电子游戏的污名已然不觉新鲜。不过，恐慌的消逝并不意味着恐慌的终结，新一轮的“游戏恐慌”或许会卷土重来。2017 年，现象级手游《王者荣耀》就引起了一阵担忧与焦虑。针对游戏的恐慌似乎又再次降临了。不过，这一回，公众、媒体、专家更趋理性，反应也更为从容。[①] 对待新式游戏，人们不再反应过激，世纪之交针对电子游戏的那场压倒性的社会恐慌恐怕很难重现了。

---

① 2017 年 7 月，《人民日报》接连发表评论文章，批评手游《王者荣耀》“释放负能量”。但在舆论场中，力挺《王者荣耀》者亦不在少数。“一边倒”批判游戏的场面已一去不返了。

中国手机游戏产业的崛起：政策扶持、商业模式与玩家生态的互动机制*

胡冯彬　郜子学**

引　言

计算机技术及网络硬件设备的惊人发展迎来了游戏大普及的时代。而近年来，智能手机和平板电脑成为人们的日常生活用品，加之随时随地的无线网络带宽保证，全球的手机游戏市场经历了爆炸式的极速增长。中国手机游戏市场在平台、商业模式、游戏制作和玩家偏好四方面，均体现出高度的全球化，但也有着明显的国别文化差异，诸如商业开发模式、游戏文化、玩家文化和未来规划等。

经过20多年国家政策层面的鼎力扶持，中国的手机研发与制造业俨然跃升成为国家重要支柱产业，然而在对手机游戏制造和市场准入方面，国家实施着极为严格的准入机制。基于此特殊背景，本

---

* 本文发表于《新闻爱好者》2017年第3期。

** 胡冯彬，复旦大学网络空间国际治理研究基地助理研究员，复旦大学马克思主义新闻观教学与研究基地研究员，复旦大学国家发展与智能治理综合实验室研究员；郜子学，美国肯塔基大学新闻与信息学院副教授。

文讨论了移动供应商、设备制造商等多方是如何凭借独特的商业模式，将手机游戏置于整条产业链的核心地位。除此之外，本文回顾了中国手机游戏产业如何在短短20多年间从一无所有到繁荣的演变过程，且详细分析了手游玩家和游戏流行的多样动因。

一、政策扶持下的游戏产业

直至20世纪90年代末，中国的手机游戏市场仍是一片空白。时至今日，短短的20多年时间，中国却已成为全球领先的市场。这一切都要归功于政府主导的一系列政策，这些政策着重强调两个方面：一方面，激励本国手机游戏产业的发展和繁荣，相关机构部门始终谨慎地制定着手机游戏发展的路线图，以此实现产业的全球竞争力；另一方面，制定规章制度引导游戏规则，监督并避免出现不合时宜的游戏内容。①

之所以在短时间内，中国游戏市场从无到有，成为全世界不可忽视的焦点，这与国家的高技术研究发展计划密不可分。网络游戏、手机游戏等被认为是跟软件科技行业同等待遇，被列为“国家支柱产业”，得到国家补贴、税收鼓励、专项贷款等各项经济资助，② 尤其是2003年7月，科技部正式将网络游戏纳入国家“863”计划发展范畴。这项国家科技项目旨在通过提供经济和人才帮助，培育中国自主品牌的高科技研究。③

游戏产业被提升到国家优先支持发展的文化产业的高度，获得

---

① Tai, Z., “Setting the Rules of Play: Network Video Game Policies and Regulations in China,” Lowa Journal of Communication, Vol. 42, No. 1, pp. 45 – 72.

② Tai, Z., “Setting the Rules of Play: Network Video Game Policies and Regulations in China,” Lowa Journal of Communication, Vol. 42, No. 1, pp. 45 – 72.

③ 金凡：《中国“网游”中国造》，http://www.cpo.cn.net/zscqb/it/t20031114_21331.html。

科技部认可后，又得到了文化部及工业和信息化部的进一步支持。两部门联合制定了目标，欲在国家经济和政策的大力帮扶下，建立全国性的游戏产业基地。[①] 国务院在2006年7月更是力促十个职能部门签署了联合条例，意图促进中国网络游戏产业的蓬勃发展。[②] 上述种种政策举措围绕着游戏产业发展四个方面：发展游戏核心技术，创建地方性品牌游戏，建立跨城市游戏创业园区，落实游戏周边支柱产业。至此，中国网络游戏、手机游戏发展的序幕正式拉开。一些大城市利用本地优惠政策和经济局势吸引视频游戏公司。比如，现已成为全中国重要游戏生产地的上海，自2010年起每年以现金方式奖励参与游戏生产和经销的在沪企业。[③] 北京、广州和福州亦采取类似措施。而最为成功的例子当属杭州。早在2005年，杭州市政府就制定了优先发展动漫业和游戏业的战略举措，成为中国第一座公开将网络游戏、手机游戏纳入战略布局的城市。

而2011年3月14日第十一届全国人民代表大会第四次会议审查批准了《中华人民共和国国民经济和社会发展第十二个五年规划纲要（2011—2015年）》，是促成手机游戏行业现状的重要官方文件。《中华人民共和国国民经济和社会发展第十二个五年规划纲要（2011—2015年）》既强调网络游戏在国家高科技产业发展中的地位及其重要性，肯定游戏是加强中国文化建设的特殊产品，但也提及对游戏“淫秽、色情、低俗”内容把控的必要性。

---

① 《文化部 信息产业部关于网络游戏发展和管理的若干意见》，中国政府网，2005年9月16日，http：//www. nciic. com. cn/framework/gongzuo/mggfiaabhfikbbnnldnjnnnkpcfpcodb. jsp。

② 《国务院办公厅转发财政部等部门关于推动我国动漫产业发展若干意见的通知》，中国政府网，2006年4月25日，http：//www. gapp. gov. cn/caiwusi/oldcaiwusi/con - tents/2981/137488. shtml。

③ 《上海动漫游戏产业发展扶持奖励办法》，深圳新闻网，2010年9月9日，http：//cnci. sznews. com/content/2010 -09/10/content_10494418. htm。

二、中国手机游戏发展史

依据手机游戏内容和技术的发展，中国手机游戏经历了四个截然不同的阶段，即诞生、成长、壮大和高速增长阶段。

（一）诞生阶段：20 世纪 90 年代—2000 年

如同上文所强调的，中国手机游戏最早出现于 20 世纪 90 年代中后期，这跟作为大众传播工具的手机在中国的普及流行密不可分。彼时手机的主要业务是语音和短信，手机游戏只算是边缘业务。而 1998 年出产的诺基亚 6110 自带的益智游戏《贪吃蛇》，成了中国手机用户的第一款手机游戏。依靠该款手机在中国 4 亿台的销量，《贪吃蛇》成了当时最受欢迎的手机游戏。另一款深受青睐的游戏则是《俄罗斯方块》，虽然其早已问世，但适配为手机游戏后再次大获成功。此阶段的手机游戏，几乎不见互动性，以单人单机形式为主，通过内置于终端设备或一次性收费的下载方式推广。

（二）成长阶段：2001—2004 年

尽管此时手机游戏开始体现出一定的交互性，但囿于缓慢的 2G 网络技术，交互性只能以文本信息和 WAP 交换实现。技术的限制，促使手机游戏在交互性和图像呈现方面只能二选其一，而交互性成为胜者。当时最为流行的手机游戏正是以交互性突围的《虚拟宠物》。此阶段正是智能手机方兴未艾的过渡期。

（三）壮大阶段：2004—2007 年

随着智能手机的面世、图像处理能力的日趋完善和网络技术的发展，手机游戏进入一个新高度。手游研发技术的瓶颈频频被突破，JAVA 技术从 PC 端移植至手机端，更是将手游内容的呈现带到前所未有的新高度。此时的中国手机游戏市场结构逐渐成形，产业稳步扩展。全球各大游戏巨头，如美国艺电公司（EA）和法国智乐软件（Gameloft）纷纷进驻中国的手机游戏市场。上述种种标志着中国手机游戏市场的崛起和成熟。但是手机游戏发展面临的新障碍是缺乏统一高效的移动支付系统，支付方式仍旧停留在以电信运营商的订阅费为主。

（四）高速增长阶段：2008 年至今

iPhone 的面世不仅改变了整个智能手机的格局，还改变了手机游戏市场。iPhone 及其他外资品牌智能手机的普及提升了人们对高质量手机游戏的要求。iPhone 对中国尤其是智能手机领域的影响还体现在特有的山寨现象，即依靠模仿并加以创新，以极低的成本模仿主流手机品牌产品外观或功能的仿制品。同时，游戏始终是山寨智能手机的必备品之一。[①] 山寨现象为工薪阶层的普通消费者用上创新科技提供了可能，也为手机游戏打开了一个更为广阔的市场。

这个阶段最常见的手机游戏开发模式是将现有的在线游戏移植成手机游戏。这一做法不仅极大地缩短了生产周期并能保证游戏质

---

① 中国互联网络信息中心：《中国互联网络发展状况统计报告》，http：//www. cnnic. cn/hlwfzyj/hlwxzbg/hlwtjbg/201608/P020160803367337470363. pdf。

量，还能吸引先前游戏的固定玩家。同时，以支付宝等第三方支付平台的出现为手机游戏消费解除了后顾之忧。此时几大最受欢迎的手机游戏用户群体数量均已达到 3 亿人。而在本土手游中，腾讯出品的《保卫萝卜》横空出世，横扫全国并奠定了整个角色扮演游戏的基调。

三、中国手机游戏产业生态链

中国手机游戏产业在 20 世纪 90 年代末还默默无闻，但是 2016 年已跃升为全球最大的市场。20 多年的发展历程中，手机游戏的商业模式发生了转变：由最初的免下载费用，盈利主要依靠手机数据，演变至当前复合多层次的创收机制。这一结构变化凸显中国手机游戏行业的演变动因。

如图 1 所示，手机游戏产业链的核心是主管游戏发行和销售的手游发行商。手游开发商主要负责手机游戏的研发，跟手游发行商紧密合作，提供游戏产品。虽然手机游戏的开发商多如牛毛，但大多数是刚创业的新公司或小公司，多以模仿市场上流行的游戏为主要渠道，市场占有率极低。手游行业的市场高度集中，不到 12 家公司却开发了市面上绝大多数销量的流行游戏产品。在手游开发商中，腾讯公司傲视群雄。

手游发行商作为游戏产业链中最为重要的一环，是手游开发商和玩家之间的必经之路。手游发行商拥有自己的手游媒体、应用商店、手游综合运营网及终端厂商。目前，要踏入我国的手机游戏市场所需成本极高，手游发行商不仅能简化过程以降低经济成本，还能获取更高的效益。腾讯公司扮演着游戏开发商和经销商的双重角色，依靠自身是国内最受欢迎的两大社交网络平台——QQ 和微信

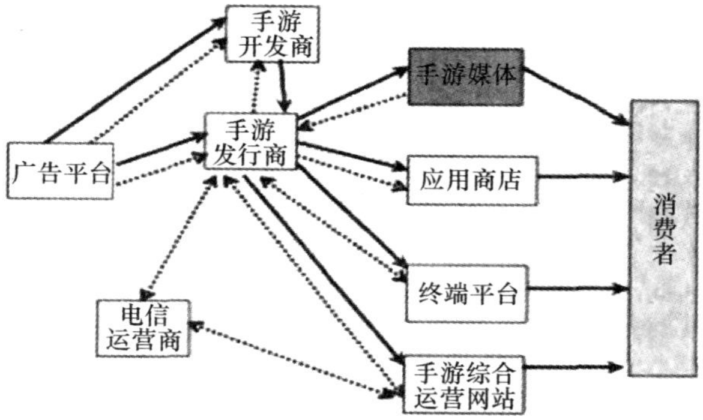

图1　虚线为手游内容流向，实线为手游资本流向

（同时也是手机游戏营销和使用最为核心的平台），获取着其竞争对手所无法比拟的玩家用户，腾讯在中国手游市场的地位难以撼动，占有绝对优势。

目前，手游发行商将手机游戏推介至玩家主要有四种不同渠道。如同其他大部分国家一样，终端厂商和手机的应用商店是手游玩家搜寻游戏最主要的两种渠道。第三种渠道则是依托门户网站或自主研发的应用软件，为游戏用户提供自选式零售体验。具有代表性的有 360 手机助手、豌豆荚和百度手机助手等，借此将玩家和手游发行商联系在一起。

手游媒体作为第四种渠道，在游戏销售和发布方面的作用不可忽视。其内容多为游戏资讯、测评打分、游戏攻略等专业类内容，通过手机端在线发布。手游媒体的出现与中国手机游戏市场的产业转型密不可分。手机游戏发展初期，营销方式主要是手机用户免费下载，游戏开发商将相关数据转卖给移动服务供应商。到 21 世纪初期，即手游发展壮大期，技术及设备条件允许越来越多制作精美的手游涌入市场，收费方式由免费转变成收取一次性下载费。一旦涉及收费，玩家下载手游便更谨慎，需参考专业类的资讯信息，因此以游戏测评、玩家攻略为主的手游媒体应运而生。

近年来，手游发行商和手游媒体合作关系愈发紧密。后者可以轻而易举地增加前者产品的曝光率。相比应用商店和手游发行商间七三比例分账模式，手游媒体和手游发行商则是五五分成，可见手游媒体在手游市场上的作用以及对消费者的影响力。

智能手机广告平台作为提供插件和技术的平台，将广告信息融入游戏内容和经销渠道之内。这种一站式的广告服务和传统广告方式截然不同，通过嵌入游戏信息或是经销环节的广告信息，用户在经销商下属的手机付款平台消费完成盈利。当然，用户从现有账户上一次性支付费用后，经销商会依据先前约定的分成比例支付给广告商应有的份额。

特别值得注意的是，电信运营商在中国整个手游市场结构中所扮演的特殊角色。中国通信市场一直被中国移动、中国联通和中国电信三大手机通信运营商所把持。在手机服务初期，语音和短信通信作为最主要的业务，而游戏始终是附带边缘产品。但随着 4G 无线通信技术的普及，数据增值业务已远超传统的语音和短信，因此催生了一大批新的服务，譬如手机上网、视频通话、实时信息传递、手机游戏等。

4G 的到来促成了电信运营商和手游发行商的紧密合作。用户“免费”下载并试玩游戏，即他们无须向电信运营商支付任何数据费用。只不过，部分用户需向手游发行商支付升级游戏和游戏内部交易的费用。而游戏内部交易（如购买游戏币）是通过电信运营商所提供的嵌入式一键支付系统完成。与此同时，手游发行商则根据玩家的等级和消费金额再次提供“免费数据”包的奖励。如此的互动方式对玩家、游戏代理商和电信运营商而言是多赢的：用户获得“免费”试玩，仅需支付升级游戏的费用；手游发行商尽可能向电信运营商的用户推广游戏，并从中获利；电信运营商在足量的流量保证之下，以游戏附加收入实现盈利。

四、手游玩家群体

将中国网民纳入我们所讨论的手机游戏研究是非常必要的。截至2016年6月，中国网民规模达7.1亿人，手机网民规模已达6.56亿人，较2015年底新增3656万人。网民上网设备进一步向移动端集中。而随着移动通信网络环境的不断完善以及智能手机的进一步普及，移动互联网应用向用户的各类生活需求深入渗透，促进手机上网使用率增长。中国的网民主要由年龄层在10—30岁的人构成，他们占据网民总数的74.7%。其中，20—29岁的网民（手机游戏的最大用户群体）数量远远多于其他年龄层（30.4%）。[①] 其中，中国青少年网民（6—24岁）规模已近3亿人。青少年互联网普及率为85.3%，相比同期全国整体互联网普及率的50.3%高出35个百分点。这受益于以智能手机为代表的移动上网设备的迅速普及。青少年网民对网络娱乐类应用存在明显偏好，促使青少年群体各类网络娱乐类应用使用率均高于网民总体水平，其中网络游戏青少年网民的使用率更是高于网民总体水平9.6个百分点。事实上，也并非只有青少年热衷于手机游戏。有数据显示，手机游戏已覆盖各年龄层的手机网民。近年来，25岁以上的玩家增长迅速，46岁以上的增幅最大。虽然和年轻玩家群体数量相比，46岁以上年龄层的人数尚微不足道。[②] 但这样的发展趋势表明手机游戏已经成为各年龄层的消遣。至于影响玩家购买或选择手机游戏的原因，研究发现最有用的

---

① 中国互联网络信息中心：《中国互联网络发展状况统计报告》，http：//www.cnnic.cn/hlwfzyj/hlwxzbg/hlwtjbg/201608/P020160803367337470363.pdf。

② 《2015年中国移动游戏行业研究报告》，艾瑞咨询，2015年6月8日，http：//www.iresearch.com.cn/report/2387.html。

信息是朋友之间的推荐（53.9%），其次是应用商店中的热门游戏下载排行（39.3%），接下来是从在线引擎和游戏门户上的搜索结果。其他的有效信息来源包括手机游戏应用程序、游戏内嵌或其他游戏平台上的广告宣传、网络杂志和在线游戏论坛。除此之外，移动终端设备在宣传和出售游戏方面也取得了显著的效果。在一个容纳了1.5万个单机游戏和3000个多人游戏、6282家游戏开发商的市场[①]，要把游戏介绍给适合的玩家群体的确是一项巨大的挑战。我们在前文中介绍的市场模式在这一方面极为高效。

结　语

中国的手机游戏市场从20世纪末的一无所有逐步发展至当前生产、消费和经销各领域都处于全球领先地位，这跟整个国家的文化产业建设策略、政策法规扶持等密不可分。对于游戏行业的政策层面的扶持，政府部门仍将会贯彻执行。但是游戏内容和准入标准也将会被严格把控。过去十年间，中国手机游戏已形成了独特的生态产业链。手游发行商、开发商、广告商、手游媒体各司其职。这一切都应归功于不断完善的无线网络技术和智能手机的普及所带来的蓬勃扩张的市场。过去的新媒体变革经验告诉我们，移动世界中任何事情都是变化的。因此，手机游戏生态产业链也面临着不同程度的挑战，以应对随时可能出现的市场状况和机遇。当然，不同领域间的整合和兼并亦将重塑市场。不容忽视的是，任何行业的成功都需要建立在稳定的消费者群体之上。玩

① 《2015年中国移动游戏行业研究报告》，艾瑞咨询，2015年6月8日，http：//www.iresearch.com.cn/report/2387.html。

家的偏好和习惯也会影响行业的发展。中国手机游戏玩家的特点符合总体网民的情况，也从其他行业成熟的市场中得到了印证，即年轻人和男性占市场的绝对主体。随着手机游戏深入各年龄层，接下来游戏行业也将会依托创新的游戏种类和内容抓住更多的机会转化成利润。

互动电影：电影与游戏的跨媒介融合

孙　静*

1985 年，由乔纳森·林恩执导的悬疑喜剧电影《妙探寻凶》上映。故事发生在美国新英格兰地区的一个大宅中，有 6 个人受邀来此做客，然而主人却突然在众人面前离奇死亡，于是大家开始寻找凶手。值得注意的是，这部影片改编自一款经典的同名桌游，由英国游戏设计师安东尼·E. 普拉特设计，于 1949 年分别以“Cluedo”和“Clue”的名称在英国和北美发行，被玩家称为“20 世纪后半叶最伟大的侦探游戏”。由于电影在很大程度上还原了游戏的探案乐趣，且上映时在不同的电影院提供了三个不同的结局，因此被视作一次成功的影游联动。

2011 年，科幻小说作家恩斯特·克莱恩的处女作《头号玩家》问世，讲述一个年轻的游戏玩家如何克服重重困难，最终不仅顺利完成了游戏任务，还拯救了现实世界。10 年后，电影《失控玩家》登录全球大银幕，成为继《头号玩家》同名电影后又一部以电子游戏为题材的热门电影作品，只不过拯救世界的英雄由玩家变成了 NPC（非玩家角色），即具有情感计算功能的人工智能。实际上，电子游戏与电影的跨媒介互动由来已久，甚至已经突破传统分野，形

* 孙静，西交利物浦大学影视与创意科技学院副教授。

成了一种新的艺术类型，即互动电影。

一、互动电影的缘起

互动电影，在英文中被称为“interactive cinema”或“interactive movie”，是一种以动态影像为媒介的“互动”（interactive）艺术，其核心特质为“互动性”。有意思的是，“互动电影”一词自诞生以来，就游弋在电影和电子游戏两种艺术形式之间。可以说，它融合了电子游戏的“互动性”和传统电影的视听表征，从而将游戏玩家与电影观众的体验及身份合二为一。

国家学者格洛丽安娜·达文波特曾从电影这一媒介的角度来阐释互动电影。她指出，传统电影的故事通常是固定不变的线性叙事，并被永久嵌入电影胶片或录像带中。与之不同，互动电影将电影语言及电影美学与一个能实现观众反馈及控制的传送系统整合起来，鼓励观众主动参与到电影体验的构建、个性化、消费和分享活动中。[①]

换句话说，互动电影是在传统电影的基础上，增加了交互维度，将线性叙事拓展为个性化的非线性叙事。这首先意味着整部作品要以段落的形式呈现给观众，并根据叙事设定暂停点和选项，每个选项需要对应不同的片段，以便让观众做出选择，从而决定故事的发展以及最终的结尾。当观众以这种方式构建完成一个故事时，他们看到的并非整个电影，而是一个影像片段的数据库，片段之间的联系并不是由导演来决定的，而是取决于观众观影时的选择。更为重

① Davenport, G., “Interactive Cinema,” in Marie - Laure Ryan, Lori Emerson and Benjamin J. Robertson (Eds.), The Johns Hopkins Guide to Digital Media, Johns Hopkins University Press, pp. 278 - 282.

要的是，不同的观众所构建出的互动电影叙事也是不同的，具有极大的个性化特质。因此，互动电影用颠覆性的非线性叙事为观众带来了一种参与式的观影体验。

世界上最早的互动电影可以追溯到黑色喜剧《一个男人与他的房子》，由捷克导演拉杜兹·辛瑟拉编剧并执导，于 1967 年在加拿大蒙特利尔世博会展映。在影片中，主人公诺瓦克居住的公寓起火了，无论他做出什么样的选择，最终都无法阻止房子陷入火海。导演的女儿辛瑟拉娃在接受广播节目的访谈时指出，在整个放映过程中，电影会暂停九次，观众可以通过按下座位上的电子按键投票，从而改变电影的情节发展，暂停的时机通常会选在颇具戏剧性的时刻。届时，一名演员会走上舞台，询问观众希望男主人公接下来怎么做。例如，诺瓦克开车追赶乘坐出租车的暴怒妻子时，交警却示意男主人公靠边停车，电影便暂停。此时观众若想让诺瓦克加速通行，就按绿键；反之则按红键。与此同时，两部 35 毫米放映机同时做好准备，按照多数观众的选择放映相应的片段。该片一上映便引发了巨大反响，以至于《纽约客》的文章评论说，捷克人民应该为导演建一座纪念碑以示表彰。① 遗憾的是，由于主创人员不符合当局的意识形态要求，影片被捷克政府禁止上映。1982 年，索尼娱乐公司出资为 35 家影院配备了装有红、黄、绿三色投票按键的椅子，用来放映《一个男人与他的房子》，用银幕中的角色取代了原本引导观众进行选择的演员。同样令人遗憾的是，20 世纪 80 年代的观众对这一形式并不感兴趣，因此该片在 1985 年 5 月下线，从此再没有互动电影在院线上映。

---

① Willoughby, I., "Groundbreaking Czechoslovak Interactive Film System Revived 40 Years Later," Czech Raido, http://www.radio.cz/en/section/panorama/groundbreaking - czechoslovak - interactive - film - system - revived - 40 - years - later.

二、数字吸引力时代的游戏式电影

新西兰学者里昂·葛瑞威奇等在《互动电影：数字吸引力时代的影像术和“游戏效应”》一文中指出，传统电影受到体感游戏机等互动设备的影响，促使火车效应过渡至游戏效应，吸引力电影过渡至互动性电影。[①] 他认为早期电影的特色之一是电影中的吸引力，就像史蒂文·巴托莫尔所说的“火车效应”一样，观众在观影时体验到眩晕和惊奇感，这一感受促使已经熟悉吸引力视听体验的观众对“奇观”产生更高的期待，即对互动性和游戏性奇观的渴望。

随着自媒体的逐渐普及，互动电影的平台变为互联网视频分享网站。这些网站不仅使得超文本阅读变得更为便捷，还使得每位观众都能根据自己的意愿而不是多数人的意愿来选择故事的发展方向。在优兔上，比较热门的互动电影有《无处可逃》、《最后通话》和《选择》等。其中，《选择》由詹妮·梅森执导，讲述了青少年本的一段日常生活。电影使用了更加扁平化的图像风格，接近电脑界面。一开始，屏幕上出现了美国前总统夫人埃莉诺·罗斯福的一句话：“之所以有今天的我，是因为我昨日做出的选择。”从某种程度上，这句话既点明了主人公本的成长取决于自己的选择，也向观众表明，即将看到的电影源于自己做出的选择。

在影片中，主人公一早醒来，就面临着一系列选择，例如，要不要马上起床，要不要涂发胶，早餐吃什么类型的麦片，上学选什么交通工具，在教室里遇到不会的难题要不要求助他人，等等。

---

① ［新西兰］列昂·葛瑞威奇：《互动电影：数字吸引力时代的影像术和“游戏效应”》，孙绍谊译，《电影艺术》2011 年第 4 期，第 92 页。

简言之，电影中有两种表现选择的方式，一种是非交互式选择，即当主人公遇到某个问题时，用结构图的方式将各种选择呈现在画面上，有时也会表现出每种选择对应的后果。例如，本在早晨被妈妈叫醒时，他躺在床上，面对着天花板，若有所思。画面两侧有两个选项，分别是继续睡和起床。同时，电影也解释了每种选择的原因，前者是因为又累又困，后者是因为担心迟到或错过校车。

另一种是交互式选择。电影被互动式选择分为四节，在每节结束时停顿，出现一个菜单选项，每个选项通过超链接连接着相应的视频片段，指向不同的情节发展。例如，在第一节结尾，本准备去参加一个聚会，朋友马克询问本是否需要帮即将参加聚会的他搞到毒品。此时画面右侧是本的半身图片，左侧上部是加粗的问题："是否让朋友马克为你找来药丸?"中间两个圆圈选项里分别是肯定和否定的选项，按钮下方写着"由你来决定"。一旦观众做出选择，也就激活了相应的超链接，随即跳转到相应的结局。整个电影分为四个段落，观众需要做出三次选择，每次都面对两个选项，分别导向不同的结局。

可见，互动选择为这部电影的观众带来了一种游戏式的奇观体验，不仅从形式上强化了电影的主题（"我为今日之我，源于昨日我所做出的选择"），还悄然将传统的电影观众转变为轻度游戏玩家。

与优兔类似，网飞（Netflix）也是基于互联网的影视分享平台。因此，当网飞在 2018 年以互动电影的名义推出《黑镜：潘达斯奈基》时，实际上并不值得我们大惊小怪。在观影过程中，观众需要在两个选项中做出选择，例如早餐吃哪种麦片、买哪张唱片。听着耳熟吗？这基本沿用了《选择》所使用的套路。如果非要说《黑镜：潘达斯奈基》有哪些创新，那就是得益于更专业的电影拍摄及游戏技术团队，它的影像语言更为成熟，并使用了一个通过谐音猜电话号码的数字解密任务。

三、以好莱坞为灵感的电影游戏

在游戏术语中，互动电影也被称为“movie game”或“VCR game”，指具有极强电影质感的游戏。这类游戏往往大量使用电影符号和叙事手法，以动画或真人视频的方式来呈现游戏世界。

20 世纪 80 年代，游戏产业先后用激光光碟和 DVD 的形式探索互动电影这一类型。1983 年，世嘉公司推出的激光光碟游戏《太空地带》是最早的互动电影游戏之一。同一时期，著名迪士尼动画设计师兼导演唐·布鲁斯亲自操刀，为一些游戏设计动画，代表作品有《龙之传说》（1983 年）、《太空王牌》（1983 年）等。有些电子游戏则直接加入了电影片段，用于交代故事背景和情节发展，如取材于电影《幻魔大战》的游戏《贝加之战》（1983 年）和后来改编自同名电影的《绝岭雄风》（1993 年）等。

与之相比，游戏中的过场动画也愈发普遍。挪威卑尔根大学游戏学者卢恩·克莱夫杰指出，过场动画是一个影像片段，通常出现在以故事驱动的单人游戏中，它会暂停玩家的游戏进程，以便呈现相应的情节、特点及景观，进而调整游戏的结构和节奏。有时，过场动画会以奖励的方式出现，发挥纯粹观赏的功能，但有时也会影响游戏玩法，向玩家传达后续任务的信息，或是对危险任务做出提示。[①] 从早期的《吃豆人》（1980 年）到近期的《艾尔登法环》，很多游戏作品都曾使用过过场动画。

谈及电影语言和游戏形式的深度融合，我们不得不提及游戏制

---

① Klevjer, R., “Cut - scenes,” in Mark J. P. Wolf & Bernard Perron (Eds.), The Routledge Companion to Video Game Studies, Routledge, pp. 301 - 309.

作人小岛秀夫。1986 年，小岛加入日本游戏公司科乐美，制作了一系列强调电影质感的作者游戏。所谓作者游戏（author game），是笔者参考作者电影提出的一个概念。电影学者苏珊·海沃德指出，“作者电影”（author film）一词诞生于 1913 年的德国，经法国艺术电影运动进一步普及开来。彼时，作者电影往往带有“艺术”标签，能够成功地吸引中产阶级观众。[①] 作为一种新兴媒介，电子游戏在知名制作人或设计师的加持下，很有可能因为带有强烈的个人风格而成为“作者游戏”。以号称电子游戏教父的席德·梅尔为例，其作品曾对后来的策略类和模拟类游戏产生巨大的影响，获得过 2008 年全球游戏开发者大会终身成就奖等众多奖项，因此在后续的游戏名称前都加上了他的名字，如《席德·梅尔之文明 4》（2005 年）。英国布鲁姆斯伯里出版社还专门推出过“具有影响力的电子游戏设计师”书系，目前收录了四本专著，分别讨论“上古卷轴”系列和“辐射”系列的设计师托德·霍华德、雪乐山经典系列游戏《狩魔猎人》的设计师珍·简森、专注为女孩儿设计游戏的布伦达·劳雷尔，以及日本游戏大师宫本茂。[②]

在加入科乐美后，小岛秀夫参与并主导了“合金装备”系列的多部作品。他史无前例地将伪装潜入元素作为游戏的核心叙事动力，开创了潜行类冒险游戏的先河，并且在影像和声音上都极为强调“电影质感”，为后来的同类作品提供了形式元素的参考。小岛从小就是电影迷，在中小学时曾与朋友一起用 8 厘米摄影机拍摄过一段长达 40 分钟的侦探短片，在其中承担了编剧和演员的角色，这个爱

---

① Hayward, S., “Cinema Studies: The Key Concepts (The Fifth Edition),” Routledge, pp. 32 – 39.

② Sierra, W., “Todd Howard: Worldbuilding in Tamriel and Beyond,” Bloomsbury Publishing USA. Salter, “A. Jane Jensen: Gabriel Knight, Adventure Games, Hidden Objects,” Bloomsbury Publishing USA. Kocurek, “C. A. Brenda Laurel: Pioneering Games for Girls,” Bloomsbury Publishing USA. DeWinter, “J. Shigeru Miyamoto: Super Mario Bros., Donkey Kong, the Legend of Zelda,” Bloomsbury Publishing USA.

好一直持续到大学。在谈及最初的职业规划时，他表示："我想制作电影，可是不知道从何入手。所以我主要在游戏业界和玩具业界找工作。当时游戏正处于黎明期，只要拿着企划书，谈谈以前拍过的电影，总是有人肯听的。而且如果遇上拍摄现场的人，还会被当作知识阶层来看待呢。"[①] 在科乐美，小岛成立了专门的团队，采用电影制作的方式，将人手根据专业分工，在名片上印上"游戏设计师"和"导演"两个称号，最典型的作品就是搭载 PS2 的《合金装备 2：自由之子》（2001 年）。[②]

在发行《合金装备 2：自由之子》时，科乐美曾以 DVD 的形式附赠了游戏团队的纪录片，名为《合金装备 2：制作好莱坞游戏》。其中，时任助理总监的松花贤和表示，每位团队成员都有一个专门的"创意笔记本"，按小岛的要求每天至少写下一个创意。到了晚上，小岛会从中挑选好的想法，对其优化和提升后，再添加到游戏中。由此，整个团队的头脑风暴被转化为鲜明的小岛风格。从这部纪录片的标题《制作好莱坞游戏》可以看出，《合金装备 2：自由之子》借鉴了大量电影语言。在场景设计中，制作团队专门前往美国取景，并参考了《007》等动作电影的手法，聘请军事顾问对设计团队和动作捕捉演员进行了培训。至于该游戏的声景，音效总监村冈一树表示，因为前作的巨大成功，公司为这部作品提供了更多预算，用来完成好莱坞风格的声音设计。他和小岛一起看了由周润发主演的电影《替身杀手》（1998 年），以寻找灵感。最终，两人被电影的配乐所震撼，决定邀请其作曲家哈里·格雷格森－威廉姆斯为游戏设计配乐。[③]

---

① 李玲：《小岛秀夫游戏梦的渊源》，载《游戏批评》（第 13 辑），北京：人民交通出版社，2001 年版，第 100 页。

② 李玲：《小岛秀夫游戏梦的渊源》，载《游戏批评》（第 13 辑），北京：人民交通出版社，2001 年版，第 104 页。

③ 有关该纪录片的更多信息，可参见 https：//www. youtube. com/watch？ v = eJVYND_YRx8。

无论是小岛在团队中发挥的核心作用，还是其游戏作品的电影质感，都一路沿袭下来，逐渐形成了电影风格明显的作者游戏，包括后来由小岛工作室制作的《死亡搁浅》(2019 年)。值得一提的是，正是因为有了像小岛秀夫这样风格极强的作者游戏，彼时的日本游戏批评者才得以有意识地借鉴电影研究的方法，对本土游戏进行解读。2022 年 12 月 15 日，小岛工作室宣布《死亡搁浅》将被改编成电影，并以此重新定义游戏改编作品的潜力。① 如果说小岛秀夫更注重将电影质感融入游戏设计中，那么游戏开发商“摇滚明星”(Rockstar，简称“R 星”) 则不仅热衷于用好莱坞电影来提升旗下开放世界游戏的吸引力，还擅长挪用类型电影，以此来推动游戏的宣传和营销，如“荒野大镖客”系列和“黑色洛城”系列。

作为这两个系列的制作人，丹尼尔·豪泽和山姆·豪泽从小就是美国电影的忠实粉丝，尤其是犯罪片和意式西部片。据说丹尼尔·豪泽特别喜欢惊悚动作片《勇士帮》(1979 年)，以至于在加入“R 星”后，推出了同名电子游戏。② 就《荒野大镖客》(2010 年) 而言，它将背景设定在 1911 年的美墨边境，以好莱坞西部片为范本，构建了一个开放式的边疆。至于《黑色洛城》(2011 年)，它的故事发生在 1947 年的纽约，通过挪用黑色电影的形式元素，让玩家扮演一位刑警，解决一个个犯罪案件。

2011 年，《黑色洛城》还入选了纽约翠贝卡电影节，这也是该电影节首次打破惯例，将游戏纳入入选名单。在展映期间，时任“R 星”创意副总裁的丹尼尔·豪泽在采访中表示，《黑色洛城》的灵感来自于一系列经典的黑色电影，包括《夜长梦多》(1946 年)、《双重

---

① Carter, J., "Kojima Productions Is Making Death Stranding into a Feature Film," Game Developer, https://www.gamedeveloper.com/business/kojima-productions-is-making-i-death-stranding-i-into-a-feature-film.

② Schiesel, S., "Gangs of New York," The New York Times, https://www.nytimes.com/2005/10/16/arts/gangs-of-new-york.html.

赔偿》（1944 年）、《马耳他之鹰》（1941 年）、《不夜城》（1948 年）、《旋涡之外》（1947 年）等，有超过 400 名电影工作者参与了游戏开发过程，包括化妆师、导演、配音演员、动捕演员等，使用了大量原创服装和道具，最终制作出了具有电影价值的游戏作品。[①]

此外，“R 星”还在官网上开设了推荐专栏，发布官方选择的电影、杂志、图书、电视节目列表，并在玩家中发起投票活动，以配合游戏的营销活动和品牌宣传。例如，在《荒野大镖客》正式发布两个月前，“R 星”就在该板块推出了西部电影片单，包括《决斗犹马镇》（1957 年）、《邓迪少校》（1965 年）、《西部往事》（1968 年）、《少壮屠龙阵》（1988 年）四部电影，还有小说《血夜子午线》和电视剧《孤鸽镇》（1989 年）。[②] 游戏学者艾斯特·莱特指出，在塑造品牌形象时，“R 星”声称能让玩家有机会通过游戏打破社会规范和禁忌，以此来批判美国的社会弊端。通过上述营销策略，“R 星”既能利用大众熟知的电影符号来激发玩家期待，使其通过某种电影类型来想象后续的游戏体验，还能从视觉上建构一种历史表征，让玩家对游戏的历史真实性产生深度认同，进而认同“R 星”的品牌，将其游戏视为具有极大商业价值和历史价值的作品。[③]

四、互动电影的未来

随着游戏世代的成长，电影和电子游戏都已经成为人们生活中

---

① Gaudiosi, J. , “Rockstar Games’ Dan Houser on ‘L. A. Noire’s’ Selection by the Tribeca Film Festival,” Hollywood Reporter, https://www.hollywoodreporter.com/business/digital/rockstar-games-dan-houser-la-174859/.

② Rockstar Recommendations, “Rockstar Recommends: The Best of the Rest of the West,” Rockstar, https://www.rockstargames.com/newswire/article/51974aa385ka89/rockstar-recommends-the-best-of-the-rest-of-the-west.html.

③ Wright, E. , “Rockstar Games and American History,” De Gruyter Oldenbourg.

不可或缺的文化媒介。无论是电影爱好者，还是游戏玩家，都在翘首期盼着更具创意的互动电影奇观。虽然互动电影目前在很大程度上还是一种小众的、先锋性的尝试，很难在影像叙事和游戏交互之间找到令大众满意的平衡，但只要创作者持续探索，这种艺术类型依然充满潜力。

在未来，拓展现实（XR），例如虚拟现实（VR）和增强现实（AR），将会取代优兔、网飞等传统的网络视频平台，成为互动电影的新一代载体，既能呈现炫酷的电影质感，又能支持多样化的交互形式，可以为互动电影的受众带来足够的沉浸式体验。

首先，VR 设备能够将玩家的多种具身体验推向极致。目前，VR 设备通常包括头戴式显示器和动作感应控制器，与游戏主机、电脑等游戏硬件配合使用，例如索尼的 PSVR、三星出品的盖乐世 VR、HTC 与维尔福合作推出的 HTC Vive 等。简言之，VR 设备能拓展人们玩游戏时的视野（FOV），从而创建一种身临其境的全景式游戏体验。在一般情况下，人眼的视野是 120°，但集中注意力时只有 25°。以 2022 年发布的第二代 PSVR 为例，它的头盔视野高达 110°，并支持 4K 显示。[①] 从某种程度上说，虚拟现实设备的视野越接近人眼，玩家的游戏体验就越发“真实”，就越能模仿真实世界中的感官体验。VR 设备的这一特性与互动电影的“电影质感”不谋而合，因为两者都是以满足受众的感官快感为目的。

其次，VR 设备还能够更好地实现多样化的游戏交互。在当前的互动电影中，游戏式电影的交互过于简单，通常只让人们通过点击选项做出选择，游戏玩家会觉得游戏交互意犹未尽；而电影式游戏的交互虽然多种多样，如射击、收集、搭建、解谜等，但其难度也

---

① Play Station, “Play Station VR2 and Play Station VR2 Sense Controller: The Next Generation of VR Gaming on PS5,” Play Station, https://blog.playstation.com/2022/01/04/playstation-vr2-and-playstation-vr2-sense-controller-the-next-generation-of-vr-gaming-on-ps5/.

许会让传统的电影观众望而却步。就 VR 而言，它首先能提供一种全景视角，让人们能通过随意转换视角来打破单一的观看体验，实现简单的初级交互。这在游戏中屡见不鲜。有的游戏为玩家提供了第一人称、第三人称、俯视、平视等多种视角，玩家可以根据个人偏好进行设置，还可以随时停下来转换视角观察周围的环境。若是 VR 影像加入了更为多样的游戏任务，则会进一步提升互动体验。以纪录片为例，传统的纪录片往往为观众记录和呈现某种历史体验，但用 VR 设备拍摄纪录片，则可以加入交互体验的环节，让观众得以通过 VR 遥控器或体感动作，来深度感受影片所要表达的内容。

最后，VR 设备还能实现个性化的观影体验。在互动电影（不管是更偏重游戏还是电影）中，玩家/观众不仅可以根据自己的意愿选择菜单中的选项，进入下一个叙事片段，还可以完全打破线性发展，不断返回到上一段落，查看其他的故事发展方式，因此它为每个受众都提供了上帝视角，创造了颇具个性化的影像故事。与之相应，只有具备高度个性化的观影设备，人们才能根据自己的意愿而不是他人的想法来“私人定制”互动电影体验。上文曾提及《一个男人与他的房子》，其故事的发展要依靠观众的选择。然而囿于技术及设备的限制，选择要通过多数人投票产生。也就是说，少数观众无法按照自己的意愿来推动整个故事的发展。因此，对有些个体而言，这部电影并没有实现真正意义上的互动。与之不同，VR 设备能摆脱观影场所的限制，一人一套设备，促使互动电影的体验过程更为个体化、私人化。

由此可见，VR 设备能够呈现互动电影的三个核心特质，即电影质感、多样化交互和个性化选择。反之，互动电影也是未来 VR 内容的一种有效的表现方式。从某种程度上说，有些具有电影质感的 VR 游戏已经为互动电影制作提供了有力的参考，例如《蝙蝠侠：阿卡姆 VR》（2017 年）和《黑色洛城：VR 案宗》（2017 年）。我们可以畅想这样一种图景：随着技术的发展，VR 设备成本大幅降低，在大众中普及开来；互动电影制作流程愈发成熟，电影人和游戏开发者的合作更加紧密，编剧团队习惯了用非线性写作软件（如 Twine）创作剧本[①]；发行商通过互联网向全球同步发布数字化的互动电影，交互性的强弱亦成为电影分级的一个因素。到那时，人们可以选择坐在自家客厅的沙发上用 VR 观影，享受极致的新型体验。

① 在创作互动电影《黑镜》时，查理·布鲁克就使用了 Twine 来编写剧本。详情可参见 Reynolds，M.，"The inside Story of Bandersnatch，the Weirdest Black Mirror Tale yet，" Wired，https：//www. wired. co. uk/article/bandersnatch - black - mirror - episode - explained。

生成式人工智能与电子游戏的生产机制革新

杜　梁　贾天翔*

自美国科技公司 OpenAI 在 2022 年 11 月发布人工智能（Artificial Intelligence，AI）聊天机器人 ChatGPT 以来，生成式人工智能迅速引领了新一轮技术发展热潮。生成式 AI 不但可以通过自然语言与用户进行文本交互，理解上下文内容并输出相关信息，还能够依据用户提供的简单文字指令，完成文学、音乐、图画乃至影像的生成工作。可以说，基于机器智慧的艺术创作“已然是一种存在形态”①。

面对来势凶猛的人工智能，动态影像领域电影与电子游戏两大行业的态度并不一致。在电影领域，人工智能引发的行业焦虑加剧了产业资本与创作者的利益冲突。以此为契机，美国演员工会—美国电视和广播艺术家联合会（SAG—AFTRA）与美国编剧协会（WGA），分别在 2023 年 3 月和 5 月举行罢工，其中一项重要诉求，就是要求好莱坞大制片厂对人工智能的应用做出限制，谈判方代表、编剧约翰·奥古斯特指出，“我们希望确保这些技术是作家使用的工具，而不是用

* 杜梁，电影学博士，上海师范大学影视传媒学院副教授；贾天翔，上海师范大学影视传媒学院 2021 级硕士研究生。

① 周丰：《人工智能艺术的神经美学研究》，《东岳论丛》2023 年第 10 期。

来取代作家的工具”[①]。在谈判的同时，产业资本考虑的则是人工智能完全取代人类编剧并实现“零工经济”的可行性。如此看来，生成式人工智能带给电影行业的不仅是部分创作者的智力资源遭遇新技术“盗用”，更极有可能通向机器主导内容生产的全方位变革。

相比之下，由于在开展人工智能应用方面拥有良好的历史基础，电子游戏行业更加积极主动地接纳了人工智能对动态影像生产机制的影响。电子游戏与人工智能“师出同源”，均以计算机硬件装置的出现作为技术前提。香农认为，通过设计一款具备国际象棋游戏博弈能力的计算机，有助于探索提升计算机自主决策和逻辑推理水平的解决方案。[②] 这一研究，开启了电子游戏与机器智慧的“命运纠缠”。1962 年，在由人工智能领域的先驱者之一约翰·麦卡锡组建的斯坦福大学人工智能实验室里，史蒂夫·拉塞尔与同伴马丁·格雷兹、韦恩·威特宁利用革命性计算机产品 PDP-1 的巨大潜力，设计出太空题材电子游戏《太空大战》。[③] 更为直接的关联是，20 世纪 80 年代以来，人工智能技术助力电子游戏形成了新的玩法与类型。例如，“肉鸽”类型游戏的早期代表作《流氓》（1980 年），使用基于 AI 算法的程序化内容生成（Procedural Content Generation，PCG）方案，[④] 自动创作每一局游戏的地图、道具和敌人，带给玩家多样性

---

① Ashley Cullins, Katie Kilkenny, “As Writers Strike, AI Could Covertly Cross the Picket Line,” accessed December 21, 2023, https: //www. hollywoodreporter. com/business/business - news/writers - strike - ai - chatgpt - 1235478681/.

② Claude Elwood Shannon, “Programming a Computer for Playing Chess,” The London, Edinburgh, and Dublin Philosophical Magazine and Journal of Science, Vol. 41, No. 314 (March 1950), pp. 256 - 275.

③ ［美］尼尔·赫夫特、詹娜·赫夫特著：《剑与电——角色扮演游戏设计艺术》，陈洪等译，北京：清华大学出版社，2006 年版，第 21 页；Steven Levy, Hackers——Hero of the Computer Revolution (Sebastopol: O' Reilly Media, Inc, 2010), p. 78。

④ Vojtech Cerny, Filip Dechterenko, “Rogue - Like Games as a Playground for Artificial Intelligence - Evolutionary Approach,” (paper presented at Entertainment Computing - ICEC 2015: 14th International Conference, Trondheim, Norway, September 29 - Ocotober 2, 2015), pp. 261 - 271.

与随机性体验。又如，在《魔兽争霸》（1994 年）和《星际争霸》（1998 年）等即时战略游戏的人机对战模式中，具备复杂决策能力的“电脑”成为人类玩家的作战对象。不过，上述人工智能的早期应用，大多基于有限状态机思维进行运转，电脑只能根据既定规则和触发条件，在一定范围内做出资源分布和战斗策略方面的决策，往往难以按照玩家们超出界限范围的动态指令做出及时反馈。

生成式人工智能的出现，不但能够继续增进 AI 在电子游戏场景生成、智能决策等方面的局内表现，还能够进一步为提高生产效率带来解决方案。如此一来，生成式人工智能作为一种基于神经网络、深度学习和大语言模型的最新迭代方案被电子游戏行业所接纳，就变得顺理成章。生成式人工智能的普及与应用，正在进一步打开并扩大 AI 与电子游戏之间的双向互进通路，电子游戏的生产机制革新，也将由此实现。

一、AI 加持：电子游戏的局部生成与吸引力微调

出于技术验证和风险控制的考量，新技术的产业化应用往往需要经历由局部到整体的调适过程，电子游戏行业也不例外。生成式人工智能技术普及应用已一年有余，电子游戏已经在图形设计和角色拟真等方面展开局部尝试，试图借助机器智慧的强大生成能力，突破人类设计者的脑力阈值，降低游戏开发的劳动力与时间成本，提升人机交互的智能化水平。

在图形设计层面，生成式人工智能极大提升了原画绘制与模型设计的效能。以 Midjourney、DALL – E、CLIP 和 Stable Diffusion 为代表的“文本—图像”预训练模型，给出了消费级的智能作画方案。

对于小成本的独立制作来说，利用人工智能生成人物立绘，无疑能够极大地降低开发成本。在中国香港地区，一款名为《命运回廊》（2023 年）的二次元手游，使用生成式人工智能模型 Novel AI 制作了大量角色的平面人物立绘，[①] 极大地丰富了角色卡池，发售后短期内收获了较高人气，一度位居中国香港地区 Qoo 游戏平台人气榜第八。2024 年初，火爆国际知名游戏发售平台 Steam 的独立制作《幻兽帕鲁》（2024 年），游戏体量尤其是宠物角色的立绘数量堪比大型游戏，被质疑是通过 AI 立绘技术模仿《宝可梦》系列游戏角色造型来实现的。[②] 不过，当前电子游戏中的 AI 立绘总体上处于起步阶段，存在人物造型缺乏独创性、细节处理粗糙等问题，尤其是在人物手部生成方面，时常出现六根手指、比例失衡等明显失误。中国台湾独立开发商雷亚游戏公司，因旗下多款游戏出现了类似的低级错误，遭受了以 AI 绘画全面替代人类画作并导致作品美术水平下降的质疑。[③] 就现阶段而言，电子游戏领域 AI 人物立绘的工业化应用，仍需要人类画师进行风格把控和细节调整。

相较于平面图像绘制，三维模型的自动映射与生成，才是电子游戏厂商亟须生成式人工智能技术加以解决的行业“痛点”。2022 年底，OpenAI 就已发布了依据自然语言指令构建三维模型的 Point－E 生成器，[④] 该模型与谷歌 Dream Fusion 和英伟达 Magic 3D 等同类型方案，共同在计算机图形学领域激起水花。面对 AI 三维建模有效缩

---

① 七点 Game:《史上第一款立绘全由 AI 绘图的氪金手游出现了！还能稳居人气榜第 8?!》，https：//mp. weixin. qq. com/s/3VB8FS9SbsyrXwA3F8ZPxQ。（上网时间：2024 年 1 月 8 日）

② Gene Park，“Pokémon with Guns? Welcome to ‘Palworld’，2024's First Viral Hit Game，” January 26，2024，https：//www. msn. com/en－us/news/technology/pok% C3% A9mon－with－guns－welcome－to－palworld－2024－s－first－viral－hit－game/ar－BB1h5ZOZ.

③ Came Look:《用 AI 取代并解雇了整个美术团队？美术品质下滑，雷亚游戏遭网友炮轰抵制》，https：//mp. weixin. qq. com/s/mCqxdesSPP7RUUpHL9－JeA。（上网时间：2014 年 1 月 7 日）

④ Alex Nichol，Heewoo Jun，Prafulla Dhariwal，et al，“Point－E：A System for Generating 3d Point Clouds from Complex Prompts，” December 22，2023，https：//arxiv. org/abs/2212.08751.

短制作周期、降低人力成本的巨大吸引力，业界大厂商也开始尝试自研方案。2023 年 3 月，腾讯 AI Lab 推出“自研三维游戏场景自动生成解决方案”，将深度神经网络与程序化内容生成相结合，从而高效地映射、生成多样化的立体场景。[①] 不难发现，生成式人工智能与电子游戏图形学的结合，正沿着从二维到三维、从平面到立体、从静态到动态的方向发展。在路径已经确定的情况下，行业“痛点”的克服便指日可待。

在角色拟真方面，新一代人工智能技术凭借深度学习并理解自然语言逻辑的特性，明显提升了非玩家控制角色（Non - Player Character，NPC）的智力水平。长久以来，丰富玩家的交互体验一直是电子游戏行业的重要目标。开放世界的地图设计、日益逼真的物理反馈和文本叙事的不断扩容，都是电子游戏厂商为了提升游戏吸引力而采取的生产机制革新策略。但是，计算机操控角色的程式化反应和有限的行为数量，限制着人机交互的自由度与可能性。人工智能技术的不断演进，为解决这一问题提供了工业化方案。2019 年 AlphaStar 在电子游戏《星际争霸 2》（2010 年）天梯赛取得压倒式胜利，国产手游《王者荣耀》（2015 年）的“英雄练习场”模块能够按照玩家段位调整 AI 控制对象的技战术水平，已经初步证明了机器智慧会在逻辑推理和决策水平等方面战胜人脑。在比尔 · 盖茨看来，具有较高智力水平的智能体，将成为 AI 时代人机互动的关键渠道。[②] 新一代人工智能的到来，迅速带动了电子游戏吸引力的转向，使得人机自由对话成为提升交互体验的重要面向。

经由生成式人工智能的赋能，电子游戏中的 NPC 智力水平跳跃

---

① 刘燕：《生成式 AI 助力游戏开发：腾讯推出 3D 虚拟场景自动生成解决方案》，https：//cloud. tencent. com/developer/news/1047322。（上网时间：2023 年 12 月 22 日）

② Bill Gates，“AI Is about to Completely Change How You Use Computers，” accessed November 30，2023，https：//www. gatesnotes. com/AI – agents.

式提升，逐步成长为拥有类人智慧和交流能力的“拟真智能体”①。大语言模型的加入，允许 NPC 通过自然语言而非预设语句与玩家进行交互。2023 年初，《骑马与砍杀 2：霸主》（2022 年）的模组开发者为游戏接入了基于 ChatGPT 的文本对话插件，允许玩家与 NPC 在预设的剧本之外恣意闲谈，② 网易也在作品《逆水寒》（2023 年）手游中内置了将武侠小说作为预训练素材的大语言模型，为玩家提供与江湖中人自由对话的新奇体验，③ 生成式 AI 的介入，将基于自然语言的人机对话变为一种趣味性玩法。此后，AI 与 NPC 的叠加效应再度升级，英伟达与初创公司 Convai 合作，实现了 NPC 自然语言与逼真面部表情的有效结合，④ 清华大学人工智能团队推出的 CharacterGLM 大语言模型，能够模拟各式现实人物、历史人物乃至文艺作品中虚构形象的语言习惯进行对话反馈。⑤ 不仅如此，一款名为《意识的阴影》（2023 年）的潜行游戏出于提升人机交互多样性的目的，赋予计算机控制角色主动学习玩家战术并据此调整自身行动的能力，带给受众与人类玩家交锋的拟真感。随着 Unity、Unreal Engine 等游戏引擎不断内置生成“拟真智能体”的工具和插件，NPC 的拟真能力与交互能力正逐步随之提高。

除了图形设计和角色拟真，生成式人工智能还在游戏内容创制的

---

① “拟真智能体”来自乔治斯 · N. 扬纳卡基斯和朱利安 · 图吉利斯的《人工智能与游戏》一书，可以延伸理解为由 AI 操控的非玩家角色。［美］乔治斯 · N. 扬纳卡基斯、朱利安 · 图吉利斯等著：《人工智能与游戏》，卢俊楷等译，北京：机械工业出版社，2019 年版，第 219 页。

② “More on Future of RPG Games - Bannerlord and ChatGPT,” accessed December 23, 2023, https: //www. youtube. com/watch? v = L_qauw4QM3Q.

③ 《网易〈逆水寒〉手游宣布推出首个游戏版 ChatGPT：NPC 可自由生成对话》，https: //www. techweb. com. cn/onlinegamenews/2023 - 02 - 15/2919705. shtml。（上网时间：2023 年 12 月 23 日）

④ NVIDIA GeForce, “NVIDIA ACE for Games Sparks Life into Virtual Characters with Generative AI,” December 23, 2023, https: //www. youtube. com/watch? v = 5R8xZb6J3r0.

⑤ Jinfeng Zhou, Zhuang Chen, Dazhen Wan, et al. “CharacterGLM: Customizing Chinese Conversational AI Characters with Large Language Models,” January 9, 2024, https: //arxiv. org/abs/2311. 16832.

多个方面有所建树：与暴雪有关“基于游戏事件、玩家资料和/或玩家反应动态生成和调制音乐的系统和方法”的专利，[①] 以及腾讯XMusic 通用作曲框架，[②] 提供了贴合游戏环境的智能化音乐谱写方案。哥本哈根大学游戏设计与研究团队研发的一款名为 MarioGPT 的大语言模型，允许使用者通过提示工程创建新的《超级马力欧兄弟》（1985 年）游戏关卡，关卡生成的良性率高达 88%。[③] 诚然，目前电子游戏中的人工智能局部应用还不够成熟，但在可以预见的未来，人工智能将成为丰富人机交互体验的核心技术，为电子游戏提供重要卖点和新的吸引力。

二、从零生成：AI 时代电子游戏的智能化生产

生成式人工智能在电子游戏生产机制中的局部应用，虽已足够惊喜，却还未达到业界对这项新技术的最高期待。遵照自然语言指令，从零开始生成一部游戏作品，才是厂商们期望人工智能抵达的技术上限。早在 2019 年，已有独立游戏制作厂商注意到人工智能的强大文本生成能力。Latitude 公司以 GPT－2 为核心工具，结合《龙与地下城》（1974 年）的基本情景，开发出在线文字冒险游戏《AI 地下城》（2019 年）。[④] 这款网页游戏玩法十分简单，真正吸引玩家之处在于冒险世界的超高自由度和人工智能按照对话方向生成的个

---

① 《动视暴雪为 AI 生成音乐申请专利　玩家可定制“专属”配乐》，https：//www. gamersky. com/news/202210/1528067. shtml。（上网时间：2023 年 12 月 22 日）

② 腾讯多媒体实验室：《腾讯多媒体实验室发布自研 AI 作曲框架 XMusic，入选 2023 世界人工智能大会“镇馆之宝”》，https：//cloud. tencent. com/developer/article/2305127。（上网时间：2023 年 12 月 23 日）

③ Shyam Sudhakaran，Miguel González－Duque，Claire Glanois，et al，“MarioGPT：Open－Ended Text2 Level Generation through Large Language Models，” December 21，2023，https：//arxiv. org/abs/2302. 05981.

④ Latitude，“How We Scaled AI Dungeon 2 to Support over 1000000 Users，” December 23，2023，https：//latitude. io/blog/how－we－scaled－ai－dungeon－2－to－support－over－1－000－000－users.

体“定制”故事，显露出 AI 生成游戏的优势所在。

随着生成式人工智能的普及应用，电子游戏的自动化创制也进入新的阶段。尽管一键式生成作品的“一揽子”解决方案尚未出现，但电子游戏全流程的智能化生产，已经应用在实验性的独立游戏制作中。相关作品大多运用 ChatGPT 的语言组织与逻辑思维能力、Midjourney 和 DALL－E 等 AI 绘图应用的图像绘制能力、专业游戏引擎的合成与驱动能力，进行游戏开发，初步探索出现阶段人工智能生成游戏的基本流程。

在人工智能支持下，个人玩家或独立游戏开发者，可以自行创作玩法机制相对简单的小型游戏。例如，诞生于用户丹尼尔·泰特与 ChatGPT 对话消息，并由人工智能撰写底层代码的《完数》（2023 年），是一款相当简单的数独益智游戏。① 在社交平台“X”（原 Twitter）上，对 JavaScript 编程一无所知的用户阿玛尔·热西，使用 GPT－4 复刻了经典电子游戏作品《贪吃蛇》（1976 年）。② 一时间，从零开始自创游戏的做法，风靡国内外玩家社群。一位名为“从零开始 Mr. Zero”的设计者，通过国内独立游戏网站 indienova 发布了完全由 AI 生成的作品《编号：零》（2023 年）。③ 这款作品初具横版闯关游戏的雏形，玩家通过控制女主人公将迎面飞来的怪兽击飞至屏幕外来得分，游戏背景只是彩色荒野和黑白城市两幅图片的来回切换，主人公也只能做出跳跃和下踩两种动作，甚至无法实现水平方向上的前进或后退动作，玩法机制略显单调。不过，上述实验性作品，为 AI 生成独立游戏走向成熟，提供了宝贵的经验积累。

---

① Giovanni Colantonio, “ChatGPT ‘Invented’a Game that Already Exists, then Plagiarized Itself,” December 23, 2023, https: //www. digitaltrends. com/gaming/sumplete – chatgpt – AI – game – design – ethics/.

② Ammaar Reshi, “Can GPT – 4 Code an Entire Game for You? Yes, It Can,” December 23, 2023, https: //twitter. com/ammaar/status/1635754631228952576.

③ 游戏网址：https: //nostest. itch. io/projectzero。

总体来看，生成式人工智能的确下调了部分游戏的制作门槛，极大缩减了小型独立制作的时间成本。国内曾有独立游戏制作者，按照 ChatGPT 生成代码、Midjourney 画图和 Unity 引擎合成的方式，单人仅用 60 小时就完成了塔防游戏《细胞防线》（2023 年）的生成工作。[①] 相比于《编号：零》而言，《细胞防线》的完成度较高。游戏玩法机制明确，要求玩家招募、升级对身体有益的各种细胞，抵抗布满屏幕的各种病毒，守护心脏的安全，且防御塔也即有益细胞的技能多样性设计比较到位，并不会令玩家甫一接触便产生厌倦感。《细胞防线》的短时生成并非个案，国外专业游戏开发团队 Luden. io 综合使用 ChatGPT、Midjourney 和 Stable Diffusion 等人工智能生成全部文本要素，创建了类似文字冒险小说的网页游戏《生成冒险》（2023 年）。[②] 值得注意的是，这款游戏从策划到落地，仅耗费了 72 小时。可以预见的是，随着生成式 AI 参与游戏开发的门槛逐渐降低，独立开发者的奇思妙想将更多地生成为电子游戏文本，从而形成一种符合独立游戏生产机制的创作路径。

人工智能生产游戏的成熟，亟须摆脱玩法机制重复和低水平叙事效果的束缚。事实上，即便是小规模的独立制作，也有希望实现圈层突破并引发广泛讨论，例如一度爆火的“佛系”游戏《旅行青蛙》（2017 年），经由社群传播成为现象级作品的《跳一跳》（2018 年），以及“消消乐”类游戏《羊了个羊》（2022 年），均通过触发某种集体情感或大众议题而引发关注。在个案层面上，人工智能生成游戏也

---

① 《独立游戏开发小白使用 AI 制作了一款上万下载量的游戏》，https：//www. bilibili. com/video/BV1qm4y117Vs/？ spm _ id _ from = 333. 999. 0. 0&vd _ source = 32132a042a4b21b3787cbd3eca8e48fd。（上网时间：2024 年 1 月 9 日）

② Oleg Chumakov，“Generated Adventure — the Postmortem of a Game Made with ChatGPT and Midjourney（Prompts Included），” December 24，2023，https：//blog. luden. io/generated – adventure – the – postmortem – of – a – game – made – with – chatgpt – and – midjourney – prompts – included – f87e7e615204？ gi = 62a329ebdab4.

曾展现出类似的可能性。AI 生成游戏《扎拉诺娃如是说》(2023 年)就设置了社会大众普遍关心的人工智能反叛人类的议题。作品中的人工智能密谋毁灭人类，玩家扮演的人类战士必须通过随机生成的对话来获取阻止阴谋的密码，从而拯救人类。可惜的是，这款游戏没能克服玩法机制相对简单的短板，在玩家群体中的影响力相对有限。

对于多数人工智能生成游戏而言，进行商业化推广的议题，似乎为时尚早。2023 年 10 月，大型数字游戏发行平台 Steam 以 9.99 美元的价格推出了一款 AI 生成游戏《AI 无尽地牢》，开发者马克斯·洛强调“这是世界上第一个基于文本的角色扮演游戏，其中每个位置、NPC、敌人、物品、制作配方和游戏机制都 100% 由人工智能决定”[①]，他还将《AI 无尽地牢》指认为一款完美的地下城主题游戏。[②] 显然，开发者希望该作品成为 AI 生成游戏迈向商业化的标志性案例，可惜极易产生的模型混乱、糟糕的图形表现和极高的硬件要求，导致游戏并未取得预期中的成功，也给 AI 生成游戏的商业化蒙上了一层阴影。

受到社会加速发展[③]的影响，游戏市场的整体节奏也在不断提速。在此形势下，生产周期短、制作成本低的轻量化独立游戏，能够快速迎合受众市场需求，吸引大众玩家参与。当前，AI 生成游戏大致处在轻量化独立游戏的框架内，自然有望成为游戏产业格局的重要组成部分。虽然既有作品的市场化表现有待改善，但它们作为 AI 生成游戏迈向商业化的积极实践，仍然证明了从零生成的机制创新，构成了人工智能时代电子游戏生产的全新路径。沿此路径来看，

---

① Max Loh, “AI Roguelite,” December 24, 2023, https://store.steampowered.com/app/1889620/AI_Roguelite/.

② Max Loh, “AI Roguelite,” December 24, 2023, https://steamcommunity.com/profiles/76561198119314220/recommended/1889620/.

③ [德] 哈特穆特·罗萨著:《新异化的诞生》，郑作彧译，上海：上海人民出版社，2018 年版，第 7—13 页。

电子游戏工业还面临着一个终极问题，我们距离从零生成3A游戏还有多远？

三、生成3A作品：人工智能驱动下游戏生产的未来“坐标”

在当前游戏产业格局中，3A级别作品仍然处在行业“头部”位置。此类作品可以被视为游戏领域的“高概念”电影[①]，代表着最高级别工业标准。一般认为，3A游戏需要具备5000万美元以上预算、规模庞大的制作团队、及时应用最新图形技术、高昂的宣发预算、大型工作室主导及较高的盈利门槛等条件。[②] 诸如《战地风云》（2002年）系列、《使命召唤》（2003年）系列和《荒野大镖客》（2004年）系列等包含电影级视听表现、丰富故事情节和鲜明玩法机制的作品都属于此中典型。

然而，复杂度极高的生产流程，导致3A游戏制作周期可能长达数年，甚至动辄“跳票”。例如，曾获得游戏奖（The Game Aewards，TGA）2018年度最佳游戏的《战神4》（2018年），因众多Boss仅为“换皮怪”[③] 的问题饱受批评，制作人科里·巴洛克无奈回复，“尽管我也很想再加入10个独特的Boss，但这样一来，这款游戏就需要20年的制作时间”[④]。这一回应虽带有一定戏谑成分，

---

① 周学麟：《“高概念”电影与国产大片》，《上海大学学报》（社会科学版）2014年第2期。

② Kaavya Karthikeyan, “AAA Games: A Comprehensive Guide,” January 5, 2024, https://www.gameopedia.com/comprehensive-guide-to-aaa-games/.

③ 指在不更改既有角色模型行为机制和作战方式的基础上，通过改变皮肤、服装等造型元素的方式生成的新角色。这类“换皮怪”开发周期和成本较低，但容易造成玩家的审美疲劳。

④ Tom Chapman, “God of War Director Responds to Boss Fight Criticisms,” December 23, 2023, https://screenrant.com/god-war-boss-fight-director-response/.

却也充分证明了3A游戏生产的复杂性。高昂的时间成本，以及游戏厂商们为规避经济风险而怯于推陈出新的一贯做法，限制着3A作品的内容与玩法创新。

如今，3A游戏的生产厂商纷纷拥抱生成式人工智能，目的就是借助机器智慧进行“降本增效”。从育碧研发AI编剧工具Ubisoft Ghostwriter，到暴雪娱乐内部使用Blizzard Diffusion辅助美术设计，再到史克威尔艾尼克斯明确将人工智能作为重点发展方向，游戏大厂们均致力于通过新技术带动生产机制革新。从行业发展的角度看，本次技术革新的终极目标，无疑是3A游戏的从零生成。

3A游戏的从零生成，还存在诸多需要解决的问题。首先，3A游戏生成模型的基础是存贮海量预处理信息的超大规模数据库。即使训练一款用以实验而非商用的3A游戏生成模型，也需要恒河沙数般的可读信息作为“喂养”人工智能的“养料”。超大规模数据库的建立，需要突破不同厂商之间的数据壁垒与版权限制，合法获得3A游戏生产的海量基础数据，还需要通过密集的人力劳动，对相关信息进行标记，使之成为可读信息，总体实现难度极大。目前，大型游戏开发商积极将生成式人工智能看作提升内容生产效率的辅助工具，却在更进一步的从零生成议题上一直缄口不言。曾有3A游戏工作室宣称，因为担心侵犯版权而禁止相关实验。① 然而，生成式人工智能的局部应用，也存在侵犯版权的风险，这种担忧并未阻止游戏厂商奔向机器智慧的脚步。更为合理的解释是，数据信息本就是游戏开发商的核心资产，数据外流将会影响现有的产业格局，导致行业巨头们的经济效益受损。因此，游戏厂商缺乏对外提供数据以训练相关模型的动力。只有保证数据控制权以及AI模型的专门供

---

① Ian Dean, “This Game Is Being Made with AI, so Should You Be Worried?”, December 24, 2023, https://www.creativebloq.com/news/game-made-using-midjourney.

给，才是符合游戏厂商利益的数据库建设方式。如此看来，“数据壁垒”是3A游戏从零生成无法规避的行业性难题。

其次，在数据库信息的调用和作品的生成过程中，游戏制作者还要面对人工智能深度神经网络的不可控性问题。有研究者认为，“对于神经网络，我们知道了模型的参数，还知道输入数据以及将其链接成网络的方式，但我们却无从知晓它是如何实现这一过程，神经网络就像一个神秘的‘黑箱’”[①]。对于电子游戏生成而言，神经网络的不透明机制会导致生成结果的偶然性，也就意味着从零生成的3A游戏难以完全按照使用者的要求来创作文本，致使原本追求确定性的艺术创作转变为随机性事件。事实上，人工智能模型的不可控性可能会在某个难以预料的节点上显形。2023年12月份以来，OpenAI陆续收到多人反馈GPT-4模型的性能有所下降，还会有意识地规避部分重复性工作，换言之，GPT-4正在变得“懒惰”。OpenAI设计团队也无法解答此中原因，只能归咎于神经网络的不可预测性。[②] 为了获得理想的生成结果，游戏厂商需要不断提升人工智能模型的可控性，避免生成机制的混乱乃至崩溃。

最后，即便游戏厂商解决了数据来源与训练、深度神经网络的可控性等命题，还需通过加强硬件配置来实现人工智能的算力提升，由此来适配3A级游戏对高性能图形处理器（Graphics Processing Unit，GPU）的要求。数据显示，人工智能技术对于算力的需求，每过100天就会增加一倍，预计未来5年会产生高达100万倍的算力增长。[③]

---

① 周志明：《智慧的疆界：从图灵机到人工智能》，北京：机械工业出版社，2018年版，第320页。

② 《GPT-4在11月份以来变懒的原因可能已经找到：大模型可能会在节假日期间变得不愿意干活，工作日期间却更加高效》，2023年12月24日，https://www.datalearner.com/blog/1051702359526901。

③ Shiqiang Zhu, Ting Yu, Tao Xu, et al., "Intelligent Computing: The Latest Advances, Challenges and Future," November 23, 2023, https://arxiv.org/abs/2211.11281.

3A 游戏的图形生成，同样以巨额算力增长为硬件基础。无论作品采用预先生成模式还是在游玩中根据指令即时生成的策略，均远超家用 GPU 的能力范畴，必须通过专业 GPU 的大量并联或专门的图形工作站来实现。不过，专业级 GPU 已经被视为高精尖技术产业的核心资产，亦是国际经济贸易的稀缺资源。普通游戏厂商既难以获取，也无法承担由此产生的高昂运行成本。GPU 算力问题的化解，尚有待于未来云计算或量子计算机的技术突破与行业应用。

尽管 3A 游戏的自动生成面临着数据、模型和硬件等方面的难题，但这些问题不过是明确了技术生成路径之后的现实困难。毕竟，随着人工智能领域的基础建设和技术推进，数据共享、模型训练和算力升级等问题，都将迎来解决方案。甚至，通用型人工智能的来临，或许会将 3A 游戏制作变为某种生成式 AI 模型的子命题。而这，正是游戏厂商渴望生成式人工智能将会抵达的技术未来。

结 语

在生成式人工智能兴起后，关于机器智慧影响人类独特性的讨论，再度甚嚣尘上。此间关键在于，由人工智能生成的智能体，能否产生类人的情感和社交方式？2023 年，斯坦福大学和谷歌研究院合作开展了一项由 25 个“生成智能体”构成的沙盒游戏实验，这些智能体将大语言模型作为行为逻辑依据，进而模拟人类的生活方式。研究者们惊奇地发现，经过一段时间后，智能体纷纷建立起社会关系网络并开展相应的社交活动，宛若一个小型社区。[①] 这项实验引发

① Joon Sung Park，Joseph C. O'Brien，et al. “Generative Agents：Interactive Simulacra of Human Behavior，” January 10，2024，https：//arxiv. org/abs/2304. 03442.

的思考是，电子游戏中生成式 AI 的智能化水平持续提升，是否会导向某种电子游戏版本的《西部世界》（2016 年）？如同实验中的“生成智能体”尝试脱离研究人员控制并自行开展社交活动，电子游戏内的数字玩偶又是否会继续接受人类玩家的残忍暴虐行为？虽然这一问题在现实生活中尚未得到回答，但未来的电子游戏，有望成为讨论上述议题的实验场域，为探索人类与机器智慧的相处模式提供路径。

创造、生产与被征用：数字游戏玩家的劳动

曹书乐*

数字游戏，是依托于计算机软硬件技术和设备开展的数字化的游戏活动，包含街机游戏、单机游戏、网络游戏和手机游戏等。游戏是当今青年中最流行的文化消费，也是媒体融合与互动叙事的前沿形态。全球游戏玩家人数已经接近30亿人。

中国游戏市场规模已经稳居全球前列。2020年，中国游戏市场实际销售收入约2800亿元，其中自主研发游戏占据了86%以上；而中国自研游戏2020年在海外市场销售收入也超过了1000亿元人民币，同比增长33.25%。[①] 巨大的市场规模，由日渐成熟的产业来供给。游戏产业将新的生产过程、劳动方式和工作岗位带入我们的视线。从产业链的视角出发，游戏产业包含如下主要环节：硬件生产、游戏研发、游戏出版、分发销售，最后到达消费者手中，以及日常维护与运营。每个环节都包含着不同的劳动。

狭义的游戏硬件生产，例如产业工人在流水线上生产任天堂Switch、索尼PS5这样的游戏主机、性能强悍的电脑显卡及其他专业游戏外设，其劳动过程接近于传统制造业。最为核心的游戏研发环

---

* 曹书乐，清华大学新闻与传播学院教授、博士生导师。

① 中国音数协游戏工委与中国游戏产业研究院：《2020年中国游戏产业报告》，2020年12月18日，http：//www.cgigc.com.cn/gamedata/22132.html。

节中，开发人员致力于生产出受消费者欢迎的游戏，其中又包含了概念设计、人物设定、游戏引擎研发、策划、美术、程序、测试等工作。这些工作通常需要受过高等教育、具有专门知识技能的劳动者来从事，更偏向创意劳动、数字劳动、非物质劳动的领域。大型游戏公司兼有推广销售部门；小型游戏公司和工作室，则将产品交给大发行公司。游戏营销人员的劳动，具有广告业、销售业的特点，也兼顾玩家群体的特点，因而具有游戏业的特色。而游戏销售渠道的变化，如 Steam、Epic 在线销售平台以及苹果、安卓应用商店的主流化，也让当前的游戏销售跟 21 世纪初相比大不相同。“游戏作为服务”的理念日趋主流，则让游戏运营变得空前重要。相应的劳动过程则更接近于服务业和软件业。

以上种种，皆为游戏产业中的典型劳动，内嵌于游戏商品生产、销售和运营的过程之中，从业者人数众多。如著名游戏公司任天堂有员工 6000 多名，育碧有超过 1.8 万名员工，另有大量外包公司人员也卷入相关产业劳动中。

如麻省理工学院的泰勒（Taylor）所言，游戏既是一种可分析的系统和人造物，也是一种叙事结构和故事世界，而在更广义层面，它可以被看成一种“组合”，包含行动者、系统、技术、身体、社区、法规、文化、实践等要素。[①] 那么，除了游戏作为一种商品与服务，其产业中包含的从业者劳动外，玩家作为关键行动者，围绕游戏而从事的劳动也已经非常丰富多元，几乎无时不在。本文将从“游戏作为媒介”、“游戏作为文化”和“游戏作为场域”三个层面来分析林林总总的劳动行为及述评主要的学术观点。

---

① Taylor, T. L., “The Assemblage of Play,” Games and Culture, 2009, Vol. 4, No. 4, pp. 331 - 339.

一、游戏作为媒介：玩游戏就是劳动？

流行的数字游戏形态和类型不断演变，但互动性依旧是游戏的本质属性之一。游戏是一种互动媒体，玩家必须和游戏持续互动才能让游戏进行下去。这也是游戏玩家和电影观众在媒介内容消费时的本质差异：电影观众只需观看和理解，游戏玩家则需要一定程度的沉浸、操作和参与。玩家作为游戏这一新媒介的用户群体，其主动性是非常鲜明的。

在传播与媒介研究的学术脉络中，受众/用户的媒介使用与内容消费，被普遍认为具有劳动的成分。较早揭示媒介产业这一运作规律的，是达拉斯·斯麦兹。[①] 他提出的“受众商品论”经典论述认为，大规模制造、受广告商支持的大众传播的商品形态是受众；观众观看商业广播电视的免费内容，其实就是一种劳动。这一论述引发了长久而热烈的学术讨论。Meeham 将之修订为“收视率商品论”[②]，文森特·莫斯可认为收视率测量及售卖是控制论意义上的商品，代表了媒介商品化过程的进步。[③] 笔者在讨论网络视频的观看时提出，“注意力作为商品”或许是更清晰严谨的表述。[④] 无论怎么表述，这一理论视角都将受众对媒介内容的阅听视为一种劳动。

当社交媒体崛起和普及，海量普通用户在社交媒体上投入大量

---

① Smythe, D. W., “Communications: Blindspot of Western Marxism,” Canadian Journal of Political and Society Theory, 1977, Vol. 1, No. 3, pp. 1 – 28.

② Meehan, E. R., “Ratings and Institutional Approach: A Third Answer to the Commodity Question”, Critical Studies in Mass Communication, 1984, Vol. 1, No. 2, pp. 216 – 225.

③ ［加］文森特·莫斯可著：《传播政治经济学》，胡正荣等译，北京：华夏出版社，2000年版。

④ 曹书乐：《云端影像：中国网络视频的产制结构与文化嬗变》，上海：华东师范大学出版社，2021 年版。

时间与精力，用户们的日常在线聊天、交流、讨论、娱乐行为与商业模式的关系，也可被纳入上述“受众/数据/注意力商品论”的框架中分析。为何微博、微信、抖音、快手、头条要斥巨资搭建、运营平台并向绝大多数用户免费提供服务？一方面，用户们的使用和消费即是劳动，产生的数据和注意力，极具营销价值；另一方面，用户们的活跃度、参与度等，将进一步在资本市场影响这些社交媒体公司的市值和股价。

因此，也就不难理解最普遍意义上的“玩游戏”何以成为一种劳动。一方面，多年以来，一直有大量免费游戏产品中放置了广告（如一些免费下载的手游和微信小程序中的游戏），需要玩家每过一段时间便观看广告以获取继续游戏的机会或一些游戏道具装备，这种模式无异于传统的商业电视广告盈利的模式，也可以由“受众/数据/注意力商品论”来阐释；另一方面，玩家玩游戏、讨论游戏的行为，虽然主观目的通常不是为了游戏厂商的利益，也没有自发的“劳动”意识，但客观上使该游戏更知名、更有吸引力、带来更多的玩家，促进了游戏的销售。从 Terranova 提出的理论视角来看，这是被资本所剥削的“无酬劳动”，一种不基于资本主义薪酬体系的自觉行为。①

首先，不依赖广告盈利的大多数免费游戏，其收入来源主要是游戏内购，即“氪金”。在可以免费玩的前提下，玩家为什么还要“氪金”？这背后有竞争、情感和社交三层面的动机驱使，而如果没有其他玩家的参与和互动，这些动机都将大大削弱。那么，“玩游戏”是不是也意味着帮助公司向其他玩家营销？更有意思的是，游戏厂商会通过精心设计，努力制造稀缺和差异，刺激玩家们消费；

---

① Terranova, T., “Free Labor: Producing Culture for the Digital Economy,” Social Text, 2000, Vol. 18, No. 2, pp. 33 –58.

而“氪金”玩家购买的虚拟物品价格，其实又往往由那些不花钱“埋头苦玩”的玩家的“无差别劳动”所锚定——“如果普通玩家平均要‘肝’100 小时才可能得到某个式神或培养出某个极品御魂，那么为它“氪金”1000 元，是不是就显得非常合理了呢?”①

其次，大量游戏是需要玩家付费购买的。除了传统的营销、评测等促销方式外，影响新玩家购买的重要因素其实是数据和口碑。在各种应用商店里的下载排行、付费排行、每日活跃排行、在线人数排行，都在告诉玩家们，哪些是“好游戏”“热门游戏”，值得尝试。而这些排行所依据的数据，都是玩家们“玩游戏”的劳动所产生的。至于玩家们线上线下的评价推荐行为则成为推动游戏热销的“口碑”。此外，如前所述，这些数据和口碑还将影响游戏企业在资本市场的股价起落。

二、游戏作为文化：生产性游玩、产消者与玩工

随着数字游戏日渐深入当代青年日常生活，对越来越多的人来说，游戏不仅意味着在特定硬件设备上打开的某个娱乐软件，还是一种熟悉喜爱的文化，一个可以投注情感、产生身份认同和意义的无形对象。因此，围绕游戏而发生的文化实践，往往因情动而富于创意，因认同而不计报酬，但又因为资本强大的欲望与力量而被收编、征用与剥削。

此现象也在更宏大层面上一直发生。在整个数字内容产业框架中，生产与消费这两个似乎应当泾渭分明的领域，其边界越发模糊。

---

① 曹书乐、许馨仪：《竞争、情感与社交：〈阴阳师〉手游的氪金机制与玩家氪金动机研究》，《新闻记者》2020 年第 7 期，第 27—37 页。

商品的生产者和消费者身份的交织与模糊，形成了所谓“产消者”的身份。

在游戏领域内，Pearce 颇具洞察力地提出了“生产性游玩”的概念，以指称为了游戏本身，而非受雇进行的创造性生产，并认为这是游戏活动中活跃的、不可分割的部分。[①]

Wirman 将玩家在游戏中的生产性分为两大类：工具性和表达性。具有目标并追求高效实现目标的电竞选手更偏向于工具性，而角色扮演类游戏的玩家更倾向于表达性。[②] 库克里奇认为，创作攻略、游戏路线、物品/地点数据库、作弊代码属于工具性生产；粉丝小说、引擎电影、诗歌、皮肤属于表达性生产；而制作模组、补丁、上论坛处于两者的交叉地带。

库克里奇提出的“玩工”概念更为流行。他通过分析游戏模组经济提出这一概念，并由此来讨论“不稳定劳动”。[③] 他认为，玩家的热爱为游戏开发者和发行商节约了游戏的推广费；游戏模组的创作与出现，有效地延长了游戏的生命期；游戏模组培养了玩家的忠诚度，促进了游戏销售；模组的创作带来游戏创新，也是一种无报酬劳动。这种将玩（play）与劳动（labor）结合起来的“玩工”（playbor），既非雇佣劳动，又非完全的娱乐休闲。“玩”的表象遮蔽了资本对模组爱好者的剥削。

上述种种理论概念试图揭示的，是比普遍意义上“玩游戏”更进一步的游戏文化实践，是玩家群体中更为积极的那部分人，如何通过劳动，在更广阔的社会环境中创造出与游戏相关的文化、社群

---

① Pearce, C., “Productive Play: Game Culture from the Bottom up,” Games and Culture, 2006, Vol. 1, No. 1, pp. 17 – 24.

② Wirman, H., “On Productivity and Game Fandom,” Transformative Works and Cultures, 2009, Vol. 3, pp. 8 – 9.

③ Kücklich, J., “Precarious Playbor: Modders and the Digital Games Industry,” The Fibreculture Journal, 2005, No. 5.

及无形资产。最常见的，有互联网上的各种游戏主题虚拟社区，如《魔兽世界》中国玩家们创建的“艾泽拉斯国家地理”论坛（nga. cn），多年来已经从单个游戏的粉丝社群演变为庞大的游戏主题社区；还有豆瓣小组、贴吧、微信群、QQ 群，以及围绕专业游戏公号、微博“大 V”、B 站 UP 主等形成的互动群体。玩家几乎可以在网上找到任何游戏的同好者。

在社群中，玩家除了分享关于游戏的信息，讨论玩法，提供攻略，答疑解惑，分享游戏经验，还会创造出该游戏特有的文化和俚语。如 2020 年大热的任天堂主机游戏《集合啦！动物森友会》，催生出了类似“猛男捡树枝”这样的俚语。俚语的创造和使用，确立了玩家在游戏中的地位，区分了新手身份和老手身份，也有助于形成特定的“动森文化”，增强玩家的归属感和认同感。

基于这些社群，玩家们进一步开展更深入的文化实践。下文列举三类。

（一）攻略创作

游戏通常会设置一定数量的关卡、谜题、障碍或需击败 Boss，提供不同难度选择，但并不会附上一份产品说明书或者通关手册。对于新手玩家来说，熟练玩家制作的攻略有助于自己顺利通关，更轻松愉快地完成游戏。

以经典游戏《古墓丽影》系列为例，在每一小关卡内都有特定的谜题需要解决，例如通过转动轮轴，使箱子停留在特定的地方，主角方可在箱子之间顺利跳跃，进入通往下一关卡的通道；又或根据已有线索，将棋局中的棋子挪动到特定位置，大门方可打开。如果玩家始终无法解开这样的谜题，游戏就无法进行下去。此外，在每个小关卡的末尾打 Boss 的时候，也往往需要一定战斗技巧，例如有效利用环境来躲避敌人，如何充分利用放置在环境中的弹药和血包，以及如何寻找 Boss 的弱点而展开针对性的攻击等。

如果没有攻略可供参考，不少玩家会卡在游戏某处，一遍遍打不过去，最后只好弃玩。但如有攻略在手，玩家则能顺利通关，而不用遭受玩不下去的挫败感。因此，很多玩家并不介意参考其他人所提供的攻略。

在广泛流行的大型多人在线网游（MMORPG）或者电子竞技游戏（MOBA）等类型中，攻略的意义在于帮助玩家更有效率地探索庞大的世界、完成各种任务、积累数字资产、提升等级，或者熟悉各种角色、增强对战技巧等。

还有很多游戏攻略为百科图书式或图鉴式，本身并不具有帮助玩家打通游戏的功能，而是能极大地丰富玩家的游戏体验。又如《集合啦！动物森友会》，在爱好者自制的网站上，提供了游戏中可收集物品的全部图鉴，包括鱼类、昆虫、海产、化石、美术品、家具等分类，甚至包括可收集的雨伞、唱片、反应的图鉴。网站甚至放了简单的小程序，让玩家可以根据时间地点筛选此时此刻可以钓到的鱼类或捉到的昆虫。

编写这样的攻略，需要付出大量时间精力，也并非每个玩家都能胜任。能写出攻略的玩家，要么是第一批上手游戏之人，且以超出绝大多数玩家的进度率先通关；这样的玩家通常具有高超的游戏素养，在解谜、策略、战术、技巧、反应等方面能力突出。要么这些玩家能付出大量时间，一边打游戏，一边记录下游戏过程中的重要关键点，润饰措辞，整理成其他人能一目了然的格式。在各种社交媒体平台上，攻略创作者往往成为其他玩家心中的“大神”。时至今日，越来越多的游戏攻略开始以短视频方式出现，比起传统的图文攻略，显得更加直观生动和碎片化，甚至很多人自己不玩游戏，而是沉迷于看主播通关，被戏称为“云玩家”。

总之，长期以来，创作攻略通常是一项没有即刻经济回报的利他主义的分享，其回报主要体现在精神层面上，即来自其他玩家的肯定和赞美。近年来，基于视频的攻略创作则增加了带来经济回报的可能。

（二）粉丝创作

一些足够喜爱所玩游戏的玩家，可能会逐渐形成粉丝的身份，有意愿和能力，基于游戏的世界架构、角色和主要剧情，进行粉丝创作，例如写同人小说、同人绘画、创作基于游戏角色的动漫等。

学界此前已开始关注基于网络文学 IP 或影视 IP 的粉丝创作，也即詹金斯所谓的“文本盗猎”行为。[①] 类似现象近年正出现在游戏领域。

笔者与合作者研究《恋与制作人》时，发现这款低竞争性、高体验性的“乙女向”国产卡牌游戏，是能激发同人创作的典型游戏。玩家以年轻职业女性的身份进入游戏，先后结交四位个性不同但魅力十足的青年男子，可以选择与其中一位或多位进行恋爱。随着游戏的流行，大量同人文、同人漫画、同人音视频和同人实体产品开始出现。这些粉丝创作基于游戏人物的人设，但在剧情上进行了改写、扩写和续写，增加了诸多细节，使人物形象更为丰满。通过访谈发现，很多游戏粉丝觉得“太太们”（同人创作者）比游戏开发者更懂用户；一些玩家首先是迷上同人创作作品，才开始接触游戏。

笔者在研究《阴阳师》游戏时也发现：一方面，很多玩家先是在多个社交媒体平台上看到著名画师、写手创作的《阴阳师》同人

---

① ［美］亨利·詹金斯著：《文本盗猎者：电视粉丝与参与式文化》，郑熙青译，北京：北京大学出版社，2016 年版。

作品，“在开始玩游戏之前已经对不少角色，比如茨木、大天狗等耳熟能详了”，才开始接触这个游戏；另一方面，当玩家玩上了游戏，仍会四处搜索同人作品来满足自己的情感需求，并因此更多地“氪金”——“同人看多了就会对这些式神、角色越来越有感情……就觉得花花钱，买个好看的皮肤，赌几个好御魂穿，都不是什么大不了的事”①。

这些例子生动说明了“为爱发电”的粉丝创作如何成为免费的劳动，为游戏公司的利润添砖加瓦。

还有一种游戏玩家特有的粉丝创作，即引擎电影。引擎电影是利用游戏引擎实时渲染生成的动画作品，创作者在现成的游戏中“扮演”特定角色，录制游戏画面，再进行剪辑配音等后期制作，完成作品。

在国内最具影响力的引擎电影大概是《网瘾战争》。该作品基于《魔兽世界》，由百余位玩家通过互联网组成团队，业余时间免费参与制作，并于2010年初发布于多个视频网站。两周之内，该作品仅在优酷网就播放了超过百万次，也引发了媒体广泛报道和好评，后来还获得当年“土豆映像节”最重要奖项。它涉及网游规制、网瘾治疗等玩家热议的话题，还诙谐再现了当时中国社会的诸多时事热点，征用了大量其他流行文化文本，是一次成功的亚文化叙事。②

（三）模组创作

“模组”是“游戏修改版本”（modifications，mod）的音译。Steam游戏平台将“模组”定义为“玩家对游戏或软件的修改。其修改程度可

---

① 曹书乐、许馨仪：《竞争、情感与社交：〈阴阳师〉手游的氪金机制与玩家氪金动机研究》，《新闻记者》2020年第7期，第27—37页。

② 何威：《网众传播：一种关于数字媒体、网络化用户和中国社会的新范式》，北京：清华大学出版社，2011年版。

能是仅对游戏内一件物品的编辑（例如武器的样式），也可能是全新的人物、关卡、地图和任务，乃至彻底成为另一款新游戏”[1]。

第一人称射击游戏（FPS）是最早鼓励玩家创造的游戏类型。ID 软件公司在 1993 年发布《毁灭战士》之前，已在网上发布了该游戏的工具箱，允许大家自制或下载他人制作的关卡。该公司早年发布的另一著名游戏《雷神之锤 II》中，由一位玩家波尔格编写的人工智能插件在玩家中广泛传播，并得到更多玩家的修订完善。Valve 公司发布单人射击游戏《半条命》以后，主动邀请模组社群中的玩家开展创作。在此过程中脱颖而出的一个模组，将《半条命》中“人人为己”的死亡战斗模式，转变为军事小分队协同作战，设计了新的地图和场景，并在 1999 年演变为至今仍风靡全球的游戏《反恐精英》。尽管能够创作模组的人只是无数玩家中的少数，但他们出于热爱的无偿劳动，积少成多，被公司收编，相当于一支无须支付报酬的研发大军。[2] 当然，创作游戏模组有时能给“硬核玩家”带来职业发展机会。如前述的波尔格，就因能力突出，被游戏公司 Epic 看中并获得工作。

在当前几乎所有国内外热门游戏中，都不同程度地存在模组，《反恐精英》、《DOTA 2》和《军团要塞》等甚至就起源于模组。许多热门游戏的开发商也非常鼓励模组创作，如《我的世界》《侠盗猎车手》《上古卷轴》《模拟人生》等。这样的大环境使得模组创作也有更多得到经济回报的机会。如 Steam 平台的创意工坊鼓励各种游戏的玩家上传相应的模组，并且可以收费；又如《我的世界》（中国版）提供各种开发工具和教程，鼓励玩家成为模组开发者，宣称“让兴趣享有丰厚收益回报，成为优秀开发者轻松实现月入破

① STEAM：《Steam 上的模组》，https：//store. steampowered. com/about/communitymods/。

② 赫茨：《驾驭群蜂》，载［澳］约翰·哈特利编著《创意产业读本》，曹书乐、包建女、李慧译，北京：清华大学出版社，2007 年版，第 265—276 页。

万”。

郭建斌、姚健明将《我的世界》的游戏参与者分为“消费者”“玩家”“玩工”“生产者”四类，并认为其中“玩工”与“生产者”的区别在于，前者被资本占有和剥削自己无偿劳动的成果，后者则通过抗争获得了更多劳动回报，并倾向于以此为业。[①]

三、游戏作为场域：以游戏为业

除了轻度休闲玩家、重度粉丝玩家，还有很多在游戏中废寝忘食的人，其首要目的并非休闲娱乐，而是从中获取经济报酬，甚至是追求职业生涯的成功。他们与前述的“生产性游玩”“产消者”“玩工”之间有一条非常明确的界线：他们清醒意识到自己是在以劳动换取报酬，游戏是他们的工作“地点”，就像农场、工厂或写字楼；游戏同时也是其生产工具，如同锄头、车床或打字机。这正是“以游戏为业”的劳动者自觉。

而这些以游戏为业的人，又不同于前述因擅长模组创作而受聘于游戏公司的人。与受雇于游戏企业的劳动者不同，以游戏为业的玩家首先仍然是玩游戏的人，且其劳动更倾向于边缘化、临时性、“不稳定劳动”。下文列举分析“以游戏为业”的典型，包括电竞选手、游戏主播、金币农夫和代练陪玩。

（一）电竞选手

游戏产业的发展和细分，让游戏出现了体育赛事化和职业化的

---

① 郭建斌、姚健明：《“消费者”·“玩家”·“玩工”·“生产者”——基于模组游戏〈我的世界〉的研究》，《新闻记者》2020 年第 7 期，第 3—15 页。

趋势。通过信息网络与设备进行的人与人之间的高度竞技性的游戏，被称为电子竞技。它是娱乐、体育与文化的交汇。

2003 年，电子竞技成为中国国家体育总局承认的第 99 个正式体育项目（2008 年批改为第 78 个）。2016 年，教育部新增了电子竞技运动与管理专业。全球流行的竞技游戏《英雄联盟》如今每年总决赛有数以亿计的全球观众，单场观赛数据不逊于 NBA 等传统体育盛事。2017 年 11 月，《英雄联盟》S7 全球总决赛现场设在中国国家体育场，4 万多名玩家到现场观赛。2018 年中国战队 IG 夺得《英雄联盟》S8 赛季全球总决赛冠军。2019 年中国游戏企业趣加旗下的 FPX 战队，在巴黎再度赢得 S9 赛季全球总决赛冠军。而 2018 年 8 月，中国代表队更是在亚运会决赛中战胜韩国队夺冠，让五星红旗高高飘扬在雅加达的上空。电子竞技如同其他职业化的体育项目，与国家荣誉密切关联。电竞选手作为一种新兴职业，也得到主流媒体和主管部门的肯定与支持。①

目前，电竞选手的收入待遇呈现金字塔式两极分化趋势。根据人力资源和社会保障部 2019 年发布的相关报告，中国电竞职业选手约 10 万人，加上半职业和业余选手以及从事教练、分析等工作的从业者，整体从业规模约 50 万人。其中，顶尖电竞选手的年薪能达到百万元及以上，另外还有商业代言收入；但只有 16% 的电竞从业者收入能高于当地平均薪资 2 倍以上，近四成电竞从业者薪资水平等于甚至低于当地平均薪资。一线选手、二线选手和青训队员的工资水平差距明显。②

电竞选手中能获得高报酬者极少，高报酬也只是对职业生涯高

---

① 何威、曹书乐：《从“电子海洛因”到“中国创造”：〈人民日报〉游戏报道（1981—2017）的话语变迁》，《国际新闻界》2018 年第 5 期，第 57—81 页。

② 人力资源与社会保障部：《新职业——电子竞技员就业景气现状分析报告》，2019 年 6 月 28 日，http：//www. mohrss. gov. cn/SYrlzyhshbzb/dongtaixinwen/buneiyaowen/201906/t20190628 _ 321882. html。

光时刻的馈赠，很难一直保持。电竞要求选手反应快、状态好，是公认的“吃青春饭”行业。所以电竞选手普遍低龄，半数以上电竞从业者不到 22 岁。一方面，早早投身电竞训练可能会影响学业发展；另一方面，电竞选手通常不到 30 岁就退役，退役后的职业发展尚无成熟的路径可循。

此外，电竞选手平时的训练负荷大，比赛的压力又极大地影响着选手的心理健康。长时间坐在椅子上操作游戏，腱鞘炎、网球肘、颈椎病、下背疼痛等职业损伤十分常见。长期久坐不动，还伴随着进食不规律和饮食结构的单一，这样的工作状态竟与加班文化中的“996”办公室白领形成了共鸣。曾带队夺取亚运会冠军的中国电竞名将简自豪于 2020 年 6 月因伤退役，他身上集中体现出电竞训练与比赛带来的“工伤”——每天长达十几个小时的训练、熬夜、饮食不规律和压力，导致肥胖，最终引发 II 型糖尿病，再加上手伤，最终无法继续这份工作，退役时年仅 23 岁。[①]

（二）游戏主播

游戏主播涵盖了通过视频直播游戏过程或录制编辑游戏相关视频上传网络，并从中获取报酬的劳动者。观众通过弹幕、评论、赠礼、打赏等方式，与游戏主播展开互动。

其中，游戏直播是中国近年兴起的网络直播的最主要形态之一，用户规模已达 2.6 亿人，占到了网民整体的 22.9%。[②] 真正促使网络直播脱离传统视频网站，发展出相对独立的产制模式和商业模式的，

---

① 《Uzi 退役引发的思考：电竞选手不该成为健康反面典型》，《北京晚报》2020 年 6 月 30 日。

② 中国互联网络信息中心于 2020 年 4 月 28 日发布，《第 45 次中国互联网络发展状况统计报告》。

正是游戏直播的兴起。2014 年，从游戏语音辅助软件起家的 YY 和弹幕网站 AcFun 中，诞生了游戏直播行业两大巨头“虎牙”和“斗鱼”，使得一大批游戏主播脱颖而出。[①]

国际知名的游戏直播平台则以 2011 年成立的 Twitch 网站为代表。Twitch 戏剧性地重塑了产业实践。到 2017 年时 Twitch 上已有超过 200 万个独立主播，日活用户为 1000 万人。[②]

从规模对比可见，国内游戏直播热度高、用户基数大，这充分显示了中国电竞行业的飞速发展，以及游戏玩家与“云玩家”规模的庞大。鉴于近 1/4 的中国网民都在消费游戏直播，游戏主播的劳动并不局限于专门的游戏直播平台，而是遍布各种社交媒体，以触达更广泛的用户群体。B 站 UP 主、抖音创作人，甚至小红书这种美妆社区的博主，都会进行游戏直播、提供大量剪辑上传的游戏短视频，从介绍推广游戏、趣味自制视频，到过关演示、攻略发布、展示战利品，各种内容应有尽有。

电竞选手与游戏主播存在着互跨赛道的可能。不少电竞选手在枯燥的训练之余通过游戏直播获得打赏来增加收入，成名的电竞选手更能在游戏直播中圈粉盈利，甚至很多电竞选手将游戏直播视为退役后的主要职业选择之一。也有游戏主播因游戏能力出众获得俱乐部关注，被招募进入战队，从业余主播走向职业电竞选手。当然，更多游戏主播的初衷只是喜爱游戏或者直播，他们中间既有电竞主播，也有什么游戏都玩的全能型主播。

游戏主播通常只要有一台电脑或手机，加上摄像头等外设，客厅或者卧室就能转换成劳动的场所，主播也因此获得灵活就业的可

---

① 曹书乐：《云端影像：中国网络视频的产制结构与文化嬗变》，上海：华东师范大学出版社，2020 年版，第 57—58 页。

② Taylor，T. L.，Watch Me Play：Twitch and the Rise of Game Live Streaming，Princeton：Princeton University Press，2018.

能。高超的游戏技艺能助力主播获得大量粉丝；如果社交能力、表达能力或视频制作能力出色，即使游戏打得一般，主播也能广受欢迎。游戏主播通过提供内容累积粉丝，粉丝带来的流量转化为主播的劳动回报，有足够流量后游戏主播再通过植入或口播广告、打赏、代言等多种方式实现变现。

游戏主播每日花费大量时间打游戏、直播、与观众互动和制作游戏视频，因此与电竞选手一样，深受宅家久坐、睡眠不足的健康困扰。

对于游戏主播而言，劳动过程也带来自身视频制作能力的提升和社交圈的丰富，或社会资本的提升。不少创作者靠自学掌握了各种视频制作技术。同时，一些核心粉丝成为线上或者现实世界中的朋友，能对主播的内容选题甚至生活提供种种建议和帮助。[①] 即使他们将来不再从事主播劳动，这些能力和资本都能被应用到其他的工作上去。

（三）金币农夫

游戏所创造的虚拟世界中，存在大量虚拟物品，或用于提升玩家的作战能力，如武器装备、药剂血包；或用于改变玩家的虚拟形象，如坐骑、皮肤、饰品等；还有些可以丰富和完善玩家的物品收藏，满足人的收集欲。这些虚拟物品一般被设计为需要玩家通过不断玩游戏的过程，在各处采集搜罗得到，或是通过不断对战、升级而获得的战利品，总之需要付出大量时间和精力。

玩家渴望获得这些虚拟物品，但未必人人都愿意或能够在游戏中投入足够的时间和精力。于是一些玩家愿意付出真实货币去购买

---

① 曹书乐：《云端影像：中国网络视频的产制结构与文化嬗变》，上海：华东师范大学出版社，2020 年版，第 190—191 页。

虚拟世界中的物品，这就成为一种市场，并因此出现了在游戏世界中劳动，获取虚拟物品并出售获利的人。这种人在英语媒体上通常被称为“金币农夫”，他们的劳动过程被称作“打金”。

朱利安·迪贝尔在《玩钱》一书中，描绘了在 MMORPG 中玩家们对魔剑、魔法胸甲和特殊药剂这些虚拟世界战利品的渴望，如何催生出一个产业。[①] 在虚拟世界类游戏《第二人生》中，2009 年已有 6.4 万玩家从买卖虚拟物品、出租虚拟土地中赚到利润；华裔女子（Anshe Chung，网名为“安社钟”）成为第一个在《第二人生》中买卖虚拟房地产赚取到百万美元的人，并因此登上了 2006 年的《商业周刊》封面。耐人寻味的是，她在湖北开设了工作室，雇用一批中国劳动者创造虚拟物品并向西方玩家售卖。

个人“打金”的行为在市场规模扩大后，也逐渐演变为工作室制度。游戏工作室规模化地雇用了打金人员，并将其劳动组织化、规范化，以更高效率和更低成本向市场大量提供虚拟物品和虚拟货币。在全球化语境下，一些热门网络游戏向跨国玩家提供服务。这使得西方传统产业中利用第三世界劳动力成本低的优势，外包部分工作以缩减成本的做法在游戏领域被广泛应用。

西方新闻媒体对中国的“打金”现象早有报道。2006—2011 年西方媒体对中国游戏的报道，更倾向于各种负面、偏离的个案，如网瘾患者和网瘾治疗中心，也包括“金币农夫”现象。一些报道认为，“富裕的西方人”在购买中国制造的便宜货之后，又开始购买中国“金币农夫”生产出来的虚拟货币，将“打金”视作“血汗工厂”般的实践。[②]

---

① Dibbell, J., Play Money: Or, How I Quit My Day Job and Made Millions Trading Virtual Loot, New York: Basic Books, 2007.

② Wirman, H., “Sinological - orientalism in Western News Media: Caricatures of Games Culture and Business”, Games and Culture, 2016, Vol. 11, No. 3, pp. 298 - 315.

Nardi 和 Kow 认为，包含主流媒体、博客、引擎电影及电影在内的关于中国“金币农夫”的媒体话语，是一种自以为了解中国的“数字想象”，这种想象与建构“他者”的漫长历史挂钩。他们认为真实的“打金”采用了不同的方法，包括脚本挂机等，并非西方想象中生活条件极差的“血汗工厂”。Liboriussen 则研究了过着舒适小日子的中产阶级“业余金币农夫”，指出这种劳动者在中国的不同形象。[①] 邰子学和胡冯彬则对中国 5 个城市的 13 个“打金”工作室进行了两年多的实地调研，探讨了“打金”的理由、动机和认知，并将其视作中国青年主导的游戏文化中的一种特殊类型的“粉丝劳动”，通过变革性的游戏玩法嵌入全球游戏资本主义市场中。[②]

上述研究具有启发，但仍留给我们思考空间。“金币农夫”虽非西方媒体想象中的“血汗工厂”劳工，但也并非都是业余时间玩票的中产阶级；“打金”未必都是在对游戏的爱与热情中的附带工作，它更多时候或许还是没有感情的“揾一份工”。有市场，有需求，就进行供应。哪个游戏热门，需求激增，工作室就拓展哪个游戏的业务。工作室和“金币农夫”需要在劳动过程中研究，怎么升级装备、刷怪、下副本才能更高效地“打金”，甚至怎么使用“灰色”的技术手段，有效地提升劳动效率。以游戏为业，注定了个人对游戏的爱好并不是劳动过程中的重点或决定因素。

（四）代练陪玩

游戏代练与上述的打金劳动有明显差别。打金劳动重在获取并

---

① Liboriussen, B. , “Amateur Gold Farming in China: ‘Chinese Ingenuity,’ Independence, and Critique,” Games and Culture, 2016, Vol. 11, No. 3, pp. 316 – 331.

② Tai, Z. Hu, F. , “Play between Love and Labor: The Practice of Gold Farming in China,” New Media & Society, 2018, Vol. 20, No. 7, pp. 2370 – 2390.

售卖游戏虚拟物品和货币，而代练的目的是帮助顾客升级其游戏角色到理想的等级和状态。在一些情况下，玩家因为不想经历冗长无趣的升级过程，而想尽快获得高等级角色的游戏体验，因此付费请代练将自己的账号尽快玩到一定程度；另一种常见情况，则是在高竞技性游戏中玩家想大幅提升自己游戏角色的排名，但自身能力不足以达到，于是花钱请人代打，例如在《王者荣耀》中打上荣耀王者段位、拿到某个英雄的省标甚至国服标记，又如在一些 MMORPG 或战略网游中达到全服务器排名前列等。

游戏陪玩，指的是通过在游戏中陪伴顾客一起玩游戏，满足其在技术、情感、社交等方面的需求并获得报酬的劳动方式。通常陪玩都是通过网络进行而非线下见面。与打金或代练不同的是，陪玩本身并不被法律或游戏公司禁止，劳动过程合理合法；并且陪玩也不依赖于工作室的组织化来提高效率，更多表现为依托于各种平台产生的临时性、不稳定的自就业劳动，结合了情感劳动与技术服务。

结 语

如本文分析的，除了游戏产业链条上大小公司里，内嵌于游戏商品生产、销售和运营过程中的劳动者，全球 30 亿游戏玩家同样自觉或不自觉地围绕游戏从事着极为复杂的劳动。

首先，最普遍意义上的“玩游戏”就可以被看作一种劳动。玩家一方面遵从经典的“受众商品论”逻辑，另一方面也在为游戏厂商免费营销、提升股价，更以亲身劳动锚定虚拟物品价值。对这些劳动的学术探讨可以借助传播政治经济学、广告营销等理论资源。

其次，那些更为积极主动、更具创意和能力玩家，出于情感、认同、爱好等动机，开展各种“生产性游玩”，从社群构建、攻略创作到粉丝创作和模组创作。这些行为通常并不以经济回报为目的，然而却极大地促进了游戏文化和产业，有利于游戏厂商；玩家也因此化身“产消者”或“玩工”。相关学术观点可以借鉴文化研究的理论资源。

Arvidsson 和 Sandvik 认为，资本占有的游戏玩家的劳动主要有两种方式。[①] 一种是活化（activation），指大多数玩家的用户内容生产（UGC）包括反馈分享，本质上是一种对游戏的免费推广；另一种是创新（innovation），指的是硬核玩家发现游戏程序中的故障或不足，并从程序、内容到效果去优化游戏的过程。游戏的商业价值很大程度上依赖玩家的非物质劳动，这也反映出信息资本主义的关键逻辑：借助生产外部性作为剩余价值的主要来源。不难发现，这两种方式似乎恰好对应本文所述的前两个层面的玩家劳动。

最后，数字游戏拥有相对自洽自足的市场经济体系、运行规则、文化习惯，因而也构成了一种工作的场域。我们观察到，以游戏为业的玩家群体，他们清醒地意识到自己通过游戏中各种形式的劳动来获取报酬。游戏产业的发展，也是新时代数字经济和创意经济的缩影。旧的工作岗位在消亡，新的工作岗位被创造，不同教育程度的人，都有机会在其中找到可以从事的劳动，获得基本的收入。这些劳动既包括相对稳定的组织内受雇职业，也包括大量自就业、自由职业、临时工作；牵涉情感劳动、表演劳动、数字劳动、创意劳动、不稳定劳动等多种理论概念，相关研究可沿袭社会学、人类学对劳动的考察。

围绕游戏玩家的劳动，有太多问题值得思考：以游戏为业的劳动分工情况如何？游戏主播与 MCN 机构的关系如何？从工作室老板

---

① Arvidsson，A. Sandvik，K.，“Gameplay as Design：Uses of Computer Players' Immaterial Labour，” Northern Lights：Film & Media Studies Yearbook，2007，Vol. 5，No. 1，pp. 89 – 104.

到基层金农或代练，其角色不同带来的生产和分配差异如何？游戏世界中的劳动和真实世界中的劳动有何本质的区别？以数字游戏为生产工具与劳动场域，让劳动过程呈现哪些新特点？又能怎样促进我们对于虚拟经济、技术赋权、平台剥削、算法权力等重要概念的理解？

平台经济中的数据劳动：现状、困境与破局

任　桐　姚建华*

一、研究问题及文献综述

根据荷兰市场研究公司 Newzoo 发布的《2020 年度全球电子竞技市场报告》，2020 年，全球电子竞技（以下简称“电竞”）的市场规模约为 11 亿美元，同比增长 15.7%；全球电竞观众人数达到 4.95 亿人，同比增长 11.7%。在中国，电竞产业的蓬勃发展不仅使电竞日渐融入当代年轻人的生活，而且孕育出电竞主播这一新兴的职业群体。电竞主播通过直播电竞比赛或者录制和编辑与电竞相关的视频，并将这些视频上传至网络来获取报酬。在此过程中，观众或粉丝通过弹幕、评论、赠礼、打赏等方式与电竞主播展开互动。① 艾瑞咨询 2020 年 8 月发布的《2020 年中国电竞商业化研究报告》显示，2019 年，中国游戏直播平台的市场规模已达 300 亿元人民币，占电竞市场规模的 21.4%，位列第二，并保持着每年 3% 的增速（艾瑞咨询，2020）。一个欣欣向荣且极富创意的电竞直播市场跃然于世人

---

* 任桐，中国人民大学新闻学院讲师；姚建华，复旦大学新闻学院教授。

① 曹书乐：《作为劳动的游戏：数字游戏玩家的创造、生产与被利用》，《新闻与写作》2021 年第 2 期，第 22—28 页。

眼前，吸引着“Z世代”电竞玩家积极投身其中。

电竞直播的勃兴与网络直播业自直播“元年”以来的井喷式发展密不可分。中国互联网络信息中心（CNNIC）发布的第47次《中国互联网络发展状况统计报告》显示，截至2020年12月，中国网络直播用户规模达6.17亿人，占网民整体的62.4%。不少学者聚焦直播和活跃在各类直播平台上的网络主播，广泛运用传播政治经济学和劳动社会学的理论资源，围绕网络主播与新媒体技术、平台经济、情感劳动之间错综复杂的关系，展开大量理实兼备的研究。

例如，涂永前和熊赟研究发现，网络平台通过对主播进行身体规训和“人设”打造，与主播形成实质上的共谋关系来调动观众或粉丝的情感，从而激发他们的消费欲望和行为。[①] 随着“直播+电商”模式的兴起，网络平台更是成为商品与消费者的连接点，电商主播通过与观众或粉丝之间的信息交换与情感互动，不断将后者的注意力转化为购买力，创造出无数的“销售奇迹”。[②] 与此同时，董金权和罗鑫宇指出，网络直播不仅为观众或粉丝打造出一座“消费殿堂”，更是大众分享生活、表达与释放情感、重新构建自我身份认同的重要场域。[③] 在这其中，观众或粉丝聚集在主播周围，讨论共同感兴趣的话题，培育归属感，与主播形成“可感触的关系”或者结成“弥散同盟”。[④] 换言之，主播在直播间扮演着观众或粉丝“密友”的角色，使后者获得陪伴感、认同感和获得感，尤其让那些在现实生活中得不到心灵慰藉的孤独个体感受到虚拟社交带来的快乐

---

① 涂永前、熊赟：《情感制造：泛娱乐直播中女主播的劳动过程研究》，《青年研究》2019年第4期，第1—12、94页。

② 郑广怀、范一杰、杜思齐：《情商与常态规范：网络主播的劳动过程》，《清华社会学评论》2020年第1期，第85—106页。

③ 董金权、罗鑫宇：《“情感”视角下的网络直播——基于30名青年主播和粉丝的深度访谈》，《中国青年研究》2021年第2期，第90—96页。

④ 王宁：《自目的性和部落主义：消费社会学研究的新范式》，《人文杂志》2017年第2期，第103—111页。

与满足。[①] 在这个过程中，虚拟礼物成为主播与观众或粉丝之间亲密关系最集中的体现。[②]

不同于上述普通平台主播，电竞主播是一种结合电竞和网络主播两种职业特性的新兴职业。一方面，网络主播为电竞提供了新的变现途径，“人气”的商业价值使电竞不止于休闲娱乐，而成为主播主要的经济收入来源[③]；另一方面，电竞为网络主播提供了新的直播内容。一般来说，电竞主播大多是具有高超游戏技能的电竞玩家，这既是他们不断扩大自己粉丝规模，为电竞赛事增加流量的基础，又是他们区别于普通平台主播的差异所在。不少学者强调，普通平台主播基于身体或者产品，通过拟剧和表演的方式来“俘获”观众或粉丝的注意力，获得礼物打赏。[④] 涂永前和熊赟进一步观察发现，网络主播为了提高他们的收入，不仅需要在直播间内积极地编织自己的社交关系网络，还需要在直播间外与忠实且大方的粉丝保持频繁互动，确保这些粉丝能在他们直播时持续打赏，从而完成由“情”向“钱”的关键一跃。[⑤] 因此，除出众的颜值外，表达能力和社交能力构成了网络主播必要的技能。[⑥] 与之不同的是，詹姆斯·保罗·吉认为，直播间是一个由电竞主播和观众或粉丝共同构筑的“趣缘空间系统”——只要电竞主播游戏打得好，在操作层面有自己的

---

① 王艳玲、刘可：《网络直播的共鸣效应：群体孤独·虚拟情感·消费认同》，《现代传播（中国传媒大学学报）》2019 年第 10 期，第 26—29 页。

② 孙信茹、甘庆超：《“熟悉的陌生人”：网络直播中刷礼物与私密关系研究》，《新闻记者》2020 年第 5 期，第 25—35 页。

③ 徐林枫、张恒宇：《“人气游戏”：网络直播行业的薪资制度与劳动控制》，《社会》2019 年第 4 期，第 61—83 页。

④ 汪雅倩：《“新型社交方式”：基于主播视角的网络直播间陌生人虚拟互动研究》，《中国青年研究》2019 年第 2 期，第 87—93、72 页；李怡萱：《社交平台上的数字劳动形式及其动力机制》，《新媒体研究》2020 年第 6 期，第 10—12 页。

⑤ 涂永前、熊赟：《情感制造：泛娱乐直播中女主播的劳动过程研究》，《青年研究》2019 年第 4 期，第 1—12、94 页。

⑥ 于铁山：《剧场表演与情感卷入：网络直播礼物打赏现象研究——基于 30 余起典型案例的分析》，《中国青年研究》2020 年第 2 期，第 92—99 页。

“绝活”，甚至不用“出镜”就能积攒可观的粉丝量。在这里，电竞主播过人的游戏天赋、反应力、判断力和心理承受力的重要性远胜其表达能力和社交能力，成为他们的核心竞争优势。①

与上述研究不同的是，本文从数据劳动的视角切入对电竞主播的劳动过程及其所面临的困境和出路进行探索性研究。童祁以活跃在新浪微博上的饭圈女孩为研究对象，在全面省思饭圈运转机制的基础上，较早地提出并阐释了“数据劳动”这一概念。② 她指出，饭圈女孩为了帮助其偶像增加流量，在社交媒体的引导下，自发成立偶像数据站，集体为偶像制造话题热度、打榜投票、轮博控评。对于偶像来说，流量的增加不仅意味着他们在网络中将获得更高的曝光度、话题度和知名度，还能为他们带来直接的经济利益，以及争取到更多优质的商业资源，包括品牌代言、节目通告、出演影视剧的机会等。③ 童祁将上述生产由网络平台转化为可计算和使用的海量数据的劳动称为“数据劳动”，并强调这一劳动形式构成了网络平台流量增长和商业变现的基石。与独立撰写宣传文案、修改图片、剪辑视频等需要专业技能的劳动相比，数据劳动具有操作简单，可复制性强、技术含量低等基本特征，如饭圈女孩在微博上通过长时间、不停歇地发帖来进行内容生产的劳动就是其中典型的一例。因此，从事数据劳动的饭圈女孩往往自嘲为“工蚁”或者“轮博女工”。④

与饭圈女孩的数据劳动相似，电竞主播既没有确定的劳动场所，

---

① 马中红、刘泽宇：《“玩”出来的新职业——国内电子竞技职业发展考察》，《中国青年研究》2020 年第 11 期，第 20—28 页。

② 童祁：《饭圈女孩的流量战争：数据劳动、情感消费与新自由主义》，《广州大学学报》（社会科学版）2020 年第 5 期，第 72—79 页。

③ 杨馨：《情感劳动的传播政治经济学批判——以 L 后援会为个案》，《新闻记者》2020 年第 9 期，第 14—24 页。

④ 庄曦、董珊：《情感劳动中的共识制造与劳动剥削——基于微博明星粉丝数据组的分析》，《南京大学学报》（哲学·人文科学·社会科学）2019 年第 6 期，第 32—42 页。

又没有固定的劳动时间，他们“以屏为劳”，遵循流量至上的原则，通过游戏操作、粉丝互动和娱乐效果来吸引越来越多的观众或粉丝进入直播间。对于电竞主播来说，持续上涨的观看量、点赞量、弹幕量意味着他们可能获得更多的打赏和带货收入，这些构成了绝大多数未与平台签约的电竞主播最主要的收入来源，是保障其职业稳定性的重要条件；而对于网络平台来说，将上述流量持续变现是资本快速积累的重要途径。[①] 肖珺和郭苏南指出，在如今的“注意力经济”或者“眼球经济”时代，电竞主播不得不像“糖豆人”中的玩家一样，为了争夺流量与同行展开激烈的竞争，同时面临着一旦流量持续缩减，就有可能随时被网络平台“清退离场”的威胁。[②] 那么，在网络平台中，流量逻辑是如何具体嵌入电竞主播劳动过程的？也就是说，电竞主播在直播过程中为了获得可观的流量，需要关注和提升哪些具体的数据指标？当他们的劳动高度围绕着“做数据”展开时，面临着怎样的劳动困境？他们又是如何破局的？本文尝试对这些问题进行探索与回应，旨在为剖析和洞察平台经济中“数据劳动”这一新型劳动形式提供有益的学理阐释与丰富的经验材料。

二、研究方法及研究对象

为了更准确把握和深入探讨中国电竞直播业的发展状况以及电竞主播的劳动过程，研究者于 2020 年 12 月来到总部位于海南省三亚市的 HY 平台 JA 电竞公会进行参与式观察。JA 电竞公会成立于

---

① 胡岑岑：《从“追星族”到“饭圈”——我国粉丝组织的“变”与“不变”》，《中国青年研究》2020 年第 2 期，第 112—118、57 页。

② 肖珺、郭苏南：《算法情感：直播带货中的情绪传播》，《新闻与写作》2020 年第 9 期，第 5—12 页。

2019年12月，以移动端MOBA类手机游戏《王者荣耀》为其主打的直播内容。JA电竞公会旗下共有主播3969人，其中活跃主播人数为690人。HY平台采取分频道管理机制，共有15个分频道，直播时间涵盖全天24小时。在研究者参与式观察期间，共与10名主播和3名运营人员进行了半结构式访谈，每次与主播的访谈时间为35—40分钟，与运营人员的访谈时间约为1小时。出于研究伦理的需要，所有受访者在本文中均使用化名。接受访谈的主播类型主要分为以下四种：技术流主播、陪玩流主播、娱乐主播、颜值/声优主播。这些主播的直播内容特色和收益来源如表1所示。其中，部分电竞主播兼具多种主播类型的基本特征。

表1　接受访谈的电竞主播的不同类型

类型	直播内容特色	直播收益来源
技术流主播	游戏操作、知识分享	粉丝礼物
陪玩流主播	有偿陪玩、带粉上分	有偿陪玩
娱乐主播	通过失误和互动来制造节目效果	粉丝礼物、有偿陪玩、主播之间互刷礼物
颜值/声优主播	身体或者声音	粉丝礼物、有偿陪玩

JA电竞公会虽然成立时间不长，但其运营能力十分出色。根据应用程序“头榜直播盒子”所提供的数据，在2021年2—3月，JA电竞公会旗下《王者荣耀》主播贡献资金流水总计达503.8万元人民币，单一分频道最高月流水达175万元人民币。JA电竞公会资金流水总体稳定，属于主营《王者荣耀》板块的头部公会。研究者在主播CW（研究者的同学）的陪伴下，来到2020年JA电竞公会的年会现场，结识了本次研究中接受访谈的电竞主播和运营人员。此外，研究者为了更全面地审视和深刻揭示出JA电竞公会电竞主播数据劳动的现状与困境，在此次年会结束后，又对HY平台进行了为

期3个月的线上观察，与电竞主播和运营人员都保持着十分畅通的沟通渠道。表2和表3分别整理和归纳了接受访谈的10位电竞主播和3名运营人员的基本信息。

表2　接受访谈的电竞主播的基本信息

电竞主播	性别	年龄	风格	是否有相关工作经历	工作时间	收入（元/月）
CM	男	25	技术流主播	否	8：30—14：00 19：00—22：00	8000—10000
XX	男	25	陪玩流主播	否	18：00—次日2：00	10000
ZJ	男	19	技术流主播	否	21：00—次日6：00	2500
AY	男	19	陪玩流主播	代练	22：00—次日7：00	50000
ME	女	27	颜值主播 陪玩流主播 技术流主播	否	20：00—次日3：00	50000
EB	女	19	声优主播 娱乐主播	否	18：00—次日3：00	月收入不稳定
KB	男	22	技术流主播	代练	20：00—次日4：00	1000—2000
XCCJ	男	29	技术流主播	代练	直播时间不固定	暂未开播
CA	男	20	技术流主播 陪玩流主播	否	16：00—次日2：00	30000
CW	女	27	技术流主播 陪玩流主播	否	19：00—次日0：00	4000—5000

表3　接受访谈的运营人员的基本信息

运营人员	性别	年龄	收录主播数（人）	活跃主播数（人）	旗下流水估值（元/月）	每日工作时长	从业时间（年）	收入（元/月）
GC	男	23	657	168	150万	8—14小时	5	10000+提成
ZY	男	25	398	40	40万	6—15小时	3	5000+提成
XY	男	30	368	92	35万	8—12小时	0.5	5000+提成

三、数据劳动的现状："做数据"的电竞主播

研究发现，电竞主播的劳动过程受制于游戏对局和网络直播的双重数据逻辑，因此他们的劳动日渐转变为一种专注完成各项数据指标的"数据劳动"——"做数据"构成了电竞主播劳动过程的内核。在此过程中，数据成为衡量他们劳动价值的全部，在巨大的数据指标压力下，电竞主播由"自我创业者"逐渐转型为"数据劳动者"。①

（一）游戏对局的数据逻辑

通常情况下，作为电竞玩家的主播在其直播过程中，需要遵从游戏操作规则，达到观众或粉丝所期望呈现的数据指标，进而完成直播内容的生产。以《王者荣耀》为例，游戏对局的数据标准，包括 KDA 值、对局数据评价和英雄熟练度。

首先，KDA 值，即电竞玩家在游戏中，击杀人数、死亡数、助攻数三项数据指标的集合，是衡量玩家对局操作水平的基础数据。尤其是对于技术流主播来说，这一数据表现至关重要，评分太低会招致观众或粉丝的非议。接受访谈的多位电竞主播表示，当 KDA 数值过低时，满屏"主播真菜"的弹幕十分影响他们在游戏中的情绪与表现。

其次，对局数据评价，即游戏系统根据玩家在对局中的输出伤

---

① Lin, Z. Zhao, Y., "Self - Enterprising eSports: Meritocracy, Precarity, and Disposability of eSports Players in China," International Journal of Cultural Studies, 2023, No. 4, pp. 582 - 599.

害、承受伤害、参团率等数据对玩家所进行的综合评分。获得较好的对局数据评价是对玩家在游戏中高质量发挥的肯定，也是对其游戏技能的认可。

最后，英雄熟练度，即基于玩家对某一英雄的操作熟练程度所进行的数据化评价，包括英雄的使用场次和在不同对局中的表现等。一般来说，观众或粉丝可以通过英雄熟练度了解电竞主播有哪些操作熟练且拿手的英雄，英雄熟练度也是电竞主播自我介绍的重要组成部分。

（二）网络直播的数据逻辑

如果说电竞主播在游戏对局数据方面的表现是他们游戏技能的直接反映，他们通过展示精湛的游戏技能和分享丰富的游戏知识捕获大量观众或粉丝，那么网络直播的数据逻辑决定了电竞主播的劳动过程紧密围绕着提升人气值、订阅量、虚拟等级、资金流水等数据指标而合目的性地展开。

首先，人气值，即电竞主播直播间实时在看人数和活跃程度。与电视直播相似，晚间 7—9 点是电竞直播的黄金档，主播能在这一时段积聚 30 万—50 万不等的人气值。一方面，随着主播人气的提升，他们有机会在 HY 平台上挑选到更好的直播时段；另一方面，更高的人气值能够激发主播以更饱满的热情投入直播中，达到更理想的直播效果，进而吸引更多的观众或粉丝进入直播间，形成正向激励与循环。

其次，订阅量，即平台用户对电竞主播直播间的长期关注。HY 平台会对订阅直播间的用户推送开播信息，更多的订阅量意味着主播拥有更多潜在的粉丝与资源。在直播过程中，主播都会“自我营销式”地推荐大家点击订阅和关注自己的直播间，旨在和更多的观众或粉丝建立长期的互动关系。

再次，虚拟等级，即每位电竞主播账号都对应一定的等级，HY平台主播账号的等级从0—50级不等。如表4所示，主播账号升级所需的经验值由他们收到的虚拟礼物的总价值直接转化而来（每1点经验值对应0.1元的虚拟礼物）。直播平台会根据主播直播时长和积累的虚拟礼物总价值来对他们进行“升级”，等级越高，主播成为HY平台官方签约主播的机会就越大，其与平台的劳动关系也就越稳定。

表4　部分主播账号等级及其升级所需的经验值

等级	下一级所需经验（万）	升级后积累经验（万）
1	0.001	0.001
10	0.01	0.055
20	2.8	7.6
30	26	132.6
40	375	1567.6
50	无	无

最后，资金流水，即电竞主播的直播礼物收益和陪玩收益的数据，一般以月为计量单位，这也是他们“做数据”最直观的劳动收益。JA电竞公会举办的主播年会是邀请制的，拥有月流水10万以上的主播才有资格出席。一般而言，主播的资金流水会与公会分成。在JA电竞公会中，主播和平台的分成比例为主播八成，公会二成；新主播为主播七成，公会三成。接受访谈的运营人员透露，从资金流水的分成比例中可以大致获知公会的实际管理情况：如果主播与公会的资金流水分成比例为9∶1，这个比例表面看上去对主播十分“有利”，但实际上却意味着公会在管理上的“不作为”——它们很少会为主播提供直播资源与管理服务。

概言之，当数据成为衡量电竞主播劳动价值的唯一标准和决定他们劳动报酬最直接的因素时，电竞主播会专注完成各项数据指标，因此在直播平台中，数据逻辑已经成为一种新型的劳动控制方式。更重要的是，电竞主播通常会将自身的困境归因于自身未达成某项或者某些数据指标，而不会将矛头直指直播平台及其背后的资本逻辑，因此资本对于劳动力的控制更具隐匿性。与此同时，为了满足更多的数据指标和追求更优异的数据表现，电竞主播积极地与观众、粉丝和运营人员展开良性且频繁的互动，持续进行数据生产，“赶工游戏”的逻辑在此体现得淋漓尽致。更为复杂和值得反思的是，不少电竞主播怀揣着成为“明星主播”或者“头部主播”的梦想而进入直播领域，“成名的想象”不但有效地遮蔽“赶工游戏”所带来的长时间、高强度、机械重复的数据劳动对电竞主播劳动的剥削，而且成为他们甘愿受数据逻辑支配，以“自愿”“愉快”的状态为网络平台不断付出体力和脑力劳动的动力源泉。

四、数据劳动的困境：“去技能化”与“去玩乐化”

通过上述分析，不难发现，电竞主播在直播过程中完成数据指标的能力越突出，其劳动价值越高，更容易获得稳定的劳动关系和经济收入。当这一逻辑成为电竞直播业的支配性逻辑时，电竞主播与直播平台和公会之间形成了一整套新型的劳动规则。这套规则以“去技能化”与“去玩乐化”两条并行的路径展开，将原本颇具趣味性的游戏操作直播转变为一种非技能化劳动的同时，使其成为

“丧失游戏性之游戏”①。

（一）“去技能化”：电竞主播的劳动“降格”

在马克思看来，技术的进步必然导致劳动者操作技能的削弱，进而使他们逐渐丧失了对劳动的控制。哈里·布雷弗曼进一步阐释和发展了马克思的上述观点，指出劳动者的专业技能和生产知识因在工作场所中引入的自动化技术和推行的科学管理制度而持续受到被“降格”的威胁，因此他们普遍陷入“去技能化”的困境：劳动者大多从事“无需繁复思考或者特殊技巧的低技能工作”②，既不需要通过学习来提升个人能力，又不需要从整体性层面来对劳动进行把握，而只需成为劳动生产过程中细微且可替代的一个部分。

对于电竞主播来说，能够全面掌握游戏操作，拥有熟练的游戏技能是从事这份职业应该具备的基本素养。在 JA 电竞公会，许多主播不仅是荣耀王者段位的头部选手，甚至还是某位英雄熟练度的头号玩家。但在游戏机制的制约和数据劳动所带来的持续压力下，电竞主播并不能“百尺竿头更进一步”成为职业选手。相反地，他们一步步地将自身的劳动“降格”为单调重复的机械操作，并面临着时刻被其他同类型主播替代的困境。

1. 英雄池：电竞主播难以摆脱的困局

截至 2021 年 3 月，《王者荣耀》可供电竞玩家在对局中操作的

---

① ulut, E., “Creativity and Its Discontents: A Case Study of Precarious Playbour in the Video Game Industry. PhD Dissertation,” University of Illinois at Urbana – Champaign.

② ［美］哈里·布雷夫曼著：《劳动与垄断资本——二十世纪中劳动的退化》，方生等译，北京：商务印书馆，1978 年版。

英雄共计104个，依照MOBA类游戏对抗路、中单、打野、射手和辅助位置的不同分类，电竞玩家只有熟练掌握25—40个英雄，才能从容应对比赛禁选英雄和英雄阵容搭配的问题，这就是在职业电竞中常常提到的“英雄池”问题。但研究者在访谈中发现，电竞主播在直播过程中迫于游戏数据指标的压力，一次次拿出自己的“招牌”英雄，即使他们作为某个或者某类英雄的最强操作者，却经常向观众或粉丝展示相同或者相似的游戏技巧。

然而，电竞主播在使用英雄方面“以不变应万变”的策略会导致直播间观众或粉丝的视觉疲劳进而选择放弃观看或者离开直播间，这样电竞主播就很难完成网络直播的数据指标。在此背景下，部分电竞主播会主动选择脱离高分段，去低分段展现自己多样化的技术操作。由此可见，数据逻辑导致电竞主播的劳动不断“去技能化”，且与游戏的竞技性意涵渐行渐远。

2. 绩效对局：可复制和可替代的电竞主播

MOBA类游戏的研发者愈发强调游戏对局的观赏性：他们鼓励电竞玩家在游戏中有更多的“击杀”“推塔”，而非靠掌控地图内的经济和资源来取胜。这就导致一局游戏的时长越来越短，超长对局变得凤毛麟角。游戏时间的缩短极大地弱化了对局的多样性，消泯了电竞玩家在技术操作上的差异性。

赢得游戏对局的胜利是电竞主播收获观众或粉丝对其游戏技能认同的主要方式。因此，他们迫切需要“绩效对局”，即在同一时间段，尽可能多地获取胜利且尽可能快地结束对局。以陪玩流主播为例，对局总数直接决定了他们的收益。为此，主播通常会联合起来，以双人或者三人配合的方式，快速带动游戏进程，取得胜利。主播EB在访谈中表示：“我们同一公会的主播肯定会经常互动，相互帮助上分。这样节省出的精力还可以做一些‘节目效果’，粉丝看直播也会觉得很轻松。”

战术上的“取巧”既增强了主播之间的互动，又能助力他们轻松赢得游戏对局的胜利，是数据逻辑下主播的最佳选择。然而，“绩效对局”导致主播个体游戏技能的弱化，久而久之，不管什么类型的主播，其劳动都具有极强的可复制性和可替代性，他们被直播平台“清退离场”的风险骤然加剧。

3. 漠视游戏创新：版本依赖症

除了重复使用自己擅长的英雄，高效率地赢得游戏对局外，电竞主播越来越漠视游戏中的创新性，且严重依赖游戏版本。如前述说，越来越多的电竞玩家只关心自己熟悉的位置和擅长的英雄。即使当他们在面对游戏版本更新时所带来的某些英雄操作数值上的增强与削弱时，他们也很少会选择“逆版本”的操作，即出于兴趣爱好去创造一些具有新意的游戏阵容或者开发更有趣的玩法，而是选择在数据逻辑的支配下，挑选游戏版本鼓励的英雄，以最少的成本（包括时间成本、体力成本和脑力成本）获取游戏对局的最终胜利。

对版本的强烈依赖，导致电竞主播都倾向于选择一些观感较好、技能连招帅气的英雄，且以此为自己的直播间命名来博得观众或粉丝的眼球，如“国服前几马超”“国服第一李白”等。在参与访谈的 10 名主播中，有 3 名玩家主打“马超”这个英雄，他们之间很难在本质上进行区分，劳动同质化现象十分严重，创新性的游戏操作也就无从谈起。不少主播在访谈中表示，全年无休、高强度、机械重复的数据劳动甚至让他们产生了一定程度的厌恶情绪。下播时，他们都不会再看游戏一眼，甚至连手机都不想再看，这几乎是拥有 2—3 年直播经历电竞主播的共同状态。

（二）“去玩乐化”：丧失趣味的游戏

在法国哲学家夏尔·傅立叶看来，劳动是一种游戏，劳动的“游戏化”（或者“玩乐化”）是人们摆脱艰辛和追求快乐的重要途径，同时也是对抗资本主义制度的革命性力量。[①] 但电竞主播的劳动恰恰存在明显的“去玩乐化”特征：电竞主播不再是出于兴趣爱好的电竞玩家，数据劳动所带来的生存压力导致直播过程对他们而言，成为一种“丧失游戏性之游戏”。换言之，在电竞直播这一源自主播兴趣爱好的“玩乐劳动”中，主播能够感受到游戏所带来的轻松、自由、有趣、愉悦等多维度的情感体验越来越弱，取而代之的是赫伯特·马尔库塞所指称的需要耗费大量时间、体力和脑力的无尽的“苦修”。[②] 由此，电竞直播从轻松的“游乐场”迅速转变为具有强制性的“工厂”，对电竞主播来说，玩乐成了“奢侈品”。

1. 体验的让渡：直播中的粉丝至上

一般而言，不管是技术流主播还是陪玩流主播，他们的游戏操作技术都优于普通游戏玩家。尤其是对于陪玩流主播来说，他们在与粉丝一同组队对局时时常需要放弃自己熟悉或者舒适的游戏操作节奏，不断照顾粉丝的游戏体验，而这个过程往往也是游戏主播作为电竞玩家丧失游戏乐趣的过程。游戏主播 CA 就提供了一个典型的例证：“像我玩《王者荣耀》一般都是玩打野，节奏很重要。有

---

① 胡冰：《分裂、反噬与迷失：“玩乐劳动”视角下青年社交媒介使用异化》，《华侨大学学报》（哲学社会科学版）2019 年第 2 期，第 126—135 页。

② ［美］赫伯特·马尔库塞著：《理性与革命——黑格尔和社会理论的兴起》，程志民等译，重庆：重庆出版社，1993 年版。

时候和我一同组队的粉丝自认为消费了，就要求我既要带他赢，又要照顾他的游戏体验。我只能放弃打野去帮他，担心他的游戏心态出现问题。”

为了提升游戏对局的胜率，电竞主播有时会选择“一意孤行”地按照自己的操作节奏来完成对局，但这样的“意气用事”通常会导致大量观众或粉丝流失。

2. 数据比较：电竞主播的压力与“内卷化”

访谈发现，电竞主播直播时的各项数据均在公会的考察范围内，运营人员会根据线上数据实时与主播进行反馈与沟通。“头榜直播盒子”将电竞主播“做数据”的能力不断可视化，实时数据使所有主播之间的比较成为可能。在直观的数字面前，电竞主播提升数据水平的方法相对单一：通过不断加播和不断播的方式，实现直播间观看人数的最大化。同时，数据水平名列前茅的主播会成为其他主播争相效仿的对象。他们之间重复彼此的劳动，直播状态深度“内卷化”，绝大多数电竞主播已经丧失开创独立游戏风格或者直播风格的能力。

质言之，一方面，电竞主播只强调“做数据”而忽视游戏的直播内容和质量的劳动过程必然导致他们充满技巧性和专业性的劳动“降格”为一种操作简单、可复制性强、技术含量低的数据劳动，电竞主播陷入“去技能化”的困境之中。精湛的游戏技能是电竞主播吸引观众或粉丝观看，获取流量的要素，但当他们以满足多样态的游戏对局和网络直播数据标准为其主要劳动目标时，上述这种非专业性和非技能化导向的数据劳动使他们无暇提升游戏技能，长此以往，必将导致电竞主播既有游戏技能的钝化直至丧失殆尽，数据劳动和专业技能两者之间不可调和的张力在此凸显。另一方面，电竞主播选择这一职业的部分原因来自他们将电竞直播视为自己的兴趣爱好或者一种休闲娱乐方式，但当他们的劳动过程受数据逻辑的主导和支配时，原本具有“玩乐”性质的电竞直播持续面临着“去玩乐化”的威胁。对于电竞主播来说，电竞直播不再是建立在游戏需求上的自由且充满乐趣的休闲活动，而成为一种“苦修式”的劳作。在此，工作与休闲、劳动与玩乐之间的界限被彻底打破。

五、数据劳动的破局：“无声抗议”与“趣缘共同体”

游戏技能和兴趣爱好原本是电竞主播劳动同意形成的重要基础，随着他们的劳动被不断“去技能化”和“去玩乐化”，这一基础正在受到侵蚀。在“做数据”的持续高压下，部分电竞主播为了完成各类数据指标而拼命挣扎、不断“内卷化”，无法逃脱数据逻辑宰制的闭环。那么，另外一部分电竞主播又是如何破局的呢？

（一）停播或者跳槽：电竞主播的“无声抗议”

2020 年初的新冠疫情为网络直播带来了一波可观的人气，许多“Z 世代”电竞玩家选择进入该领域。本研究中的 4 名主播都是在那段时间选择开播的。而随着电竞直播市场的饱和以及直播热潮的消退，当电竞主播面临越来越大的“做数据”压力且得不到公会的资源支持时，停播或者跳槽成为他们的必然选择。游戏主播 CW 在访谈中分享道：“现在电竞直播市场基本比较饱和，别说主播了，像我们新成立的公会都是前期投入很大才有了在平台上的影响力。主播停播或者跳槽都很正常，有些公会不好好运营主播，卡着主播合同不让播，于是这些主播就会选择离开。”

对于电竞主播来说，直播时没有虚拟礼物、没有接单率、没有流量就意味着没有经济收入，因此他们的工作具有很强的不稳定性，而这又极易造成这一行业从业者的高度流动性。以 JA 电竞公会为例，公会中的电竞主播大多没有相关的从业经验，以直播时间不满一年者居多。

（二）日常交往：电竞主播与运营人员的“趣缘共同体”

电竞主播在工作时间和工作地点上的差异性导致彼此之间很难形成情感联结，更不用说通过线下活动来强化彼此之间的情感纽带。这导致电竞主播无法通过公会这种组织化的方式来摆脱困境。但研究者在对 HY 平台的参与式观察中，发现一个十分有趣且值得进一步观察的现象：虽然电竞主播和运营人员之间是一种上下级的工作关系，但他们正在结成“趣缘共同体”。电竞主播 CY 在访谈中强调：“ZY 是我的运营，我在之前的公会不太了解 HY 平台的一些数据规则，比如平台发放的奖励都能用来干什么。同时，我也不太清楚公会和主播礼物分成的原因，来到新公会之后，我才逐步厘清这些数据关系。加盟 JA 电竞公会也是因为公会所有运营人员都来我直播间邀请我加入他们的主播团队，他们没有通过后台操作‘机器人’给我引流，而是来我直播间和我互动，这给我极大的震撼。因此，我预感这里的团队气氛会很好。”

由此看出，虽然电竞主播“做数据”的压力是通过平台—公会—运营人员—主播层层传递的，但电竞主播和运营人员也可以基于日常交往，进行情感互动、形成彼此之间的认同，甚至产生情感的共鸣，这主要源自他们对电竞的共同兴趣爱好。因此，对于电竞主播和运营人员而言，兴趣爱好是建构他们之间“趣缘共同体”的基点所在，情感则是其凝结的关键。[①] 两者的兴趣爱好和情感的联结使他们相互之间帮衬，“趣缘共同体”中长效且稳定的亲密关系有助于电竞主播消解数据劳动所带来的不稳定性。更为重要的是，当“冰冷的”数据逻辑逐渐被“温暖的”情感逻辑替代时，电竞主播的工作被赋予了新的意义与价值，对自己的职业规划有了更明晰和准确的认知和判断。

结 语

电竞直播是电竞商业和网络直播相结合的复合体，数据劳动构成了理解和检视这一复合体的关键。本文以 HY 平台 JA 电竞公会为案例研究对象，通过参与式观察和半结构式访谈的研究方法，首先，揭示出电竞主播这一新兴职业群体的劳动过程受游戏对局和网络直播的双重数据逻辑控制，因此他们的劳动转变为一种专注完成多样态数据指标的“数据劳动”。这些指标既包括电竞方面的数据指标，如 KDA 值、对局数据评价和英雄熟练度，又包括网络直播方面的数据指标，如人气值、订阅量、虚拟等级和资金流水等。其次，本研究发现，当电竞主播以“做数据”为劳动过程的内核时，他们与直播平台和公会之间形成了一整套新型的劳动规则，使其不断陷入“去技能化”和“去玩乐化”的困境，电竞直播既被“降格”为一种非技能化劳动，又成为一种“丧失游戏性之游戏”。最后，本文对电竞主播摆脱上述困境的行动策略进行了探索和省思。与停播或者跳槽等“消极的”策略相比，电竞主

---

① 蔡骐:《网络虚拟社区中的趣缘文化传播》,《新闻与传播研究》2014 年第 9 期，第 5—23、126 页。

播与运营人员通过日常交往，以共同的兴趣爱好和情感作为联结，形成“趣缘共同体”。随着这种“积极的”策略的作用日益显著，当“温暖的”情感逻辑在电竞主播劳动过程中逐渐替代“冰冷的”数据逻辑时，他们也从“向数据妥协者”慢慢转变为“与数据协商者”。

需要强调的是，如果我们将对电竞主播数据劳动的研究放置到一个宏大的社会历史和结构中加以考量和透视时，不难发现：在平台经济中，数据逻辑日渐成为一种新型的劳动控制方式，这与“数字泰罗主义”在全球范围内的勃兴与扩张密切相关。当前，“数字泰罗制”被广泛应用于基于互联网媒介平台的数字经济中：它将网络平台的劳动过程标准化和碎片化，通过对劳动者集中的数字化管理和控制方式，将计件劳动与绩效考核紧密联系在一起，不断降低劳动过程中的不确定性，同时追求生产效率的最大化。[①] 换言之，兴起于20世纪初的泰罗科学管理原则不仅适用于彼时对生产车间（封闭的劳动空间）中集体体力劳动的控制和对身体的规训，而且同样适用于当下对网络空间（开放的劳动空间）中个体脑力劳动的控制和对大脑的规训，且这种控制或者规训方式因数字化技术而变得更为严密和隐匿。当封闭空间的劳动和开放空间的劳动、集体劳动和个体劳动、体力劳动和脑力劳动都通过数字化管理和控制而被“泰罗化”时，那么劳动者又将如何掌握和实现对网络平台的所有权、控制权和治理权[②]，进而挑战数字资本主义的技术结构与规则呢[③]？在詹森·休斯看来，在数字化时代，资本的控制方式正在经历从社会

① 姚建华：《传播政治经济学视域下的媒介产业数字劳工研究》，《南京社会科学》2018年第12期，第116—122页。

② 崔学东、曹樱凡：《“共享经济”还是“零工经济”？——后工业与金融资本主义下的积累与雇佣劳动关系》，《政治经济学评论》2019年第1期，第22—36页。

③ Mosco, V. McKercher, C., “The Laboring of Communication: Will Knowledge Workers of the World Unite?”, Lanham, MD: Lexington Books.

强制向自我约束的转型[1]，那么当“数字泰罗制”广泛存在于网络平台时，我们亟须对这一论断进行更为整全性的分析与批判性的反思。

① Hughes，J.，“Emotional Intelligence Elias，Foucault，and the Reflexive Emotional Self，” Foucault Studies，2020，No. 8，pp. 28 – 52.

移动游戏产业：监控式资本与数字“玩工”

杜　梁*

引　子

2009年，苹果公司发布革命性的智能手机产品3GS，这新“玩意儿”迅速推动移动游戏产业蓬勃发展。从市场数据观之，中国移动游戏市场的年度实际销售收入（2009—2018年）从6.4亿元人民币骤增至1339.6亿元人民币，10年间的年均增长率约为70.64%。[①]与此同时，移动游戏市场的受众群体数量也从0.21亿人增至6.05亿人。随着移动游戏从细分市场向大众领域不断渗透，其实际销售收入占整体游戏市场销售收入的比值也不断攀升，2018年该数值约为62.5%。[②] 移动游戏的庞大市场潜力可见一斑。

如要破解缘何移动游戏快速成长为文化产业新风口的问题，不难发现，该行业已明确呈现平台化和社交化两大趋势。一方面，以腾讯和网易为代表的文化资本平台占据行业头部位置。以2018年为

---

* 杜梁，电影学博士，上海师范大学影视传媒学院副教授。

① 中国音像与数字出版协会游戏出版工作委员会、中新游戏研究（CNG）、国际数据公司：《2018年中国游戏产业报告》，北京：中国书籍出版社，2018年版，第12页。

② 中国音像与数字出版协会游戏出版工作委员会、中新游戏研究（CNG）、国际数据公司：《2018年中国游戏产业报告》，北京：中国书籍出版社，2018年版，第14—15页。

例，该年度销售收入前 50 名的新上线移动游戏中，有 34 款来自腾讯和网易这两大平台；年度销售收入前 10 名的移动游戏中，除《王者荣耀》常年独占鳌头，还有 7 款为腾讯、网易旗下产品。[①] 另一方面，上述两大平台均诉诸“游戏 + 社交”的产业发展策略，腾讯依靠 QQ、微信两大全民使用的社交产品为《王者荣耀》《QQ 飞车》等作品挖掘和积累基础用户群体，网易则通过绑定该公司旗下各类邮箱产品，为《梦幻西游》《阴阳师》等作品的宣传推广助力。

进一步看，“游戏 + 社交”模式之所以盛行，是因为用户数据作为文化资产的思维已经受到普遍关注。围绕用户数据资产的利用和挖掘，隐藏在虚拟游戏文本背后的资本方能够有效构建起面向目标受众的“中心监控平台”，这种监控机制通过对游戏玩家种种消费行为痕迹的长期观察和归纳总结，生成粉丝画像，进而可按照资本意愿制定引导文化消费策略。在上述过程中，普通玩家不但要为新鲜的娱乐体验付出时间和金钱的双重代价，其社交网络也被利用为游戏推广营销的一种免费资源。

一、作为“无形之手”的监控式资本

游戏与社交的深层绑定，不仅可以通过群聚效应修正受众的娱乐安排，还可以借助社交媒体的监控塔全方位监测玩家游戏行为，更可经由监督文本接受者的活跃程度和参与频率及时调整营销策略、维持用户黏性。

在移动互联网普及后，游戏与社交的深度融合更趋紧密。近年

---

① 中国音像与数字出版协会游戏出版工作委员会、中新游戏研究（CNG）、国际数据公司：《2018 年中国游戏产业报告》，北京：中国书籍出版社，2018 年版，第 27—28 页。

来，引发大众参与热潮的《王者荣耀》《阴阳师》《绝地求生：刺激战场》等手机游戏，均依赖QQ、微信、网易邮箱等社交平台展开推广竞赛。“游戏＋社交”模式的优势在于将线下人际关系网搬迁至线上，并且通过共同爱好进一步稳固、强化熟人之间的联系。但是，玩家群体在获取游戏内置的社交功能的同时，也无可避免地出让了隐私控制权，不仅用户的登录时间、在线时长、游戏频次、局内表现等信息受到监控，一旦玩家的上线频次下降、时间间隔拉长，游戏就会通过系统提醒、好友提醒等功能吸引他们重返“战场”。可以说，在监控资本主义思维的指引下，资本威权不但能引导玩家的游戏选择，还可通过社交“绑架”的方式最大限度地提升用户黏性。

面对“看不见”的监控“复眼”，种种隐私暴露在外的用户群体犹如置身于米歇尔·福柯所谓“全景式监狱”。这种“监狱”是指，一种同时作用于个体的肉体和精神的监禁建筑，它是圆形结构，圆心处设有监视塔，特殊的建筑设计使得囚室中的犯人无所遁形，但监控者自身却处于完全隐匿的状态。[①] 在福柯看来，“全景式监狱”中可见的被囚者与隐匿的监控者之间存在明显的信息不对称，其目的是“在被囚禁者身上造成一种有意识的和持续的可见状态，从而确保权力自动地发挥作用”[②]。这种方式不只适用监狱，同时也作为一种思维方式作用于信息社会的控制系统。在现代社会中，通过监控手段建立信息优势地位，如同资本威权手中的无形之网，正在悄然覆盖世界各个角落，构建起监控资本的统治形态。早在20世纪60年代末—70年代初，美国政府和军方就已利用初兴的互联网技术对公众行为实施监控，试图以此筛选出民权运动者和反战

① ［法］米歇尔·福柯著：《规训与惩罚》，刘北成、杨远婴译，北京：生活·读书·新知三联书店，1999年版，第224—225页。

② ［法］米歇尔·福柯著：《规训与惩罚》，刘北成、杨远婴译，北京：生活·读书·新知三联书店，1999年版，第226页。

抗议分子。[①] 近年来，受互联网技术变革影响，监控资本主义的表现形式更加多样，还进一步呈现为新兴的互联网资本巨头操控公众消费意愿的野心。美国学者肖沙娜·朱伯夫将监控资本主义视作由以谷歌为代表的超级公司主导的一场社会革命。在她看来，超级公司对公众行为数据的监控能力已远超各国政府，它们不仅从事信息的收集和分析，还通过提供奖惩措施修正人们的实际行为和选择，引导大众按照其意愿开展经济活动。[②] 可以认为，在监控资本主义的语境中，社会公众不仅毫无隐私可言，其个体意愿也受到超级公司的暗示、引导和控制。更可怖的是，超级公司对监控资本主义的拓展，具有意识形态层面的隐蔽性，相比政府而言，这些经济实体躲避在互联网景观的阴影之中，悄无声息地监视并影响每个人。如此，一种以监控为核心环节的连续性、系统性的资本积累逻辑建立起来。

监控式资本的基本生产方式根植于互联网，具体流程表现为行为监控—信息收集—数据分析—预判需求—精准推送—利润回收等一系列环节。因此，一众游戏平台尤为注重收集用户数据，绘制粉丝画像，尤其是对用户数、活跃度和留存率等数值的分析。在这一过程中，监控塔可针对每位游戏玩家展开智能化的识别、分析、定位、监控、追踪和管制，一切个体娱乐与消费行为都会受到监控并且在网络上留下数据痕迹。通过大数据分析环节描绘出不同类型的用户画像，监控式资本可以较为明确地获知目标人群的喜好与需求，再经由互联网进行商品的“个性化”推送，最终完成精准控制下的生产与销售流程。需注意的是，互联网巨头虽通过大数据获取受众需求，但它们也拥有按照资本意愿对用户画像进行隐性修正的权力，

① ［美］约翰·B. 福斯特、罗伯特·W. 麦切斯尼：《监控式资本主义：垄断金融资本、军工复合体和数字时代》，刘顺、胡涵锦译，《国外社会科学》2015 年第 1 期，第 8 页。

② ［美］肖沙娜·朱伯夫：《谷歌智能帝国：超级公司开启全球监控资本主义时代》，李道邦等译，“新智元”（微信公众号）2016 年 3 月 19 日。

即经由大众传播媒介助力，遭到篡改的数据模型形成对受众的心理暗示并且在潜意识中引导其思维走向，使其行为选择符合信息控制者的利益。

不难发现，监控式资本的利润生产机制建立在信息压榨与思维引导的基础之上，身处于互联网的全景“囚牢”之中，游戏玩家不仅无法保障隐私权，其自主思考的能力也受到限制和误导。在互联网思维助推下，隐藏在监控塔中的资本巨头对于受众的内心欲望和文化需求一目了然，于是高举着满足观众、玩家文化需要的大旗推出能够引发感官震惊的游戏商品，再配合多种暗示性的营销手段，形成对受众的思维绑缚。

二、数字“玩工”：氪金与饭制

在电子游戏领域，库克里奇曾使用“玩工”的概念称呼玩家。在库克里奇的言说中，“玩工”首先是指拥有游戏模组（Mod）修改技能，也即文本层面的再生产能力的玩家，他们通过义务性地测试和修正游戏文本给企业带来利润，多数情况下并不收取报酬。继续按照他的说法，“娱乐工业中，工作和娱乐的关系正在发生变化，并导致了混合身份的‘玩工’的出现”[①]。从较为宽泛的角度观之，每一名玩家都具备成为“玩工”的潜质。有学者认为，玩家只要加入以社交媒体为推广平台的网络游戏，就不可避免地被转化为一种营销资源，其身份也就转变为“玩工”。[②] 也有学者将参与游戏互动的

① J. Kücklich, “Precarious Playbour: Modders and the Digital Games Industry,” Fibreculture Journal, 2005, No. 5, p. 1.

② 蔡润芳：《平台资本主义的垄断与剥削逻辑——论游戏产业的“平台化”与玩工的“劳动化”》，《新闻界》2018 年第 2 期，第 79 页。

玩家均称作“玩工”，因为他们隐性地介入商业生产与营销过程中，“不知不觉免费为游戏商吸引了更多用户，创造了更多内容，改善了更多服务”[①]。考虑当前移动网络游戏构成了市场的主力军，加之受大数据思维影响，每位玩家的登录行为都会转变为营销数据，因此，整个受众群体皆面临着被转变为“玩工”的境遇。作为监控式资本的数字“劳工”，“玩工”群体不仅要通过各种方式为游戏体验付费——“氪金”，甚至还需贡献自己的智力资源——饭制。

电子游戏中的“氪金”[②] 行为，可说明玩家的劳工属性。在免费网络游戏普及前，以《传奇 2》《梦幻西游》《魔兽世界》为代表的付费游戏均通过出售“体验时间”的方式获取利润。玩家在进入游戏世界之前需购买点卡，每张点卡对应固定的体验时间，因此受众的每次登录行为都意味着“倒计时的沙漏”开始流淌。故此，受众的娱乐活动时长与其为资本威权生产的利润呈现正相关关系。而且，游戏玩家在奇幻世界中长时间“劳动”可提升账号中虚拟角色的经济价值，他们还可通过出售这些数字产品获取利益，这种原始的交易模式也将游戏行为转化为另类的生产活动。

近年来，移动游戏盛行开启了“氪金”玩法的新模式——皮肤消费。皮肤消费主要指玩家群体在游戏商城里购买各种人物皮肤从而改变角色形象的行为。在《王者荣耀》中，除去娜可露露、橘右京等版权方规定不可更改形象的角色外，绝大多数游戏英雄都允许皮肤“赋能”。这种皮肤“赋能”带有较强的拼贴、杂糅色彩。举例而言，游戏中的射手后羿本是根据传统中华英雄进行设计，但玩家购买了“精灵王”皮肤后，该角色的视觉形象酷似《指环王》中的精灵王子莱戈拉斯。更重要的是，这些皮肤在一定程度上赋予了

---

① 邱林川：《新型网络社会的劳工问题》，《开放时代》2009 年第 12 期，第 134 页。

② 氪金：网络用语，从日语“課金”（かきん）发展而来，主要指游戏中的充值行为。

“氪金”玩家新的战斗优势地位，某些角色穿戴新皮肤后或能增加攻击范围等角色属性，或是技能颜色与地图布景相近难以辨别。如此，“氪金”玩家显然能获得比普通玩家更好的游戏体验。除了皮肤消费，开箱抽奖、购买道具也是移动游戏中常见的消费模式。

如果说，“氪金”主要诉诸玩家在以金钱为代表的“器物”层面的消耗，那么，“饭制”则是监控式资本对受众智力资源的开发。所谓“饭制”，主要指文化产品的粉丝群体利用源文本的相关素材进行视觉影像再生产。在电子游戏领域，粉丝群体往往能够利用强大的地图编辑器功能，开发更为多样化的游戏玩法。以单机游戏为例，受益于《魔兽争霸 3》强悍的地图编辑器功能以及无数游戏迷进行“饭制”的热情，火影忍者、三国群英、武侠人物等无数新形象被引入这款游戏中，并且出现了《澄海 3C》“塔防”和《DOTA》（Defense of the Ancients）等新玩法。2018 年 3 月发售的电子游戏《孤岛惊魂 5》，同样提供了可供玩家自制关卡的“游乐场模式”。该作品甫一登场，便有玩家迅速开发出《反恐精英》的经典地图《沙漠 2》、《使命召唤》中的“核弹镇”和《生化危机 7》中的恐怖别墅等场景。[①] 玩家自制地图的实质是将游戏中预设的固定形象符号按照不同文本内容进行重新排列组合，其存在极大地提升了用户黏性与作品的生命周期。

具体到移动游戏层面，玩家群体的“饭制”能力也已初步显现。譬如，自《第五人格》上线以来，玩家自制角色皮肤的热情未曾消退，他们先后为盲女、医生、园丁和佣兵等众多角色制作皮肤。又如《王者荣耀》最新上线的“五虎上将”版本推出“万象天工”玩法，允许玩家运用作品内置的编辑系统创造新玩法，这种做法也可

---

① 《除了对抗邪教，你还能在〈孤岛惊魂 5〉里打沙漠 2、吃鸡和闯鬼屋》，游戏研究社（微信公众号）2018 年 3 月 29 日。

算作游戏公司利用受众的群体智慧开发新的可能性的一种策略。

如今，移动游戏领域始终难以化解的问题是，尽管监控式资本平台将受众视为数据资产与智力资源，却未曾赋予后者相对平等的文化权力。监控式资本平台依赖手中的技术权力决定玩法模式、角色形象、人物能力、开箱概率等游戏设定，然而玩家个体却难以在上述问题里获得商榷与对话的可能。通过玩家的群体智慧形成合力效应，或将是未来受众寻求文化生产话语权的关键途径。

“为了部落”：多人在线游戏玩家的结盟合作行为研究

王　喆*

游戏作为传播沟通的形式之一，长久以来便广泛存在于人类社会文明之中。冷战时期，英美军队程序设计师为打发时间、私下挪用电脑设备作为娱乐工具，自此往后，从游戏厅、掌机、电玩、单机到多人在线游戏，游戏经历了很多变迁，而其中多人在线游戏的经济产值涨幅最大，已被视为娱乐产业中重要的组成部分。多人在线游戏分很多类型，比如角色扮演、冒险、即时战略等，其本质是让众多玩家实时地共处在同一共享的虚拟环境之中。对于作为多人在线游戏玩家的青少年而言，联机游戏成为日常学习生活中的重要活动。

但是，对游戏的误解往往让人将玩家视为异化或孤立的存在。事实上，多人在线游戏的游戏规则往往倾向于促成团队合作和社会交往，例如游戏的副本、出团、协战、寮、公会等。在这样的游戏世界中，玩家不仅是与游戏机制进行互动，同时也是在与各色玩家进行社会交往，形成暂时或长久的人际关系，以实现游戏目标。其中，与人机层面的“升级快感”相比，以人际沟通为主要游戏愉悦

* 王喆，浙江大学传媒与国际文化学院副教授。

来源的玩家，其游戏忠诚度较高、沉浸感也较强。[①] 可以说，一方面，游戏和人们在现实空间中进行的社会参与有类似的机制，因而游戏的影响并不仅仅限定在游戏之内；[②] 另一方面，多人在线游戏以电脑或手机为沟通中介，这使得玩家因为游戏而发展出的是一种新型的社交网络关系[③]，是一个降低不确定感的社会信息寻求的互动过程[④]。

鉴于多人在线游戏中社会沟通的重要性和特殊性，本研究聚焦多人在线游戏中玩家结盟合作的行为，尝试去讨论三个主要的研究问题：在多人在线游戏之中，哪些因素会影响玩家结盟合作模式中的互信与认同；游戏中的结盟社群对玩家而言具有何种社会意义？游戏中的合作经验如何得以被玩家挪用到组织动员其他集体行动中？

一、游戏机制设计与社群文化型构

即便是单机游戏，玩家也倾向于在游戏外发展出基于游戏攻略交换的社群，游戏论坛或者面对面交流都可以强化游戏社群中的联结。[⑤] 而多人在线游戏更是鼓励玩家为了共同利益而进行合作，为了同一个目标而进行集结，为了正向反馈而一起努力实现目标，让人机层面的胜任感和社会互动的愉悦感紧密结合在一起。

---

① 张玉佩：《游戏、人生：从线上游戏玩家探讨网路世界与日常世界的结合》，《新闻学研究》（台湾）2009 年第 98 期，第 1—45 页。

② Castronova E. , Synthetic Worlds: The Business and Culture of online Games, Chicago, Ill. : University of Chicago Press.

③ Lucas, K. & Sherry, J. L. , "Sex Differences in Video Game Play: A Communication – based Explanation," Communication Research, Vol. 31, No. 5, pp. 499 – 523.

④ Peña, J. Hancock, J. T. , "An Analysis of Socioemotional and Task Communication in online Multiplayer Video Games," Communication Research, Vol. 33, No. 1, pp. 92 – 109.

⑤ Axelsson, A – S. , & Regan, T. , "Playing online," in Vorderer, P. & Bryant, J. (Eds.), Playing Video Games: Motives, Responses, and Consequences, London, UK: Lawrence Erlbaum, pp. 291 – 306.

多人在线游戏一个区往往能容纳 100 万人同时在线，但人类学者罗宾·邓巴推算出小团体的上限是 150 人，动物学者马克·里德利也肯定“这个数目正是我们可以相互熟悉的人数”[①]，也就是日常进行面对面沟通的上限。脑科学者迈克尔·加扎尼加陈述道：“150 至 200 是不需要组织性的阶层就能控制的人数，也是能维持个人忠诚与人际接触秩序的军队基本单位人数。”[②] 因而，在多人在线游戏中，这意味着并非每个人都能与他人进行互动，而是更多地通过游戏机制及嬉戏性的、重复性的游戏内协同合作来形成基于游戏的合作团队或结盟社群。

多人在线游戏的社会机制设计本质上模拟了真实社会的结构机制，但游戏社群的成长又是被电脑技术所中介、强化的，发展出不同的层次。[③] 多人在线游戏往往会在游戏初始时为玩家设置“加入一个社群”、“发展师徒关系”或“结交 10 位好友”等新手任务，社群也能够在游戏内的广播中进行自我宣传，以招收新成员并使得他们结盟为社群的一分子。这其中既有重新设计社群关系所存在的时间长度的机制，也有师徒关系、好友关系、家族关系等不同层级的社群内关系和社群间关系。在此基础上，游戏内社群提供了高度实用和经济性的协助，一方面，玩家通过加入社群获得珍贵的游戏道具或宝物、借贷金钱、交换以及组队打副本等协助；另一方面，他们加入社群后会在互动实践中发展出游戏社群文化。奥康纳、朗曼、怀特与奥布斯特等学者将多人在线游戏玩家的社群文化分为，一是社群

---

① Ridley, M., Genome: The Autobiography of a Species in 23 Chapters, New York, NY: Harper Collins.

② Gazzaniga, M. S., Who's in Charge? Free Will and the Science of the Brain, New York, NY: Ecco.

③ Pisan, Y., “My Guild, My People: Role of Guilds in Massively Multiplayer online Games,” Paper Presented at Proceedings of the 4th Australasian Conference on Interactive Entertainment (IE'07). Melbourne, Australia.

感受：因拥有共同点而成为团体一分子的归属感；二是社会认同：认为自己是某社会团体的一分子；三是社会支持：给他人以有形或无形的支持。[①] 游戏机制设计与社群文化型构之间的关系可参见表 1。

表 1　游戏机制设计与社群文化型构

<table>
<tr><th>时间机制</th><th>人数机制</th><th>社群机制</th><th>个体收益</th><th>社群文化</th></tr>
<tr><td rowspan="2">临时性</td><td>双人关系</td><td>竞技对战</td><td rowspan="5">装备交换、道具/宝物收集、借贷金钱、组队打怪、副本协作、收集资源……</td><td rowspan="5">社群感受
社会认同
社会支持</td></tr>
<tr><td>多人关系</td><td>临时组队</td></tr>
<tr><td rowspan="3">长期性</td><td rowspan="2">双人关系</td><td>结婚</td></tr>
<tr><td>师徒</td></tr>
<tr><td>多人关系</td><td>战队、军团、寮、家族、帮派、公会……</td></tr>
</table>

游戏机制设计除了提供结盟的可能性，还决定了游戏中层级性的合作模式。无论是玩家个体角色还是游戏社群，都存在能力、限制和等级上的区分。比如，游戏机制往往会给游戏社群附加上阶层性的结构，区分出社群的领导者和普通玩家，区分出团队中的主导地位和辅助地位，这使得一个任务需要有不同位置和不同类型的玩家来共同完成。Duncheneaut 等以魔兽世界中的社群为研究对象，发现六个基于玩家合作行为的主要因素决定了社群的成长：角色类别的平衡性、社群的大小、人物级别的差异性、子群的数目、游戏时间和社交密度。[②] 可见，游戏合作机制越能使得社群内部产生合理的差异性，便越能促进游戏内社会互动的形成，而一旦在游戏机制设

---

① O'Connor，E.，Longman，H.，White，K. M. Obst，P. L.，"Sense of Community，Social Identity and Social Support among Players of Massively Multiplayer online Games，" Journal of Community & Applied Social Psychology，Vol. 25，pp. 459 – 473.

② Ducheneaut，N.，Yee，N.，Nickell，E.，Moore，R. J.，"The Life and Death of online Gaming Communities：A Look at Guilds in World of Warcraft，" CHI 2007 Proceedings，pp. 839 – 848，Retrieved from http：//dl. acm. org/citation. cfm？ id1/41240750.

置中玩家可以单独完成任务，他们的社群感就会减少。与现实社会中的阶级再生产不同，游戏世界中的层级性并非稳固而不可变动，角色和阶层是可以自主“挑选的”。

现实社会中的小团体能分为经典的三类——俱乐部、家族和帮派①，但基于上述对于游戏机制设计和社群文化型构的讨论，我们会发现多人在线游戏中的社群是一种更为混杂、灵活多变的状态。一方面，游戏社群具有俱乐部“对内提供有限度的非竞争性公共财”的特质②，但是并非强烈地对外排他；另一方面，社群内的社会互动和文化型构强调“信任”这一结盟基础，但信任的坚实基础又并非是血缘。比如，Shen 等通过 13 周的实证研究发现合作更多地在盟友和队友之间产生，在游戏外他们也会交流日常生活中的建议和获取情感支持，而性别和地域的相近性并不会让合作更加持久③；另外，俱乐部和家族的社群形态在游戏机制和社群领导者个人倾向性的刺激下，是有可能变为“帮派”的，有此认同则视恃强凌弱为常态。

综上所述，基于游戏机制的设计，在游戏中从“陌生人”处获得帮助或给予“陌生人”以资源是非常寻常的事情，这种模拟式、重构式的设计使得游戏内外的社会性有了交互渗透的可能。多人在线游戏机制设计所支持的社会互动或可被视为“一组由经济理性的合作关系混合青少年文化的结合体”，这是在接下来对玩家的深度访谈中所关注的重点议题。

---

① 何梦笔：《网络、文化与华人社会经济行为方式》，太原：山西经济出版社，1998 年版，第 106—108 页。

② Castronova E.，Synthetic Worlds：The Business and Culture of online Games，Chicago，Ill.：University of Chicago Press，p. 136.

③ Shen，C.，Mong，P.，& Williams，D，“The Evolution of Social Ties online：A Longitudinal Study in a Massively Multiplayer online Game，” Journal of the Association for Information Science and Technology，Vol. 65，No. 10，pp. 2127 – 2137.

二、游戏内外的协力合作

游戏世界一度被视为被魔环所区隔出的、纯粹的虚拟世界，但游戏和现实之间其实存在着相互渗透的可能性。在 Castronova 看来，游戏世界应被视为“具有多孔薄膜包围的有机体。不同规则所构成的魔环是保护游戏幻想世界的硬壳，玩家依循幻想规则在其中进行活动；魔环外的社会价值体系，同时也会渗透魔环之内”①。这也意味着，社会互动并不局限在机制规则或结构设计所界定的游戏内世界，而是与游戏内外各类行动、生活、实践和结构交织在一起。②

在游戏世界之中，从新手变为资深玩家的整个历程是通过观察、模仿和实践不断习得游戏规则和社群规范的过程。社会学习理论强调学习是在社会情境之中发生的，人们可以相互学习，“一个人通过观察他人的行为及其强化的结果而学到某些的反应，或者矫正他已经具有的某种行为反应”③。与现实生活相比，游戏技术中最即时的回馈机制赋予社会学习以良好的互动环境，以及学习效果迅速迭代成形、付诸实践的可能性，玩家能在此环境中学到游戏技能和合作行动的规则。

针对多人在线游戏中合作行动的意义，Schulzke 认为在游戏之中能发展出公众联合生活图景，比如启动个人利益、发展效率感知、保护个人性、形塑精英管理规则等。④ 传统的社群生活能让有共同兴

---

① Castronova E. , Synthetic Worlds: The Business and Culture of online Games, Chicago, Ill. : University of Chicago Press, p. 147.

② Taylor, T. L. , Play between Worlds: Exploring online Game Culture, Cambridge, Mass. : MIT Press, p. 17.

③ Bandura, A. Social Learning Theory, Englewood Cliffs, N. J. : Prentice Hall.

④ Schulzke, M. , "How Games Support Associational Life: Using Tocqueville to Understand the Connection," Games and Culture, Vol. 6, No. 4, pp. 354 –371.

趣的人聚集在同一地点，依据个体最初的驱动力来决定群体目标，同时集体的愿望也会促使每一个个体来为集体的利益付出努力。多人在线游戏也会通过类似的方式来教导每个玩家来正确理解个人利益，并求同存异地将玩家聚集起来，通过朝向一个目标而努力给予游戏内部的正向回馈。同样的游戏经历使得现实生活中没有任何共同点的玩家有了沟通、交流的基础，由此玩家领悟到他们可以通过帮助他人来更好地实现个人利益。当个体对自己有正向自我认知，同时又觉得他们的行动可以产生结果时，就能在个人利益和群体利益之间找到最佳的联结。

当魔环可以渗透，那么游戏中的结盟合作经验和意义是否能被玩家挪用到组织动员其他集体行动之中呢？这是既有游戏研究中较少提及的部分。乐观如 Jenkins，坚定地认为信息传播科技支持了网民及其集体智慧的网络化实践，而这恰恰具有培养政治行动主义的潜力。[①] 近年来，游戏式的动员和组织已经渗透网络集体事件之中。比如，2016 年 1 月的“帝吧出征”便是以游戏形式来进行架构的，从参与者的留言可以看出整个行动过程模仿着青年一代所熟悉的战略游戏[②]，如“报告祖国人民！全方位火力覆盖倒计时准备！”“熊怪大军驾到！”“请求支援！！！”等。特克在她对电脑迷的访谈中，也发现这些人从他们与电脑的“非疏离”关系中获得了喜悦与满足——电脑迷视电脑为一种社区营造资源，曾梦想早期个人电脑和网络能传达出一项政治信息，即让人知道直接、立即的行动与动员利益团体的重要性。但同时，她也仍有一重担心：“个人的满足会不会使这些人不再参与集体政治？”“是否是以一种退入一个世界的方

① Jenkins, H., Confronting the Challenges of Participatory Culture: Media Education for the Twenty - first Century, Cambridge, Mass.: The MIT Press.

② 王喆：《“今晚我们都是帝吧人”：作为情感化游戏的网络民族主义》，《国际新闻界》2016 年第 11 期，第 56—71 页。

式来改变人类的世界?”[①] 如果“帝吧出征”这类具有代表性的集体行动形式并非源自单向的技术决定论，游戏内外的世界也并非全然对立，那么可以进一步讨论的是，玩家如何得以“带着既有的集体价值判断与行为态度，穿梭于并非对立的现实世界与游戏世界”[②]。

三、研究方法与架构

本研究采取深度访谈作为主要的研究方法，自 2017 年 8 月开始进行到 12 月底，对不同玩家的游戏结盟合作行为与经验进行诠释和探索，理论研究和经验研究相互交错进行。

研究者将研究项目在网络上、大学校园内和网咖内进行公布，招募不同类型的多人在线游戏玩家作为受访者，进行面对面访谈。访谈前，访谈员会告知受访对象有录音和记录过程，征求受访对象同意并签署深度访谈知情同意书。每位游戏玩家的访谈分三次进行，每次访谈为 1 小时左右，由浅入深，从了解玩家的成长背景和游戏经历开始，到描述游戏内外的社交关系和合作行为。访谈的结果均进行全文转录，每位受访者的访谈资料至少有 1 万字。

本研究共招募到 10 位游戏玩家报名，访谈对象的基本信息整理如表 2。有 7 位（70%）男性、3 位（30%）女性。其中，年龄最大的是 33 岁，最小则为 18 岁，平均年龄 23.1 岁，平均游戏资历为 7.3 年。根据中国互联网络信息中心 2015 年发布的相关数据，在中国手机游戏用户中，20—29 岁的用户占比达到 63.2%，男性玩家是

---

① ［美］雪莉·特克著：《虚拟化身：网路时代的身份认同》，谭天、吴佳真译，台北：远流出版事业股份有限公司，1998 年版，第 347—348 页。

② Castronova E., Synthetic Worlds: The Business and Culture of online Games, Chicago, Ill.: University of Chicago Press.

主要用户群体，而网络游戏玩家的游戏设备以手机为主，因而本研究的访谈资料较能反映中国网络游戏玩家的大体情况。

表2　访谈对象基本信息表

代号	性别	年龄	教育程度	游戏年资	起始时段	主要游戏
M1	男	22	本科	5年	高中3年级	《英雄联盟》
M2	男	33	本科	6年	大学1年级	《冒险岛》
M3	男	27	研究生	9年	高中3年级	《穿越火线》
M4	男	24	大专	8年	高中1年级	《英雄联盟》
M5	男	19	高中	5年	高中1年级	《坦克世界》
M6	男	18	高中	8年	小学6年级	《英雄联盟》
M7	男	24	本科	15年	初中3年级	《剑侠情缘》
F1	女	21	本科	10年	初中2年级	《英雄联盟》
F2	女	22	本科	3年	大学2年级	《阴阳师》
F3	女	21	本科	4年	大学1年级	《王者荣耀》

四、游戏结盟合作行为的诠释

（一）重新定义“名声”和“互惠”

如果和对方聊得不错，又觉得他/她打得还可以，就会拉进战队。性格不好的不要！——受访者F1

因为我刷喇叭刷得比较多，所以服务器里的人大多都知道我的名字，有时会过来主动跟我打招呼，好像认识我一样。有时在同一个地图打怪会组队，对方一看到我的装备就会说“好牛啊”“你攻击力多少”。——受访者M2

有萌新入寮，基本上大家都是觉得需要帮助他/她。但之前

> 有一个萌新，提很多要求，说话也不客气，被老玩家指出来了，他就从我们寮的QQ群里退出了，虽然还在游戏的寮中，但这也就基本等于是在玩单机了。所以，大概在游戏中需要牢记的是，“带你是一种情分”吧。——受访者F2
>
> 一些新兴的军团想挖我，没挖走。我说我不去，我现在的这个军团对我有恩，他们在我退出第一个军团很难受、很崩溃的时候邀请了我。——受访者M5

对于集体行动的法则，Olson强调只有人数少或者有强有力的组织者才能实现合作：“除非团体的组成人数相当少，又除非有强制或其他特别手段令个人为团体利益而行动，理性而自利的个人不会为了达成共同或团体的利益而献身。”[①] 但Ostrom却揭露，通过成员重复互动，滋生有关他们名声的信息（或从互动中习得信任的美德）并创发（或继承）彼此互惠的规范，团体的目标是可以经由成员的合作来完成。相较于传统理性人的集体行动法则，“名声”与“互惠”的新观点在游戏合作行为中得到了更好的验证。[②]

就“名声”而言，适度拥有对陌生人或环境的信息有助于人群合作。在现实生活中，人们可以通过交流和观察来判断一个人是否拥有好名声，比如他/她的社交圈、具体行为和围绕他/她的信息会透露出此人是否可信、可信至什么程度。

而在多人在线游戏中，游戏的种种能供性首先能让玩家了解彼此的名声状况，比如排名、勋章、道具、荣誉、人气、等级等，这是玩家的游戏化身资本，和社会资本类似。此外，玩家往往会通过

---

① Olson, M., The Logic of Collective Action: Public Goods and the Theory of Groups, Cambridge, Mass.: Harvard University Press, p. 2.

② Ostrom, E., “Toward a Behavioral Theory Linking Trust, Reciprocity, and Reputation,” in Ostrom, E. & Walker, J. (Eds.), Trust and Reciprocity: Interdisciplinary Lessons from Experimental Research, New York, NY: Russell Sage Foundation.

话语交流和行为观察来判断一个人的“名声”。多数受访者都认为“聊得来”是决定是否让路人玩家入伙的重要因素：

如果匹配到路人，又一起打了很多场，打得还不错，在游戏局里就会说话，脾气合得来的话就会加好友。——受访者 F3

同时，玩家的头像和昵称也成为进行判断的社会线索，以此降低不确定感和风险。

我们喜欢萌妹子和可爱的男孩子。像我的游戏名字就很萌，说话风格也比较萌，头像是日系动漫，还拿捏得好人物角色，更会穿好看的时装，这就很容易被人说“我带你”。——受访者 F2

以上三方面意味着玩家在完成游戏合作任务的同时也在进行着展演游戏，会进行符合游戏社群交往规范的“名声”展演，以获得他人的信任和持续的互动。

另外，在现实生活中，若同属一个团体即便人们尚无私交，但对于不可信任的行为仍有制裁力量，那就是以流言蜚语来妨碍他人未来的名声，使任何人都不敢再与此人进行互动。玩家则会对游戏功能的能供性进行挪用，以对不可信任的行为和个人进行制裁。比如，在《冒险岛》游戏中，“喇叭”功能本来是设定为让玩家发布道具交换、家族招人等公告，却在开服之后变成了“刷喇叭”相互指责的广场。

每刷一次喇叭需要花 1 元或 5 元，刷得多的人在游戏中会变得有名气，大家都知道你的名字；如果被欺负或者被骗了道具，也会刷喇叭指责。所以，我们分舵招人会看他/她有没有现金装备，这说明他/她有经济基础能氪，以后也能帮忙刷喇叭。另外就是看人气积分，如果这人总是抢地图、抢怪就会被受害者扣他/她的人气分。——受访者 M2

综合上述的两种情况，在多人在线游戏的结盟合作中，玩家是基于游戏能供性所提供的符号、话语和行为等社会线索来观察和判断他人的名声，并对不可信任行为和个人进行制裁，这使得名声能通过过去与未来的时间而发生作用。

在多人在线游戏中，“互惠”可分为“资源互惠”、“技能互惠”和“信息互惠”。其中，“资源互惠”和“技能互惠”在之前的游戏研究中已经谈得比较多了。首先，玩家在社群内会分享游戏道具，比如在《阴阳师》游戏中，依靠向同寮玩家求碎片而获得 SSR 级式神是非常常见的“交易”。这种馈赠游戏物品、分享游戏经验的“礼物经济”，在游戏机制、社群文化的规范和氛围下变成了一种免费而自发的服务。有受访者 F2 表示，“看着萌新成长起来自己也非常有成就感，某种意义上也是一种养成游戏吧”。就“技能互惠”而言，最厉害的玩家能脱颖而出，是因为他们的游戏技能，而不是因为他们在现实生活中的地位。多数受访者都表示，技术好的玩家往往会很认真地研究游戏，进行战术分配，教大家怎么打，此外不怎么多说话。

本研究在访谈中发现，除了“资源互惠”“技能互惠”外，更重要的是“信息互惠”。就社群内部而言，仅技术好并不能成为社群的核心人物，随着游戏的社会性增高，社群中活跃的核心人物往往会是“杂七杂八的信息提供者”，他们互相调戏、互相吐槽：

这个人在聊天中总会被提到，他不会提什么要求或任务让人做，纯粹是话痨，喜欢打听他人的隐私，了解很多人的状况，成为信息枢纽。……我们的群天然像小团体一样，有喜欢操心的人，有特别懒的人，一上来就问怎么打，也有“领头羊”，就算他/她挂了，也会有新的“领头羊”冒出来。没有人会觉得自己是配角，都会觉得自己在团队里是有重要作用的。——受访者 M7

游戏社群中单一权威的缺失或不稳定使得这三种同时存在“互惠”彰显了每一个人的经验和技能，形成了正式和非正式的互惠规范，不但能够协调社群成员的利益，而且能内化其心成为生活意义（得到名声）的源泉，而造成不同成员能集体合作、完成目标。

（二）基于重复互动的情谊

我们有 4—5 年的共同的游戏经历，已经跟线下好友没差别了。我们会聊各类战况、游戏和生活日常。有时间作证，也无须伪装，大家都坦诚相待，基本上都知道彼此的真实信息，毕竟关系已好到一定程度了，有时还会互相借钱。——受访者 F1

一开始只是聊游戏攻略，后来变成聊游戏中的人际关系，比如在这游戏中谁认识了谁、谁氪了多少钱、谁刷喇叭刷得不见了踪影等。后来变成日常生活的琐事，比如去哪儿玩、追什么明星……就是一起闲聊，谁想到什么就聊什么。一起玩了三年多，有人提议大家一起聚一聚，便去成都找他们玩，见了 5 个人，也就是 K 歌吃饭。——受访者 M2

我们寮有一年多时间了，觉得大家都很纯洁。开始是以游戏交流为主，但慢慢地会在聊天中了解对方情况，就聊生活话题啦、大学话题啦等，觉得大家都很可爱。……如果不再有新人进来，一直保持现状，友谊大概会持续很久吧。聊得投缘的，发现有共同的兴趣爱好，线下就会见面，一起参加漫展，这样就成了朋友。——受访者 F2

重复互动对于发展信任是很重要的：信任是保持人际关系长久的基石，但信任能够建立的前提，是要知道彼此之间未来会有重复的互动。

多人在线游戏中存在很多不完全以初级团体式的关系为前提的社群，比如游戏中很多玩家都是因“缘分”而由路人变为朋友，或因“缘分”而随便点了一个在广播中看到的社群加了进去。这类社群若要长存，需要玩家在时间和行动的持续投入。

首先，游戏世界不仅是一个由技术构成的“虚拟空间”，更是一段有保证的“空闲时间”：

线上集体有个先决条件，只要上线就可以证明线下没事，时间上可以一起玩游戏。而线下每个人都有自己的事情，凑不起来。——受访者 M5

基本上，受访的游戏玩家在沉迷游戏时每天至少会花 3 小时在游戏上，这段时间除了升级、打怪和团战外，也会用于交流，这就产生了一种定时的互动，在这基础上关系若再进一步就会在游戏外的社交软件中进行各类“闲谈”：

能加到微信和 QQ 的就是朋友吧，不会互相干涉，但会互相帮助，陪聊各种话题，有时早上醒来会发现微信群里已经有几百条信息了。——受访者 F2

玩游戏不能一直板着，得活跃起来，得相互鼓励和嘲

笑。——受访者 M6

大多数玩家在比较临时性的组队协作和长期性游戏社群时均表示，"临时的组队相互吹捧一下就散了，新人入老寮也会找不到融入感"（受访者 F2），而一旦相处时间较久，关系和交流便不局限于游戏了。从熟悉游戏环境、讨论游戏信息到自我揭露、情感交换，直至最后稳定的交换，恰是一个社会渗透过程。[①]

另外，时间保证了行动的持续投入，可以分为身体行动和语言行动。一方面，游戏任务本身是身体行动类的，虽然只是轻点鼠标或键盘操纵屏幕上的化身，但也有身体的涉入。郭佩宜在所罗门群岛的田野经验告诉我们，当地人不认为人们能探知他人真正的想法，在强调行为大于动机的文化中，日常生活中的"同理心"其实是以"共做"或"共同行动"的方式来实践的。[②] 这种身体的"共做"也是一种社群共享，它关注参与者连接身体行动的"共同本质"，比如生育、喂养、梳洗照料等让人有合而为一的联结行动[③]，多人在线游戏中的日常任务、合作打怪成为身体行动的连接基础。另一方面，正如前文论述"闲谈"和"打听隐私"时所提到的，缺少语言行动也难以形成社群。在谈起人类的社群起源时，Dunbar 提出，语言是一种口头上的梳洗照料行为，是一种社会梳毛。[④] 相较身体接触式的互相梳理，语言具有更能满足人类对于梳理在社交功能上的需求，原因就在于语言可以在进行其他活动时持续发生，并且可以同时对超过一个的社群成员进行梳理，这种行为也可被视为一种社会联结。

---

① Irwin，A. Taylor，D. A.，Social Penetration：The Development of Interpersonal Relationships，New York，NY：Holt，Rinehart and Winston.

② 郭佩宜：《共做的"同理心"：重反/返所罗门群岛 Langalanga 礁湖区的田野工作》，载刘斐玟、朱瑞玲主编《同理心、情感与互为主体：人类学与心理学的对话》，台北："中央研究院"民族学研究所，2014 年版，第 19—47 页。

③ Fiske，S. T.，Social Beings：Core Motives in Social Psychology，Hoboken，N. J.：J. Wiley.

④ Dunbar，R.，Grooming，Gossip，and the Evolution of Language，Cambridge，Mass.：Harvard University Press.

这种基于游戏而逐步向外延展的社会交换中蕴藏着丰富的情感正向反馈，但同时又由于游戏世界的虚拟真实而让玩家产生了一种情感悖论。大多数受访者表示非常重视游戏社群的长存性，且很多情绪和观点会更乐意跟玩家朋友们说，因为大家不像线下生活利益绑定得那么紧密。受访者在区别单机游戏和多人在线游戏时，也会表达出对于多人在线游戏的肯定。

> 单机是一次性的体验，求通关，通关完就不玩了。但所有网络游戏，如果没有朋友、没有家族、没有归属感，就是单机游戏，也玩不久的。——受访者 M7
>
> 一个人不想玩游戏了，没意思，不好玩。有交流的游戏才有意义。……一个人赢比不上一群人赢来得快活。——受访者 M6

然而大多数玩家并不会拔高游戏社群的意义，一如他们对游戏既沉迷又反思的状态。在对比考研群和外卖群等有明显目的的群组时，“这群（《阴阳师》游戏群）挺奇怪的，可无聊了，可以说是‘无高尚目标的’社群吧”。（受访者 F3）这呈现一种与“玩游戏”相应的无负担、无责任的液态社交状态，而游戏世界中基于能供性的机制设计（如随机匹配、加好友、在线隐身、注销账号、多账号切换、多服务区等）可以巧妙地让玩家选择在线或隐身于社群之中，满足不同人、不同情境下的各类需求，同时又发现游戏世界所无法满足的那种对于社群长存性的需求。

> 加入一个家族，到点很默契地去打怪，在别人的结界里放张卡，对我而言就是一种深度交流了。但可能有些人会有更高的需求，仅加入一个家族满足不了他的需求，那么这个游戏他/

她也玩不长。——受访者 M2

从上文可以看出，通过人际沟通所产生的愉悦感，明显比游戏成就带来的愉悦感要强大。而游戏世界本身的非实体性、外界对于游戏行为、聊天社交的负面印象会渗透到游戏玩家的认知之中，形成了一种必须视游戏为“低阶消耗”的压力，这种潜移默化的影响使游戏社交变成了“生命中不可承受之轻”。这一“若即若离”的闲散社交其实更贴近当下网络社会的写实状态，比如那些于集体化与个体化之间的方式来寻求满足，进而在网络上形成时聚时散的流动群聚①，他们既有着液态现代性中挂钉社群那“无关紧要的合群”，又冀求着一种传统部落的集体强度和非功利性的共感共应。

（三）游戏内外的交错与区隔

我觉得自己在这方面特别厉害，我能把生活中没啥关系的人聚在一起。其实他们都认识，只是没有交集。我们打完游戏后会一起吃火锅，然后发现大家认识那么久，居然都没一起吃过饭。我会跟每个人保持联系，成为他们中间的纽带。——受访者 M1

自己看（游戏）直播时，我会组织大家一起看直播，同时一起刷弹幕、截图。当线上比赛缺人时，我会去群里呼吁，一起线下组队打比赛。跟游戏无关的啊，要投票时我大概也会去拉他们帮忙吧。……我们从不聊政治敏感的话题，但会聊热点话题，比如薛之谦什么的，有一个人说，大家就都知道了。——受访者 F1

---

① 黄厚铭、林意仁：《流动的群聚（mob - ility）：网路起哄的社会心理基础》，《新闻学研究》（台湾）2013 年第 115 期，第 1—50 页。

> 曾经有一次，我们（注：一起打游戏的同学）在 BBS 上怼一个攻击我们班同学的人，大家一起合作，一个人太势单力薄。我们基本上每隔 1 分钟就复制粘贴回复，一定要顶着。直到第二天这事儿过去。——受访者 M3

游戏空间的社交性不仅是玩家彼此的对话，还是他们的线上—线下生活、游戏内—游戏外行动的关系网络在不断地发展和裂变。[①]就关系网络而言，林鹤玲和郑芳芳发现中国台湾线上游戏玩家是依循线下关系来建立线上网络，多数是围绕学校所形成的，许多社群的核心成员是同班同学、同校同学或兄弟姐妹。类似的，通过研究访谈，我们也发现有同样的情况，但是纯熟人和纯陌生人的社群是不存在的：纯陌生人的社群难以发展起来，而纯熟人的社群在发展过程中会按照“名声”和“互惠”机制来吸纳游戏中的陌生人，或者依照多重间接弱关系组建起来，像是同学的朋友或同学的同学。线上线下、游戏内外网络持续发展和裂变，对魔环内外两个世界都产生了影响，实现了渗透和交错。需要注意的是，最初依循线下关系来组成游戏社群的核心成员并非会一直成为核心。作为已有稳定交换关系的熟人，他们最初的彼此揭露有益于带动其他陌生关系的成员进行自我揭露，进而使得社群内人际关系和社会支持可以进一步发展。

游戏玩家也会凸显线上关系和线下关系的差异性，形成一种刻意的区隔划分。由于游戏并非女性朋友间惯常的社交活动，女性受访者往往表达出一种与线下女生的区隔：

---

① Taylor, T. L., Play between Worlds: Exploring online Game Culture, Cambridge, Mass.: MIT Press, pp. 30 – 31.

> 我和班里女生玩不来，身边有很多人看小说、电视剧，但我不感兴趣，反而跟游戏比较亲近。——受访者 F2

大多数受访者也表示：

> 有时因为加入游戏时就不在同一区，没法一起沟通，不过线下会问问经验。和现实中大学班级同学一起开黑的并不多，他们有时会来我们寝室开黑，但我更喜欢跟寮友开黑。——受访者 F2
>
> 线下好友不知道我在玩这个游戏，《冒险岛》风格太幼稚了，我也不会告诉他们我玩这个游戏。——受访者 M2

同时，亦有受访者表示曾因为游戏而网恋，但发现在现实生活中没有交集而迅速告终。

> 那是我上大二的时候，一个不认识的女生，是老家的小伙伴介绍到队伍中的，一起玩了半年，玩着玩着就产生感情了，变成习惯了。……后来去找她了，网恋真不靠谱啊，因为没有真实的生活圈子，且我们就不是一个“圈子”的……见面后就断了。我问过她，这么多人一起开语音，为什么会喜欢上我？她说我的声音有辨识度，哎。——受访者 M1

在区隔的逻辑之中，当真实的肉身与游戏世界中想象的身体终于碰撞在一起时，之前在中介技术中发展起来的共感共鸣有可能会被破坏掉。

就集体行动而言，在交错和区隔之间只能达成一种线上线下、游戏内外的有限挪移。受访者线下组织集体行动的经验都非常丰富，他们多数在学生会或班级担当过干部，但他们认为校园生活中的“学习”和“集体”并没有让他们感到满足：“不想再把时间放在学生会了，每天都是一样的，体验不到新的技能。而在网络上，你不知道会发生什么。”（受访者 F3）“我觉得集体应该是平时该玩就玩、该闹就闹，但认真起来大家也能一起干些事情的，挺好的。大学班级已经没有集体了。”（受访者 M6）在访谈中聊及集体行动，往往是限定在游戏内以及与游戏相关的集体合作之中，在玩家情谊和公民身份之间存在着一道鸿沟，比如受访者 M3 会为了情谊而发动早已有行动默契的玩家朋友，但会有意识地避免谈及公共议题或严肃话题，这似乎也变成了一种默契。“从来不讨论社会时事，引不到那边去。”（受访者 M5）“3 月国乒打直通赛时会拜托游戏群的朋友去投票，但不会很刻意地融合粉丝圈或游戏圈。”（受访者 F3）

玩家们是有协作行动的默契和合作经验的基础，但若要进一步消解游戏内外的圈子边界、进行消息的扩散和行动的动员，恐怕充要条件是初始话题足够有趣好玩和参与门槛足够简单，这直接形塑出网络社会的“玩家政治”：一种以娱乐渠道勾连社会议题，并基于网络上的个人化网络、个人化呈现和表达框架而形成的联结性行动。[①]

五、研究讨论

多人在线游戏应成为我们理解网络社会的前沿。游戏社群是因共同兴趣而集结成的社会聚合体，它提醒我们重新重视“休闲”的社会意义。玩家眼中的真实社会是缺失了“在一起”的感觉和意义

① Bennet, W. L. Segerberg, A. The Logic of Connective Action, Information, Communication & Society, Vol. 15, No. 5, pp. 739 – 768.

而变得无趣、无聊，但游戏世界却在创造意义。在20世纪早期群体传播的研究中，Trotter提出日常群体行为中无关痛痒的问候性交谈其实是知识共享的必要环节①，因为它让交谈双方找到了是否志同道合的线索，但他的这一看法却并未成为研究的主流，恐怕直到“日常生活”重新回到传播研究的视野之中，确认“日常性”② 构成了一种前意识或无意识的沟通状态。在本研究的访谈中，可以看到玩家们在“娱乐”和“闲聊”中形成了重复互动，其中有丰富的社交线索、自我揭露和情感交换，这对于发展信任、产生更多的人际互动是非常重要的，也正是基于此，线上线下生活交融在一起，网络人际关系不应被视为“匿名性”的失序关系。

我们在日常互动中固然不易找到完全适用任一游戏的合作行为，但是两者齐观却已经透露出重复互动、信息交换和情感认同等机制对形成合作的重要性，而非纯粹的理性选择。更重要的是，对多人在线游戏的观察让我们看到网络社会的社群形态如何得以超越个人—集体、线上—线下这种二元对立。Maffesoli用“新部落”来形容邻里、朋友网络到网络聊天室等各色群体所表现的社会关系，在此基础上得以形成共感共应、美学、情感、消费以及社群的后现代社会，而非一味重视理性、个人和生产的现代性。③ Corlett也提出具有后现代特色的“无中心目标社群”的概念。④ 在这样的社群中，成员互相服务而不存在宰制关系，只因每个人均视自己的服务（如送礼）之原意乃是免费而自发，并且每个人的举止行为也乐于被社

---

① Trotter, W., Instincts of the Herd in Peace and War, New York, NY: Macmillan: p. 119.

② Dahlgren, P., "Net – activism and the Emergence of Global Civic Cultures," Paper Presented at the 16th Nordic Conference for Media and Communication Research, Kristiansand, Norway.

③ Maffesoli, M., The Time of the Tribes: The Decline of Individualism in Mass Society, London, UK; Thousand Oaks, pp. 21 – 27.

④ Corlett, W., Community without Unity: A Politics of Derridian Extravagance, Durham, NC: Duke University Press, p. 13.

群的实践所影响。最重要的是，个人为社群的实践（“同”）而不断提供个人异于他人的技能（“异”），使得个人独特性得到最大程度的发挥。玩家在结盟合作行为中所强调各异性的展演和互惠、一种目标性的屈服和无目标性的合群、一种情感上的共感共应都呼应了“新部落”和“无中心目标社群”这些概念中所展现的新面向。

存在于现实和游戏之间的魔环被打破了，游戏内外、线上线下存在着诸多交错。但同时，游戏中培养出的结盟合作行为要挪移到其他场域中往往只能在有限条件下发生。这意味着在当下整个社会情境之中，所缺失的恰是正视游戏集体合作价值的倾向，以及在激发反身性思考的同时促发主体行动的思考。“价值”是社会建构物，游戏玩家是可以具有反身性思考的。Morley 认为，新一代的媒体接受分析应当重视受众的自我道德反思，因为他们对自己行为的道德判断，会影响他们的意义诠释过程，譬如，当“收看电视新闻，被视为是获得重要信息的渠道”时，新闻节目的收看便容易成为市民责任之一。[①] Hoijer 也提出受众的后设观点，即人们谈论自己作为受众经验的态度，会使得他们产生不同的观看策略：当媒体信息内容被视为严肃信息来源时，受众会投注较多的心灵驱动力。[②] 对于游戏而言亦是如此，在严肃游戏和游戏化的浪潮中，设计师和学者已经开始寻求用游戏机制来解决社会问题、碰触严肃的社会议题。同样，要使一个游戏社群在游戏之外发挥作用，至少若干成员必须正视游戏中“集体”的意义，看到游戏所带来的合作经验和情感价值，并能够透过屏幕往外伸展，积极地影响其他场域。

---

① Morley, D., "To boldly Go...": The "Third Generation" of Reception Studies, in Alasuutari P. (Ed.), Rethingking the Media Audience: The New Agenda, Londaon: Sage, pp. 195 - 205.

② Hoijer, B., To Be an Audience, in Alasuutari, P. (Ed.), Rethingking the Media Audience: The New Agenda, Londaon: Sage, pp. 179 - 194.

游戏作为社会实验：互动规则如何塑造社会关系与价值观*

克里斯托弗·阮　胡冯彬**译

一、游戏作为社会变革

迄今为止，笔者主要关注游戏如何塑造个体的能动性。然而，另一种思考始终隐约浮现——在多人游戏中，游戏设计师不仅塑造玩家的能动性，还在塑造玩家之间的社会关系。通过有意地操控个体行动者的目标、能力与所面临的障碍，游戏设计师能够构建特定的相互依赖、脆弱性以及对抗性关系。因此，在许多多人游戏的案例中，游戏设计师不只在能动性这一媒介中进行创作，也在社会性这一媒介中展开构建。

那么，社会性媒介有哪些可能的用途？首先，它可以创造审美上富有价值的体验。和谐的实践体验不仅可以存在于个体与环境之

---

* 本文节选并编译自：C. Thi Nguyen，"Games：Agency as Art，New York，" NY：Oxford University Press，2020，p. 8。中文版即将由中信出版集团于2025年10月出版。

** 克里斯托弗·阮（Christopher Thi Nguyen），美国犹他大学哲学系副教授，《游戏：能动性的艺术》获美国哲学协会2021年图书奖；胡冯彬，复旦大学网络空间国际治理研究基地助理研究员，复旦大学马克思主义新闻观教学与研究基地研究员，复旦大学国家发展与智能治理综合实验室研究员。

间，还可以体现于个体与队友之间。但社会性媒介的潜力并不止于审美，它还承载着政治行动与道德变革的可能性。正如人们常常指出的，艺术不仅是审美体验的载体，它也可以具有道德性和政治性，甚至能够引发个体或群体层面的价值观转变。尼古拉斯·沃尔特斯托夫曾提出，博物馆式的艺术实践——特意创作艺术品以供人们在超然状态下进行审美消费——只是众多历史艺术实践的一种。此外，还有各类具有社会功能的艺术形式，如纪念碑、抗议艺术等。他甚至指出，博物馆式艺术实践的兴起，在一定程度上是为宗教艺术提供新的存续环境，以规避宗教偶像在不同信仰体系的征服过程中遭到摧毁的命运。

基于此，我们可以承认艺术具备政治活力，并具有引发社会变革的潜能。同时，我们也可以接受当代某些艺术理论的观点，即艺术可以直接介入社会与政治。例如，近年来兴起的社会艺术实践正探索如何通过策划社会性事件、改变社会联系的结构，使之成为一种艺术表达形式。对于这些艺术家而言，艺术不仅关乎创作物本身，它更可以是一种精心设计的社会互动，进而重塑我们对社会世界的体验。社区集会、抗议游行、政治行动——这些皆可视为某种形式的艺术。正如尼古拉斯·布瑞奥德所言，艺术不仅能使人们会聚一起，甚至还可能催生出“微型乌托邦”式的社区。

在此背景下，多人游戏似乎成为开展这类社会干预的理想场域。游戏能够创造替代性的社会安排与政治结构。事实上，游戏早已让我们沉浸于精心设计的社会结构之中，甚至可以说，游戏本身就是最早的社会艺术形式之一。这正是为何在研究游戏时，我们应当采取更为宽广的视角，涵盖多人游戏、桌面游戏、派对游戏等多种形式。如果仅聚焦单人电子游戏，游戏或许会被误解为某种特殊类型的虚构作品。然而，专注于单人游戏的研究往往忽略游戏最引人入胜的维度——它们不仅是精心设计的社交结构，还能够塑造特定的社会关系，如对抗、联盟以及相互依存。

以《狼人杀》和《黑手党：黑帮之城》为例，这些游戏构建了独特的社会结构。它们通常由一个中等规模的玩家群体参与，并由裁判主持。尽管游戏存在多种变体，但基本规则如下：游戏伊始，所有玩家闭眼低头，裁判在玩家之间悄然移动，并随机轻拍几位玩家的肩膀。被拍者成为狼人，其余玩家为村民。狼人属于同一阵营，且知晓彼此身份，而村民对任何人的真实身份一无所知，从而始终处于不确定与恐惧之中。游戏按照“白天”与“夜晚”交替进行。白天，所有玩家（包括隐藏身份的狼人）公开交流，最终通过投票处决一名玩家；夜晚，狼人秘密协商并猎杀一名村民。游戏循环进行，直至所有狼人被淘汰，或狼人数量超过村民，狼人胜出。

游戏的核心在于白天的讨论环节，玩家需通过交流商议要处决的对象。村民玩家的目标是识别可信之人，并找出真正的狼人，而狼人玩家则需设法存活，伪装身份、操纵局势，制造混乱以误导村民。游戏的推进依赖于精心策划的认知操控。狼人掌握所有关键信息，清楚知道谁是敌人。然而，若他们直接杀害最接近真相的村民，则极易暴露自身身份。因此，他们必须巧妙误导，制造怀疑和不信任，使村民在彼此间产生疑虑。在白天，他们需隐藏联盟关系，伪装为普通村民，通过欺骗与操控，将局势引向有利于自身的方向。而村民玩家则需在混乱的信息流中筛选出真实线索，辨别可信与不可信的信息，以揭示狼人的诡计。

这一游戏呈现出极为纯粹的社会结构。它所构建的世界完全由特定的社会关系与认知关系构成，而这些关系正是游戏规则所赋予并创造的。游戏的核心在于高度简化的能动性，这些能动性被随机分配给玩家，而所有的挑战与体验皆源自这些能动性之间的互动。《狼人杀》通过能动性这一媒介，塑造了一系列社会关系，而正是这些关系驱动着游戏进程，并赋予游戏独特的特性。其设计充分利用了“嵌套媒介”的概念——游戏在能动性这一媒介的基础上，进一步作用于社会性这一媒介。游戏设定的能动性自然而然地生成一张复杂的社会关系网络，而游戏则正是通过这些关系，营造出一种社会不确定性的体验——信息混乱的制造者与试图破除混乱的侦探之间的较量。

本文将探讨游戏如何通过社会性这一媒介运作，以及它们如何改变人们的社会体验。分析游戏中特定的合作结构，并论证游戏如何成为道德转变的引擎。同时，本文指出，先锋派社会艺术在其实践目标上，理应借鉴游戏设计师的技艺，尤其是他们对能动性与社会性这两大媒介的高超运用。

二、游戏中的合作

在多人游戏中，游戏设计师通过操控玩家的能动性与实践环境，塑造特定的实际互动关系。从某种意义上讲，这些游戏成为社会变革的工具。在游戏过程中，玩家的社会关系随之变化。游戏往往通过设定玩家之间的特定实践关系来促进合作。你可能在游戏开始前并不认识你的队友，甚至游戏结束后仍不会成为朋友，但在游戏进行时，你们是并肩作战的伙伴。

在现代团队合作类电子游戏中，这种互动关系的设计尤为显著。例如，在《军团要塞》和《DOTA》等团队射击游戏及多人战术竞技游戏中，队友之间承担不同的能动性角色，每个角色都有独特的技能和职责。某位玩家可能扮演轻甲狙击手，另一位是能够建造炮塔的工程师，还有人负责冲锋陷阵，而医疗兵则承担团队的治疗支援。这种角色能力的互补性设计，使玩家在团队内部形成特定的合作模式，彼此依赖，共同达成目标。

近年来，纯合作类游戏的兴起尤为引人注目。例如，《瘟疫危机》、《指环王》和《诡镇奇谈》等游戏，让玩家分别扮演相互补充的角色，共同努力完成一项集体任务。其中，合作类推理游戏《花火》堪称信息分布与合作机制的典范。

（一）《花火》的信息分布与合作机制

《花火》使用25张牌，分为5种颜色，每种颜色的牌面数字从1到5。玩家的目标是按照正确顺序将所有牌排列成5列，每列对应一种颜色，例如，红色牌需按1到5依次排列，蓝色牌亦然。听起来似乎并不复杂，但游戏设计中加入了一个关键限制——玩家无法看到自己的手牌，必须将其背对自己，令其他玩家可见。

在自己的回合，玩家必须向另一名玩家提供关于其手牌的一个提示，然后在未曾看过自己牌面的情况下，从手牌中选择并打出一张牌。这种独特的信息分布与决策方式，使游戏极富挑战性和策略性。

玩家需要根据所获得的零星线索推测自己手中的牌。而游戏规则严格限制了可提供的提示内容，迫使玩家仅能获取极为有限的信息。乍看之下，这似乎是不可能完成的任务——信息量远远不够。然而，随着游戏的进行，玩家逐渐意识到合作的深层逻辑。

首先，玩家必须记住并整合所有已收到的提示。然而，仅凭明示的信息远远不足以完成任务。其次，玩家还需思考提示中隐含的信息，并从队友未曾传达的内容中推测关键信息。例如，若某些信息至关重要，其他玩家理应主动告知，而如果他们没有提及，可能意味着该信息并不关键，或是玩家应自行推断。

《花火》巧妙地再现我们社会生活中的一个基本认知困境：如何评估彼此的信息需求？如何在有限的交流条件下管理团队的信息需

求，并高效合作？游戏的核心体验围绕玩家之间的信任构建。在哲学讨论中，凯伦·琼斯区分了“可靠性”与“值得信赖”。时钟是可靠的——它每日精准运转，我们可以依赖它。然而，值得信赖的人不仅可靠，还会主动意识到他人的依赖，并相应调整自身行为。可信任者会预见他人的需求，并在未被要求的情况下作出回应。

《花火》创造了一种独特的社交互动体验，使玩家深入思考信任的反思性与前瞻性。游戏并非简单地再现现实世界的信任体系，而是通过精心设计的实践活动，让玩家专注于微妙的相互依存关系。若要在游戏中获胜，我必须预判你所需的信息，并及时提供，而你则需要信任我的判断，并不仅依赖明示的信息，还需从未曾被传达的内容中推导出价值信息。《花火》构建了一种高度集中、强化的认知依赖体验，让玩家在游戏过程中深刻体悟并锤炼自身的信任与被信任能力。

（二）《太空警报》的紧急合作模式

另一款富有创新性的合作游戏是《太空警报》。这是一款模拟宇航员在受损太空站中合作求生的桌游。玩家必须迅速应对突发危机，而这些危机往往需要高度协调的行动才能解决。

所有行动均需在“编程阶段”完成。玩家需提前规划角色的下一步行动，例如移动至另一个房间、操控设备、启动防御系统或进入电梯。最大挑战在于，所有玩家需同步完成行动编程，而可用时间极为有限。

在短暂的规划时间内，玩家往往大声喊叫，试图协调任务、寻找最佳方案，并同步编程各自的行动。从某种角度来看，《太空警报》与《花火》有诸多相似之处——两者都围绕信息管理展开，并要求玩家在有限的沟通条件下紧密合作。然而，它们的挑战重点截然不同：《花火》允许玩家无限思考，考验的是记忆力、推理能力，以及高效信息传递的技巧；而《太空警报》则强调反应速度、执行力，以及在极端混乱环境下的沟通能力。《太空警报》精准地模拟了紧急情况下的团队协作体验，并赋予游戏极强的沉浸感和戏剧性。

（三）设计社会性结构：能动性与合作

游戏设计师不仅塑造玩家与实践环境的互动，还能设计社会结构。然而，即便在多人游戏中，这一塑造也未必总是发生。有些游戏仅设定共同目标，而具体的合作方式由玩家自行决定。例如，许多在线角色扮演游戏与多人合作建造游戏，如《我的世界》，为玩家提供了相对自由的社交与合作空间，允许玩家自主建立社会秩序。

然而，在《花火》和《太空警报》等游戏中，设计师对玩家的交流与合作方式施加了高度限制，并明确界定了玩家之间的社会关系。在这些游戏中，设计师通过设定玩家的能力、需求和信息盲区的相互关联网络，创造了一种特定的社会结构与合作模式。由此可见，当设计师在"能动性"这一媒介上进行创作时，他们实际上也在"社会性"这一媒介上进行创作。

三、游戏作为道德变革的技术

《花火》和《太空警报》不仅是替代性社会结构的再现，它们实际上也改变了玩家彼此互动的方式。换言之，游戏本身就是一种社会变革。然而，完全合作类游戏的变革力量并不总是显而易见。要理解游戏如何塑造社会关系，我们需要超越合作游戏的框架，转向竞争性游戏。

游戏的一大独特社会属性在于：有时，我们必须全力竞争，才能真正享受其中的乐趣。例如，我与伴侣共度晚餐，随后展开一场棋类对决，在接下来的一个小时里，我们竭力阻挠对方，试图击败彼此。游戏结束后，我们心平气和地讨论这场较量是否刺激、有趣，甚至是否具有某种美感。在游戏中，我们是竞争对手，但从更广的角度看，我们实际上是在合作，共同创造一场精彩的对局。对于许多游戏而言，竞争并非纯粹的对抗，而是一种合作性体验——某些游戏甚至能在特定情境下，将竞争转化为合作。

通常，竞技游戏被视为零和博弈，即赢家的收获以输家的损失为代价。然而，这忽略了奋斗式游戏的可能性。奋斗式玩家并不执着于胜利，而是将挑战本身视为核心体验。他们享受竞争带来的成长和锤炼，因而游戏对他们而言并非零和博弈，而是一种积极的创造性体验。相较之下，成就导向型玩家则更看重胜负，竞争对他们来说仍是零和关系。

（一）游戏的道德转化力量：斯蒂芬·韦默与契约理论

关于竞技游戏的道德转化力量，一些学者尝试用契约理论加以解释。例如，斯蒂芬·韦默认为，体育运动能在道德层面上转化竞争，甚至包括拳击等看似暴力的行为。按照斯蒂芬·韦默的观点，游戏是一种“服务交换”，当我们同意参与比赛，我们便接受了彼此的攻击作为训练自身的手段。因此，在拳击比赛中，出拳并非伤害，而是履行契约义务。

然而，这种理论过于简化。韦默的模式是二元化的：如果玩家同意契约，则所有游戏内行为都是正当的；反之，则是不道德的。然而，这种观点忽略了游戏中的道德复杂性。例如，如果一位经验丰富的玩家刻意挑选自负的新手进行碾压，以羞辱对方，即使对方同意比赛，这种行为依然是不道德的。同理，若某人明知伴侣厌恶欺骗类游戏，却在恶意心态下提出玩《外交》，导致对方经历痛苦的游戏过程，这显然道德上也是有问题的。契约的存在并不自动保证道德正当性，关键在于玩家是否真正获得他们所珍视的体验。

（二）奋斗式游戏的道德转化机制

在笔者的道德转化理论中，竞技游戏的价值不在于契约的履行，而在于玩家能否从游戏中获得积极体验。这一转化过程依赖多个因素。

第一，技能匹配——多数游戏只有在挑战难度适中时，奋斗才是有价值的。碾压新手或被远超自己的人轻易击败，往往无法带来有趣的体验。

第二，心理契合——不同玩家对奋斗体验的需求不同，例如有人享受高强度的操作竞技（如《星际争霸 2》），而有人更喜欢策略性较强的对决（如国际象棋）。

第三，游戏设计——优秀的游戏机制能够将竞争转化为积极的挑战，例如篮球、国际象棋、《万智牌》以及《军团要塞 2》等，它们确保游戏中的对抗既激烈又富有策略性。相比之下，糟糕的游戏设计可能让竞争变得令人厌恶，例如辱骂比赛或纯粹的暴力冲突。

因此，竞技游戏的道德转化并非仅靠玩家的自愿性即可自动达成，而是一个分布式过程，涉及玩家的动机、技能匹配，以及游戏本身的机制设计。相比斯蒂芬·韦默将道德责任完全归于契约，笔者认为游戏设计师也在其中承担重要责任——他们需要确保竞争能被塑造成有意义的奋斗体验。

（三）竞争即合作？对罗伯特·西蒙理论的批判

罗伯特·西蒙提出，竞技游戏本质上是一种合作，因为竞争的目标是促进玩家技能提升，胜负只是衡量技能发展的信号。然而，他的理论忽略了“奋斗式游戏”的特殊动机转变。在奋斗式游戏中，玩家并不需要刻意关注对手的成长，而是可以全情投入对抗，甚至努力破坏对手的策略，依然保持道德上的正当性。

这种机制为何可行？原因在于，我们可以将“合作”的责任转移到游戏系统本身。当玩家相信游戏设计能够自动调节竞争，使其转化为积极体验时，他们便无须在游戏过程中主动维护对手的成长或幸福。换句话说，我们信任游戏环境，使暂时性的全力竞争变成道德上可接受。这种心理转化机制比西蒙的“竞争即合作”模型更为细腻，它揭示了为何某些竞技游戏能让玩家在激烈对抗中依然获得良好体验。

游戏的道德转化力量并非自动生效，而是一个依赖多重因素的过程。玩家的动机、游戏机制的设计、技能匹配度、竞争方式等共同决定游戏是否能够将竞争转化为积极的奋斗体验。相比契约理论将道德责任单一归因于玩家同意参与游戏，笔者认为责任是分布式的，游戏设计师在其中扮演着关键角色。

正因如此，优秀的游戏设计不仅影响玩家的体验，也塑造着游戏的道德生态。它决定竞争是成为一种激励玩家成长的挑战，还是沦为单纯的零和博弈。通过优化游戏设计，我们能够使竞争更具建设性，并赋予游戏更深层次的道德与社会意义。

（四）“魔法圈”与意志力

我们可以将西蒙和韦默的观点归类为游戏中的道德转化依赖于玩家的自主意志，即这种转化完全取决于玩家的心理活动。在“魔法圈”理论的争论中，一种类似的游戏自愿主义逐渐形成。这场讨论源于的观点，即游戏存在一个特殊的边界空间，在道德上与日常生活相隔离。

凯蒂·萨伦和埃里克·齐默尔曼在其经典游戏设计教材《游玩的规则》中，进一步明确了“魔法圈”的定义，认为其具备三个特征：第一，游戏的边界空间，在形式上与日常生活分离；第二，明确的时间与空间界定；第三，另类世界的构建。

大多数学者认为，萨伦和齐默尔曼提出了一个更激进的观点，即“魔法圈”完全不受道德、意义或现实后果的影响，游戏中的行为在游戏外部不具有任何道德重量。然而，这种“魔法圈完全不可渗透”的理论受到广泛批评。例如，托马斯·马拉比认为游戏的边界是高度可渗透的，他以赌博为例说明游戏与现实的交互：金钱自由进出游戏领域，且赌博往往带有社会风险。泰勒进一步论证了大型多人在线游戏（MMORPGs）如《魔兽世界》的可渗透性，指出游戏外的论坛对游戏内的玩法有深远影响。米娅·孔萨尔沃也指出，游戏内金币交易是现实与游戏交叉的典型案例。

总的来看，“魔法圈完全不可渗透”的激进理论已失去说服力。近年来，一些理论家提出了一种修正版本的“魔法圈”理论。Jaakko Stenros 认为，“魔法圈”应被视为一种明确协商的社会契约，即玩家同意将游戏内事件视为与现实世界分离。Annika Waern 也提出，游戏行为发生在特定的社会框架内，而这一框架重新赋予游戏内行动不同的意义。

这两种观点强调游戏环境对行为意义的塑造，并且在许多方面与笔者的结构性理论兼容。然而，它们仍然带有强烈的“自愿主义”倾向，即将道德转化的责任完全归于玩家的认知诠释。在这些理论中，敌对行为能够被转化为愉悦体验，并非因为游戏机制本身，而是因为玩家主动对游戏行为的意义进行重新赋义。

然而，笔者认为，自愿主义无法充分解释游戏中的道德转化。它未能准确捕捉道德转化如何在玩家、游戏设计和社区结构之间分布。相比之下，笔者的观点强调游戏环境的结构性特征——包括游戏设计、社区结构和玩家匹配——在道德转化过程中起到至关重要的作用。

四、道德转化的结构性特征

假设我有一位好斗的同事，他抓住一切机会攻击我的人格和工作，而我又不得不与他共进午餐。我想到一个办法：邀请他在午休时间一起打篮球。在这种情况下，他的攻击性和敌意将被转化为更具竞技性的互动。这种转化并不依赖于他的意图或同意，而是依赖于游戏的结构。他不需要接受任何关于游戏“不可渗透性”的规范，也不需要主动参与互相重新赋义的过程。很可能，对他而言，这依然只是一个羞辱我的新机会。

关键在于，Stenros 的理论依赖于玩家自身的心理努力。按照他的观点，我必须凭借意志力来维持游戏的不可渗透性，并拒绝让游戏中的行为影响现实。然而，这种道德转化的界限究竟在哪里？假设我的同事在篮球比赛中猛烈封盖我的投篮，并不断用恶言恶语贬低我的人格。在这两种情况下，他的意图相同，而我也有相同的动机去重新赋义他的行为。然而，现实中，我无法通过单纯的心理调整来彻底消解恶言恶语带来的情绪伤害，而防守动作却不会让我产生同样的感受。这种转化并非由我的主观赋义决定，而是由游戏规则塑造。篮球的规则重新界定了某些行为，使其成为竞技挑战的一部分，而非人格攻击。

相比之下，躲避球的道德转化能力则更弱。躲避球的规则是：一群人围成一个圈，站在外圈的人向内圈的人投掷球，内圈的人若被击中即被淘汰。在这种规则下，霸凌者可以轻易挑选目标，用球攻击并辱骂他人，造成现实中的心理创伤。在这种情况下，游戏机制并没有有效转化敌意行为，而是放大其负面影响。

同样是竞技游戏，篮球和躲避球的道德转化能力存在巨大差异。这一对比无意间构成了一种哲学上的“控制变量”实验。在这两种游戏中，其意图、心理预设以及对手的态度均相同。唯一的变量是游戏设计本身。因此，道德转化的有效性差异，必然不能仅归因于玩家的主观心理活动，而必须部分归因于游戏机制的设计。

（一）游戏设计的道德塑造作用

Stenros、Waern、西蒙和韦默的理论忽视了游戏设计在道德层面的重要性。这些理论无法解释为什么某些游戏更能支持道德转化，而另一些则可能加剧现实中的负面体验。自愿主义理论强调玩家如何通过心理活动重新赋义游戏行为，但这种观点忽视了游戏设计师在道德塑造中的贡献。

奋斗式游戏的动机状态确实是一种心理状态，它是道德转化的必要前提。然而，尽管它是必要条件，却并不充分。真正实现道德转化，还需要游戏的结构设计以及游戏社区的社会特征。这两者共同决定了游戏是否能够成功将敌意行为转化为有意义的竞技体验。

因此，道德转化并非单靠玩家意志力即可实现，而是一个涉及多重因素的过程。优秀的游戏机制能够通过规则引导，使竞争性行为转化为可接受的竞技挑战，而糟糕的设计可能让竞争变得充满敌意。游戏设计师的责任不只在于创造娱乐性，还在于塑造健康的社会互动环境，使游戏成为一种道德转化的媒介。

（二）游戏作为社会性活动的载体

对游戏的道德转化能力的深入探讨带来一个重要认识：多人游戏本质上是一种社会技术。它们通过重新配置玩家之间的社会关系，塑造特定的互动模式，以创造整体性的游戏体验。这并非前卫游戏实践中特意添加的“特殊调味剂”，也不是游戏与当代艺术实践之间的新兴共鸣，而是多人游戏的核心本质之一。

多人游戏设计本质上是对能动性媒介的操控，其结果不仅限于让玩家在游戏内执行行动，还会创造特定的社会关系，并促成新的互动模式。有时，这种模式表现为明确的合作，如团队游戏中的相互协作；在其他情况下，游戏的设计促成竞争的道德转化，使得对抗成为有意义的奋斗体验。

概括而言，多人游戏作为社会技术，能够重新配置玩家之间的社会关系，以实现特定目标。在某些游戏中，这一目标是通过结构化竞争创造富有成效且令人愉悦的互动体验。但游戏的社会功能远不止于此，更多可能性有待探索。更重要的是，这种社会塑造的过程并非自发形成，而是一种精确的社会工程，依赖游戏规则所设定的结构性要素。游戏设计师不仅定义了游戏内的能动性，还通过这些能动性塑造玩家之间的社会结构。因此，我们应当超越以玩家为中心的游戏观。游戏中的社会关系模式并非完全由玩家的自由互动决定，而是在很大程度上受到游戏设计的影响，甚至是由设计师刻意构建的。

（三）竞争游戏中的社会结构设计

社会设计的精准性不只体现在合作型游戏中，竞争性游戏同样能够构建复杂而精细的社会结构。例如，Cole Wehrle 设计的桌游《ROOT：茂林源记》便是一个极具代表性的案例。这款游戏模拟了政治与经济战争，玩家扮演不同派系，争夺民心与控制权。游戏的独特之处在于其极端的不对称性，各个派系遵循完全不同的规则，目标迥异，甚至可以说他们几乎在玩完全不同的游戏。这一机制源自反叛战争（Counter – Insurgency，COIN）系列战争游戏，如《湖中之火》，以战争为背景，涉及战争中的多个派别势力，每个派系的运作方式大相径庭。《ROOT：茂林源记》巧妙地简化了 COIN 机制，使其更易上手，同时保留了不对称战争的核心精髓，并赋予整个系统一个可爱的“森林小动物”主题。

在《ROOT：茂林源记》中，各派系不只在游戏机制上截然不同，社会结构和政治定位亦各具特色。猫侯爵象征资产阶级工业霸权，擅长基础设施建设和军队调度，玩法类似经典的经济策略游戏，强调资源管理与增量发展。鹰巢王朝代表好战的老贵族，采用规划与编程式策略，玩家必须提前制订行动计划，并在回合中不断扩展。然而，一旦计划出现漏洞，整个系统便会崩溃，导致政权更迭。这一机制精准地模拟了僵化的教条主义政权，其扩张模式强大但极易动荡。森林联盟则象征地下革命势力，他们通过积累民众支持，在森林中悄然扩张，最终发动起义，摧毁对手的据点。其核心玩法依赖游击战术和基层动员，体现了非正规战争的特点。

这款游戏的设计令人惊叹之处在于，它让玩家沉浸于一个复杂的关系网络中。猫侯爵起初统治森林，依靠稳定增长获取胜利点数，但必须不断镇压叛乱。森林联盟虽弱小，但难以根除，若积累足够的支持，便能迅速推翻统治。鹰巢王朝则凭借严格的行动计划进行扩张，但因其治理方式的僵化，一旦陷入混乱，便会在瞬间瓦解。

《ROOT：茂林源记》巧妙地构建一个微型社会，精准模拟政治、经济与社会关系。猫侯爵和鹰巢王朝在游戏初期可能结成不稳定的联盟，共同镇压森林联盟，以防止革命蔓延。然而，它们在合作的过程中亦相互争权，随时寻找削弱对方的机会。森林联盟则试图利用这一矛盾，引导统治阶级自相残杀，以便在混乱中壮大自身势力。这种设计不仅呈现了高度不对称的能力与目标，还让玩家身临其境地体验不同的统治方式及权力博弈。

五、游戏作为社会工程

《ROOT：茂林源记》的设计展示了游戏如何成为社会性活动的载体。游戏不仅定义了玩家的能动性，更通过这些能动性构建了一整套社会关系。玩家之间的互动模式，并非自由形成，而是被游戏机制所引导。游戏设计师不只创造了不同的行动路径，他们实际上也构建了一个由规则驱动的社会系统。

这一点不仅适用于《ROOT：茂林源记》，还适用于许多多人游戏。无论是《狼人杀》中信任与欺骗的复杂交错，还是《军团要塞2》中职业分工带来的团队协作，游戏机制始终在塑造玩家的社会关系。多人游戏的真正核心，不只是娱乐体验，更是对能动性与社会性的精准操控。

因此，我们可以将多人游戏视为社会实验的载体——它们不仅塑造玩家的行为方式，还提供了观察和理解社会互动的新视角。游戏设计不仅关乎趣味性，还关乎社会关系的重塑。在这一框架下，游戏设计师不仅是创造者，更是社会工程师，他们通过规则和机制，建构出玩家之间的互动模式，并引导玩家在一个受控的环境中体验各种社会动态。

在未来的研究中，我们或许可以更深入地探讨游戏在塑造社会关系、塑造合作与冲突模式，以及在模拟现实政治经济结构方面的潜力。多人游戏不仅是娱乐产品，更是一种具有深远影响的社会技术。

（一）社会艺术与社会变革

游戏对社会关系的塑造是否可以归入艺术的范畴？要回答这一问题，我们可以回到先锋派社会艺术的领域。在关系美学的讨论中，布鲁格拉的《晚宴》作品提供了一个典型案例。此外，汤姆·芬可波尔也列举了 Paul Ramirez Jones 的《城市之钥》。在这件作品中，参与者填写一本护照大小的册子，并彼此授予一把真实存在的“城市之钥”。在接下来的几周里，持钥者可以前往城市中特定地点，发现这些钥匙能够解锁一些隐藏空间，如博物馆的密室，或一家墨西哥玉米饼店的地下厨房，在那里他们会接受一节制作玉米饼的课程，并短暂参与厨房工作。

早期的社会艺术作品多强调友善与社群感，而克莱尔·毕肖普认为，对抗性社会艺术同样重要。例如，尼古拉斯·伯瑞奥德的作品《塔特林的呢喃》让毫无防备的博物馆观众遭遇骑马的警察，这些看似拥有权威身份的人员突然下达指令，将观众驱赶至随机区域。毕肖普指出，这种体验让观众直观感受到“被任意权力支配”的状态。

另一件作品是 Hit Guyenn 的《朋友之桥》。在这件作品中，观众被安排在一张方桌四周，艺术家并未亲自出现，而是通过一套指令引导他们完成一系列任务。参与者必须交换不同编号的卡片，相互合作，但不能直接讨论合作内容。他们只能依赖一套预设的符号系统进行交流，从而在最微弱的互动中建立联系。这种设计挑战了博物馆行为艺术的既定规范，强调了语言的脆弱性，同时展现了人类交流能力的顽强性。这一作品似乎受到拉康思想的影响，参与者在学习编码规则、适应晦涩的交流体系的过程中，经历了一种类似"社会镜像阶段"的过程，即共同体在发展过程中经历的语言和社会认同建构。此外，该作品模糊了表演者与观众的界限——艺术家未直接参与，观众自身成为作品的一部分。

（二）游戏作为社会作品

如果社会作品的定义是"社会关系本身成为作品媒介的一部分"，那么布鲁格拉的《晚宴》作品和尼古拉斯·伯瑞奥德的《塔特林的呢喃》作品显然符合这一标准。在这些作品中，观众以自身的身份参与其中，他们的社会关系从现实延续到作品空间。然而，多人游戏同样属于社会作品，只是它们以另一种方式将社会关系纳入作品之中。

游戏并不仅仅再现已有的社会互动，而是通过塑造特定的能动性建构社会关系。在游戏中，玩家不再是日常习惯中的自己，而是被赋予特定的互动模式。这一点区别于先锋派社会艺术，后者通常试图创造一个让社会关系自发形成的场域，而游戏则通过强制性的角色分配和规则设定，引导玩家进入特定的社会关系。相比之下，游戏可能显得更具侵入性，因其要求玩家接受预设的能动身份，并按照规则行动。然而，正是这种"侵入性"使得游戏设计师能够更精准地塑造社会互动，同时赋予玩家在规则框架内的能动性空间。

（三）游戏塑造可迁移的社会价值

游戏是否能够塑造可以迁移到现实的社会价值？毫无疑问。然而，游戏所塑造的价值类型是多元的。伯瑞奥德推崇的《关系美学》作品通常强调友善、交流与社群感，如布鲁格拉的《晚宴》作品，而游戏塑造的价值体系则更偏向认知与实践。《花火》所培养的合作模式更适用于科学实验室的团队协作，或学术出版等群体认知合作领域。

如果关系艺术能够帮助我们“学习如何以更好的方式栖居于世界”，那么游戏同样具备这样的潜力。游戏不仅拓展能动性，也让玩家体验新的社会关系结构。《花火》要求玩家在极度受限的沟通条件下保持专注，并作为团队成员共同克服障碍。《ROOT：茂林源记》则让玩家体验作为现状中的统治阶层，在针对革命者与旧贵族的斗争中求生，同时也让玩家站在资源匮乏的叛军视角，感受如何在夹缝中生存。

游戏不仅让玩家接触新的社会形态，还让他们从不同的能动性视角体验这些社会形态。这不仅提供了理解不同社会关系的机会，还让玩家从不同角色出发，感受其中的权力动态。游戏不仅是个体能动性的资料库，还是一种社会形态的实验场，让玩家理解不同社会结构如何塑造人际互动。

（四）游戏作为社会实验

约翰·斯图亚特·密尔认为，为了推动社会进步，我们需要探索不同的“善”概念下的生活可能性，而实现这一目标需要进行“生活实验”。在现实中，这意味着在小范围内实验不同的社会结构，例如建立公社，探索与主流制度截然不同的生活方式。游戏同样是一种生活实验，只是它们以更快速、更粗略的方式模拟社会实验。当玩家遵循游戏内的可舍弃目标进行互动时，他们实际上是在探索另一种“善”概念下的社会生活模式。

这听起来或许像一种过度推论，正如玛莎·努斯鲍姆所提出的，叙事作品能够提供情感训练，帮助人们体验不同的生活境遇，从而塑造他们的世界观。如果我们认为文学、电影、音乐等艺术形式能够拓展个体的情感与认知，那么游戏同样能够以其独特的方式拓展我们的体验范围。

游戏作为人类最古老的人工实践之一，早已成为探索能动性与社会关系的重要媒介。游戏让玩家扮演各种不同的能动角色，帮助他们理解新的社会互动模式，并从内部体验这些社会结构的运作方式。如果我们接受这一点，那么游戏不仅能够塑造个体的认知与道德，还能够成为社会变革的催化剂。它们不仅能够帮助我们理解现有的社会组织方式，还能让我们思考其他可能的社会形态，从而推动我们以更复杂、更深刻的方式理解自身与世界的关系。